# 日本近世国家史の研究

# 日本近世国家史の研究

高 木 昭 作 著

岩 波 書 店

# はしがき——問題の所在——

## 一

本書は、ここ十数年の間に発表した論稿に、新稿二篇(第XI章・第XII章)を加えて一本にまとめたものである。近世政治史を理解するための大枠は何か、という観点から編成した。

近世の諸個人はそれぞれが特定の身分に所属し、各人の行動が強くその規制を受けていたことは、改めて指摘するまでもないことであろう。筆者の主張は、近世における諸身分は、近世国家によって強力に編成された側面とともに、それぞれの身分を成り立たせている基盤である集団(必ずしも身分集団だけではなく、大名・家臣・農家・商家などの「家」をも含む)が中世以来の自律性を保持している側面を有している、という点にある。したがって、近世の個々人の行動は、国家によって編成された身分的要請からの規定とともに、身分に本来的な、あるいはそれぞれが所属する集団から受ける規定の下に成立し、これらふたつの原理の緊張ないしは対抗関係において理解すべきである、ということになる。(ここで若干の弁解が許されるなら、第I章の副題を「中世的自律性の解体過程」としたために、あるいは誤解を受けているかもしれないが、筆者の真意は、権力の強い統制下にたとえ微弱になっているとはいえ身分的自律性は近世においても保たれているというところにある。このことは、第IX章の「おわりに」においてもとくに断っているところであり、第I章の内容もそのように理解できるはずである。)

問題を右のように設定したとき、内容的にみて本書では国家が諸身分を編成・統合する側面に比重がかかり過ぎているという点に、若干の問題が残ると思われる。直接の原因としては、筆者の日常的な仕事が、東京大学史料編纂所の業務の一環としての『大日本史料』第十二篇の編纂であり、取り扱う史料がいわゆる幕政ないしは藩政に関わるものに限定されがちであることを、あげることができる。しかし、このような事情があるにせよ、これは本書の欠陥であるが、今後の課題として残されていることを確認しておきたい。

## 二

本書においては、右の課題を不十分ながら、近世的軍隊の特質に焦点のひとつをあてながら論じている。近世国家が、秀吉の軍隊による全国の征服、統合によってもたらされたものであることはまぎれもない事実であるからである。

第Ⅷ章以下で述べたとおり近世的軍隊の特質は、小荷駄の要員として被支配者であり年貢・小物成の負担者である百姓がくみこまれていたことにある。被支配者を被支配者として位置づけるための軍隊に被支配者を動員する、こうしたことがどうして可能となったのか。ひとつには、その軍隊が全国に平和をもたらす「惣無事」の軍隊として編成されたことにもよるであろうが、より基本的な原因は、「惣無事」が直接の目的とした国土の帰属を決定する権限が秀吉ないしは将軍にあるという暗黙の共通了解があったからではないであろうか。本書の焦点のいまひとつは、国奉行制などこうした国土の支配に関連したことがらにあるが、なかんずく、第II章でとりあつかった小物成は、そうした要因としての国土の領有の問題の一端である。一端という意味は、たとえば金山の領有は秀吉や将軍に帰属するという原則は、近世を通じて法令などで宣言されたことはないにもかかわらず、近世期に一貫して存在したという事実に関連してである。このように、明示的に宣言されていないにもかかわらず、ほぼ一貫して存在した原則は金山の領有の他にも、埋蔵物の帰属、寄鯨のような漂着物の帰属、鷹場の領有に見られるような空中にある物の帰属などの諸問題をめぐって指摘することができる。こうした諸問題の指摘を通じて、当時の人々に共通する自然観・国土観を説得的に提示すること、そしてそのような国土や自然の領有について秀吉や将軍がどのような資格を主張したか、その際に天皇がどのような位置づけを与えられたかということも、本書では十分に論じえなかった課題のひとつである。

次に近世の国家と社会のあり方は、以上の特質をもつ軍隊の編成・維持のしかたと密接なかかわりをもっている。「喧嘩停止」を含めて、「惣無事」が武力の私的な行使を禁止するものである以上、それは必然的に全国レベルでの軍立をともなうことになったからである。ここで軍立というのは、動員時の軍隊構成者の行動を規制したいわゆる「軍法」だけでなく、軍隊の維持・編成に関わるものまでを含めているが、たとえば、幕藩制の存立にかかわる原則である百姓の土地緊縛も、第Ⅴ章で指摘したように、征服地における近世的軍隊の創設強制とうらはらの関係において強制されている。そればかりでなく、百姓の自立促進・土地緊縛の一環である人身売買の禁止政策は、第Ⅺ章で指摘したように、戦場における人身濫妨を禁止する軍律によって裏打ちされる関係にあった(このことは、人身濫妨を戦争の目的にくみこんだ戦国大名権力の性格を、逆照射するものであることを、指摘しておきたい)。もちろん、この軍律が施行されるのは「味方の地」に限定され、「敵地」においては大坂の陣においても人身の濫妨は公認されたのであるが、秀吉は惣無事を全国に強制し、いわば全国を「味方の地」とすることによって、その限りで人身売買の禁止を実効あらしめたのである。これが「秀吉の平和」の実体であるが、反面で、こうした平和なしには一七世紀後半を画期とするいわゆる「小農の満面開花」もありえなかったことは、たしかであろう。

体制の存立に関わる原則と軍律との間に以上のような関係を認めることができるとすれば、近世国家の存立にとって軍律のもった意味を再確認することも、次の重要な課題になるはずである。このことは、第Ｉ章で述べた「兵営国家」の内容を具体的に展開する作業になるはずであるが、これも第Ｘ章で、旗本の統制の問題として一部について触れたにとどまった。

## 三

以上のように書いてくると、残された課題のあまりにも多いという思いにかられるばかりである。

とはいえ、本書に収載した諸論文は、主として東京大学史料編纂所における『大日本史料』第十二編の編纂の過程で考えたことを述べたものであり、ささやかながら一冊の書物にそれらをまとめられたのは、さまざまな意味で史料編纂所の諸先輩・同僚のおかげである。また本所に勤務する以前、学生時代には、故寶月圭吾先生が主催された「農村史料調査会」で、いわゆる地方史料に接する機会を与えられた。現在でもこれらの史料に違和感なく接することができるのは、先生をはじめ調査会の先輩・友人のおかげである。さらに、本書をまとめるにあたっては、岩波書店に御紹介いただいたばかりでなく、多忙ななかを常に相談に応じていただいた山口啓二氏と、同書店の松嶋秀三、岡本磐男両氏のおかげである。最後に、本書の論文の多くは歴史学研究会、歴史科学協議会などで口頭発表の機会を与えられたものである。このほかに、怠惰な筆者をはげまし、鞭撻してくれたものに、東京大学文学部国史学科の友人がある。

以上の方々に感謝するとともに、今後に残された時間のなかで以上の一部でもはたす努力をすることを御約束して、「はしがき」にかえさせていただきたい。

（一九八九・一〇・二三）

# 目　次

# 第Ⅰ章　「秀吉の平和」と武士の変質
## ——中世的自律性の解体過程——

### 一　兵営国家としての近世

近世の武士は戦闘者であることを本質としているので、まず軍事的な観点から日本の中世——といっても筆者の力量からその最末期の戦国期——と近世とを大雑把ながら比較しておきたい。

両者に共通するのは、いずれも社会が集団から成り立っていたことである。集団といっても、村、町、職人・商人の座・仲間・組合、神職者・僧侶・修験者・巫女などの教団、非人の集団、武士の家、大名の家などまことに多様であり、その成員も相互に重なり合う場合もあるが、このような集団に属してはじめて諸個人の生活が可能であった事情は、中世も近世もかわりはない。

両者の差は、中世の集団がそれぞれ武装して自己を主張していたのに対して、近世においては集団の大部分は武装を解除されて武器の使用を禁止され、武装を許されたものも武力の私的な行使を禁止された点にある。端的にいえば、戦国大名の軍隊は武装した集団の一部を寄せ集めたものに過ぎなかったのに対して、近世の軍隊は、武装・非武装を問わずすべての集団をその構成要素とし、将軍の統制下に置くものであった。この意味で近世においては国土それ自体がひとつの巨大な兵営であったといっても過言ではない。

鉄砲の普及以後は、戦国期から近世初頭にかけて戦闘の方法にさしたる変化はないことを前提に戦国大名と近世大名の軍団編成方式を比較すると、そこには顕著な原則上の差が指摘される。

近世の大名の軍隊がどのような人々によって構成されていたのか、一例として前橋酒井家の一八世紀初頭の陣立書によって説明したい。幕府大老を勤めた家筋の譜代大名がほとんど城をからにして出陣することを想定した陣立書が、この太平の時期に作られねばならなかった理由については後述するとして、この一二万五〇〇〇石の軍隊は総勢約五八八〇人と馬九三〇匹とからなっていた。人員の内訳は、

騎馬の士　三五〇人
徒士　二〇〇人
足軽　一〇五〇人
中間・小者　三〇〇人
又者(騎馬の士などの従者)一八〇〇人
人足　一二〇〇人
馬の口取(馬子)五七〇人
その他(職人・医者・坊主・台所方など)

であり、馬は、

乗馬　三六〇匹
駄馬　五七〇匹

であった。

以上のうちで戦闘に直接に参加するのは、騎馬の士・徒士《かち》・足軽と又者《またもの》の一部、多めに計算しても二〇〇〇人弱であり、総人数の三分の一に過ぎなかった。馬も総数九三〇匹のうち戦闘用は三六〇匹であった。このように酒井家の軍隊は、戦闘員と、それをはるかに上まわる数の非戦闘員から成っていたのであるが、それらがどのように組み合わされて戦力を構成していたのかといえば、まずそれらは九つの備《そなえ》に配属されていた。酒井家の場合は各備は旗本備(本陣)を除くと構成はほぼ均質であり、規模も均等であった。備は士大将《さむらいたいしょう》(いわゆる家老)に統率されて作戦行動を行う独立した単位であり、備の内部はさらにいくつかの戦闘単位に分かれるが、それらは敵といつ遭遇しても直ちに合戦に入れるように配慮された「押《おし》」(行軍)の順序に従って記されている。

隊列の先頭には、自分の又者五人を従えた騎馬の士である旗奉行に指揮される旗指の一隊が立つ。旗指は「長《なが》柄《え》之者」(長柄は騎馬の士が使用する持鎗に対して、足軽の鎗をいう。したがって「長柄之者」とは足軽格の者という意)一六人、この他に「床几持」として中間が五人、「諸道具持」として人足四人、駄馬一匹・口取一人がつく。この旗指によって立てられる旗(畳数枚分の大きなものである)五本は、戦闘中は士大将の側にあってその所在を明示するとともに、全隊の士気を鼓舞する役割を果した。

次に、それぞれの鉄砲頭(これも騎馬の士であり自分の又者を従えている)に指揮される鉄砲組が二組行進する。一組の鉄砲は三〇丁、鉄砲足軽三六人(一人一丁宛、残る六人のうち一人は鉄砲小頭、四人は手代り、一人は玉薬箱人足の宰領)であった。これに玉薬箱を運ぶ人足一一人、駄馬二匹・口取り二人が付属した。

次に長柄奉行が率いる長柄組が一組。長柄二五本に「長柄之者」は三〇人。以下の構成は鉄砲組とほぼ同じである。

次に騎馬の士二二人の一隊が位置する。彼らはそれぞれ自分の又者を従えている。

この後には大名の本陣から派遣された目付三人が続くが、うち二人は騎馬の士であり、一人は徒士である。その後に陣太鼓と法螺貝。これらを扱うのは徒士二人で、人足二人と駄馬一匹・口取一人が付けられている。次に士大将が自分の又者三七人を従えて全隊を統率する。この又者のうちには騎馬の士が一人、鉄砲足軽三人、弓足軽二人が含まれる他に、駄馬四匹・口取四人が付けられている。次に殿弓頭《しんがりゆみがしら》の指揮する弓足軽が一組。弓一五張に対して足軽一九人で、その他の構成は鉄砲組と同じである。最後に小荷駄隊が続く。これは騎馬隊の荷物を運ぶのが任務で駄馬一一匹・口取一一人から成り、騎馬の士である小荷駄奉行に指揮される。

以上が士大将の指揮する一つの備の内部構成である。これに対して旗本備は、士大将自身の従者の部分が肥大して大名の馬廻りを直衛する小姓組・馬廻り組など側近の層が厚い点と、使い番(伝令)・忍びの者、医者、職人など本営に特有の要員が存在する点を除けば、騎馬の士から駄馬・口取までの組み合せ方は、一般の備と同様である。

このように一つの備が、鉄砲組・弓組・長柄組・騎馬隊・小荷駄隊で構成されるのは、他の大名にも共通して言えることで、それは、当時の合戦がその射程の差から鉄砲・弓・鎗の順で始まり、最後に騎馬の士の戦いで勝負が決すると、想定されていたことによっている。鉄砲・弓・鎗の「押」(酒井家の場合は弓は殿であったが)の順序については、合戦の直後に画かれた「関か原合戦図屏風」(津軽家旧蔵)の「押」の図や、一六八〇年頃成立と推定されている「雑兵物語」における戦闘場面の叙述によっても確証することができる。また鉄砲の威力にもかかわらず、最終的に騎馬の士の鎗の働きに勝敗がかかっており、それによって敵の頸をとることが武功の第一と考えられていたことは、戦国期から数多く作られた軍功書や系譜書上などが示している。

## 二 軍団編成の社会的効果

こうした中で騎馬の士の従者である又者は、どのような役割を担っていたのであろうか。騎馬の士が引き連れる人数は、それぞれの士が主君から受けている知行に対する軍役として、石高に応じて定められていた。酒井家の陣立書では個々の騎馬の士に従う又者の人数しかわからないので、幕府の旗本に対する軍役人数の規定によってその内容を見てみよう。これは将軍に供奉して旗本が出陣する時の又者の数を禄の多少によって示したもので、家光が寛永一〇(一六三三)年に制定した規定によれば、例えば二〇〇石取りの旗本のそれは、「侍」一人・鎗持一人・馬口取二人(酒井家では口取は一匹に一人であったが、これは小荷駄の馬であったからであり、騎馬の士の乗馬には一匹に口取二人が普通であった)・甲持《かぶともち》一人・挟箱持一人・草履取一人・小荷駄一人の計八人であった。この数は、三〇〇石では計一〇人(うち「侍」二人)と禄高に応じて増加し、九〇〇石では計二一人(うち「侍」六人、その他に鉄砲一挺・弓一張が加わっている)であった。

これらの人数をめぐって指摘したいのは、第一に、酒井家の例でもわかるように、彼らは主人である騎馬の士の従者であり、幕府も大名も個々の士が出陣の際に召し連れる従者を主人から切り離し、これをまとめて編成するということは、少なくとも幕末の軍制改革が問題となる以前には原則としてしなかった、という点である。右の九〇〇石取りの旗本の鉄砲や弓も、行進中も戦闘中もその主人の側を原則として離れることはなかった。

第二は、彼らのうちで戦闘要員は「侍」だけであり、他は道具や兵糧の搬送要員であったことである。「侍」は、又者に言及した幕府の法令ではしばしば若党と言いかえられており、「侍」すなわち若党である。若党は又者に特有な存在であり、将軍や大名の蔵入地から扶持を受けているいわゆる直臣には、この名称はない（酒井家の陣立書に若党が出現しないのは、このためである）。先の「雑兵物語」によれば、彼らの役割は戦闘中に主人の「鎗脇を詰める」ことにあった。これは、鎗を振って敵に向かう主人の右側面を防御することを言い、転じて戦闘中の主人を別の敵から守ることを意味し、騎馬の士の従者にふさわしい任務と言えるであろう。これに対して若党以外の、「物持」（搬送）を任務とする従者は（中間・小者・人足など）、「雑兵物語」によれば戦闘に参加しようとすること自体が「推参な」（出過ぎた）ことであり、彼らは自己に割り当てられた道具を戦場から離脱することなく忠実に保持していればよい、とされている（ついでながら、この物を持つか持たないかは平時においても若党をそれ以下の中間・小者などから見分ける徴表の一つであったらしく、鳥取藩は家中の士の財政再建のために又者の減員を命じた際、文箱程度のものは持つように若党に諭している。これによれば家中の士が若党を使者として他家に差し向ける際には、この法令以前には、別に文箱を持った中間ないし小者を添える必要があり、「侍」として若党はそうした処遇を要求できたのであった）。

第三は、従者のうちで純粋に戦闘力になる部分は意外に少ないという事実である。二〇〇石の旗本の場合は、戦闘力は八人中一人であり、九〇〇石でもそれは二一人中鉄砲・弓を入れるとして八人に過ぎず、残りは運搬要員であった。必要な物を戦場に運ぶにはそれだけの人員が必要だったのだと言ってしまうにしては、二〇〇石と九〇〇石とでは、あまりにも効率の差があり過ぎはしないだろうか。主人をいれて片や二人の戦闘者に対して七人の運搬要員であり、片や九人に対して一三人である。これだけの差を協業効果などで説明するのはムリであり、物理的要素以外のものを考慮する必要があろう。運搬要員には食糧・弾薬など純粋に物理的戦力に結びつく物資を運ぶ小荷駄と、騎馬の士の身の廻りにあってその道具を運び、いわゆる行粧《ぎょうそう》の綺羅《きら》を飾る役割を帯びたものとがあった。後者の数は騎馬の士である以上は二〇〇石の士であっても九〇〇石の士とそれほど変りはなかった。これらの馬口取・鎗持・甲持・挟箱持などの従者の持物はそれぞれ専業化されており、若党が物を持たなかったように、鎗持は主人の持鎗以外のものは持たず、挟箱持は挟箱以外のものは持たなかった。従者の間にも微妙な階層差があったのであり、草履取が主人から挟箱を「許されて」(「雑兵物語」)挟箱持になることは、彼にとってはささやかながら出世なのであった。二〇〇石の士の運搬要員の比率が九〇〇石の士のそれに比べて高いのは、後者の数がそれほど変りないにもかかわらず、従者の総人数が石高に応じてそれぞれ定められていたという事情によっている。

またこうした供廻りを従えた騎馬の士が単独あるいは隊伍を組んで行進することの心理的・政治的効果は戦国期においても意識されており、後述するように小田原の後北条氏は、その軍役規定で武器・甲冑・又者の衣装などを飾り立てるよう家臣に要求し、とくに大名自身の供奉を彼らに命じた際には、又者の数の多少、衣装、態度にまで細かく注文をつけている。いわゆる行粧の綺羅を飾ることは、内部の士気を高めると同時に敵を威圧し、民衆を靡かせる手段だったのである。とくに元和偃武以後においては、将軍の上洛や日光社参などの大行列は、現在におとらず物見高かったと考えられる当時の人々に対する効果的なデモンストレーションであった。大名行列の人数は幕府の軍役規定によって定められていたが、これも将軍にとっては諸侯を慴服させていることの目に見える証しであり、大名にとっては格を誇示する絶好の手段であった。同様に旗本にとっても、又者を従えて江戸市中を往来することが自己の格を示す手段であったことは、寛永期顕著になった旗本の財政難対策として、日常の往来の供廻りは軍役規定の半分より以下とするよう、幕府がしばしば命令しなければならなかったことでも明らかである。

駄馬とその口取という純粋に搬送要員の必要性は当然のこととしても、酒井家の総勢六〇〇〇人のうち非戦闘要員四〇〇〇人という数字は、軍隊のもつ右のような政治的・社会的意味を考慮することなしには評価できないであろう。

以上では、「押」から合戦へ展開することを想定して作られた酒井家の陣立書によって話を進めて来たが、籠城・城攻となると違った戦法がとられたことはいうまでもない。ここでは必要な要員の差についてだけ言及すれば、城攻には合戦の場合よりも職人の必要性がはるかに高かった。まず築城そのものが、多数の石工・大工・鍛冶などの職人と人夫を必要としたのは当然として、これを攻めるには城からの鉄砲・矢・石などの攻撃を防ぎながら「仕寄る」(接近する)という方法がとられ、そのためには当時として可能な限りでの技術が動員された。まず長期戦を見越して陣小屋が作られたが、その廻りには敵の奇襲を防ぐための柵がめぐらされた。城に接近するためには、木材に鉄を張りつけた大楯や竹束を取りつけた遮蔽物が作られた。これらを使って城に迫ると土俵などで築山を築き、その上に井楼《せいろう》という一種のやぐらを立て(もちろんこれも大楯や竹束で遮蔽されている)、そこから城内を鉄砲・弓で制圧し、その間に鉤や鉄熊手つきの大梯子で石垣・屏をよじ登って城内に突入する。また、地下から坑道によって城内に入る方法もあり、そのためには鉱山の金掘りが動員された。

こうした城攻の道具は、対象とする城のあり方によってその都度その場で作られたのであり、そのために職人を動員し、必要な木材・鉄・鍛冶炭・竹などの素材をいかにして調達するかは城攻の成否を左右する重要な要素であった。後者の素材の調達は、長期戦の兵粮も含めて陸上・海上の運送手段の組織化の問題でもあった。

## 三　戦国期武士との異質性

戦国期においても、個々の馬上の武士をとって見れば、その行軍する姿は近世のそれと変りはなかったと思われる。しかし軍隊の編成という点から見ると、戦国大名のそれと近世大名のそれには、かなり異質な点があった。この共通性と異質性は、戦国大名後北条氏の場合、「著到定書」という個々の家臣に対して軍役を個別に割り当てた文書に集約的に示されている(石高が近世において軍役の基準であったように、戦国大名においては貫高が多く軍役の基準として採用されており、それは家臣の所領の大きさにほぼ比例するものと考えられている)。例えば武州比企郡八林で二五貫文の所領を受けていた道祖土《さいと》図書助の軍役は、

一本　鑓　二間々中《まなか》柄　具足・皮笠
一本　指物持　同理
一騎　馬上　具足・甲大立物・手蓋・面肪
　以上三人

と定められていた。二五貫の知行は後北条氏の家臣の中では下の中といったところであるが、彼は大立物つきの甲などを着用して馬上で出陣し、具足・皮笠を着用させた旗指物持と二間半の鑓を持ち具足・皮笠を着用させた鑓持を引き連れる義務があった。これを武器の数で比較すると先の旗本の二〇〇石取りに相当するが、旗本の場合は従者の総人数が規定されていたのに対して、この図書助の場合は武具とそれを持つ人数が規定されているだけである。それでは、彼らはこれだけの人数で出陣したのかといえば、決してそうではない。実際問題としても、

馬には口取が必要であるし、また大立物つきの甲や面頬などを一日中着けていられるわけはなく、それらの持手が必要だったからである。事実、図書助が江戸に赴いた後北条氏の御隠居様の供奉を命じられた時の文書は、「鑓持のほかに中間・小者・かせ者(倅者と書くがその実態は明らかでない)などを五人も三人も召し連れよ」とあり、軍役には規定されていないにもかかわらず、これらの従者を召し連れて出陣したことが立証される。さらにこの文書は、これらの従者の服装を白衣に統一して「見立よく」すること、供奉の行進中は「物いわず」「前後左右に目もふらず」「扇つかわず」と威厳をとりつくろうように要求している。また軍役に規定された武具については、金銀の箔を置き、見苦しくないよう修復しておくことが常に要求されており、後北条氏の軍隊においても行粧を飾ることが重視されていたことが示されている。この点では近世の武士と軍隊は戦国期のそれらに連続しており、従者を従えた戦国期と近世の武士を外形から見分けることはできないのである。

その同じ外形を作り上げるために、後北条氏は武具とその持手だけについて規定し、近世の権力は従者の総人数を規定しなければならなかった。これは、従者の質が戦国期と近世では異なっていたためと、いま一つは近世大名は出陣する軍隊の総人数を知る必要があったが戦国大名にはその必要がなかったという事情によっている。近世の軍隊では兵糧・馬糧は動員する側が供給するのが原則であったが、戦国期においてはそれらは動員される側の自弁であった。近世大名には兵糧・馬糧の給源である十分な蔵入地と、それらを戦場に運ぶ百姓で組織した小荷駄隊があったが、戦国大名では、両者ともに極めて不十分であったからである。この蔵入地が十分でないという点は、戦国大名にとっては足軽隊を編成する上で重大な障害となった。足軽隊による鉄砲の集団的な使用の効果については当時も十分に知られており、後北条氏も近世大名に比べてはるかに貧弱な陣夫役を銭納に切り替え、足軽に給与するという努力を部分的に行っている。これは、裏から見れば同氏は陣夫徴発による兵糧運搬体系の構築を放棄し、これを個々の武士が私的に動員する小荷駄に依存する方針を依然として捨てなかったことを意味する。これが可能だったのは、この期の武士たちが農村に住み、多数の下人や小百姓を使役して農業を営む存在であり、その日常的な使役の延長として小荷駄要員を含む従者を戦場に動員できたからであった。譜代や子飼いの下人を中核とする集団の団結は、後述する近世の武士の従者の集団のそれよりも固かったが、反面では、陣触れに応じて兵糧を準備した上で農村から集結して来る武士たちを編成した戦国大名の軍隊は、城下町に集住した武士が、大名直属の足軽隊と小荷駄隊とともに出陣する近世大名の軍隊に、機動性と長期作戦の可能性において敵すべくもなかった。組織的な兵站をもたない戦国期の軍隊は、「糧を敵に求める」ことを原則としており、攻めこんだ土地での人馬・食糧の略奪と放火は正当な戦闘行為と見做されていた。攻められる側は、住民と食糧を取り込んで籠城し、侵攻軍の食の尽きるのを待った。後北条氏は、この方法で上杉謙信を撃退したが、万全の補給体制のもとに、陣小屋をかまえて長期包囲戦の構えを示した秀吉には開城、降伏するしかなかった。

## 四　変動基軸としての「天下惣無事」令

こうした軍団編成を可能にしたのは、秀吉が全国に施行した太閤検地であった。太閤検地は、旧来の土地をめぐる関係を一切ご破算にした上で、その土地の耕作者を年貢納入責任者であり同時にその土地の所持者として検地帳に登録する作業であり、その結果は「御前帳」として叡覧にそなえるという名目で秀吉の手もとに集められた。このことは後に述べるように秀吉が関白として全国土を領有する存在になったことを意味しており、秀吉は新たに版図となった地方を、服属した大名に安堵するにせよ新たに大名を仕つけるにせよ、検地を行った上であらためて所領を引き渡したのであった。その際に寺社・土豪・有力家臣などから広大な土地が没収され、秀吉の指示により大名の蔵入地(直轄地)が大量に創出された。また全国各地方に秀吉の直轄地である太閤蔵入地が設定され、これらによって足軽隊の扶持米や動員された軍勢に支給される兵糧米が確保されることになった。

大名や旗本に対する軍役も、すでに旗本の場合に見たように検地によって決定された石高によっていた。しかし軍役の基準となる石高は検地の結果そのものではなかった。田畠一枚の石高は、検地によって丈量された面積に、単位面積当りに別に決定された玄米の収量を乗じて決定される。この一枚ごとの石高を足し合わせたものが村高である。しかし、ある大名やある国の石高は、この村高の総和ではない。それらは、所領や国内から収納される年貢の量を参考に政治的に決定されたものであり、この石高が秀吉や幕府の「御前帳」に登録されたいわゆる表高《おもてだか》であった。秀吉や将軍から大名に与えられる知行充行状に記されるのはこの表高で、それは一度決定されると永く変更されることはなかった。大名が実際に収納する年貢の量は、開発や水害、その年の天候などによって年々変動したが、大名が所領から動員できる人数の規準は表高によって固定されていた。先に紹介した前橋酒井家の農民から約一八〇〇人の小荷駄要員を動員する計画も、この表高に基づいて立てられていた。また例えば三万石を分家に割いた七万石の大名が幕府に運動して一〇万石にもどるといった例は近世に多いが、これも表高が大名の格を表わしており、それは参勤交代の行列といった目に見える形で表現されたからであった。

右のように石高が、年貢を割当てる規準としてよりも農民を軍団に動員する規準として機能したという点について、いまひとつ例を挙げておけば、関東では一般に年貢は反当りいくらという取り立て方(これを反取りと称した)がされており、したがって石高は年貢の規準としては機能していなかったことは、研究者の間では広く知られている事実である。こうした関東においては、個々の農民は自分が年貢を納めている土地の石高を知らない村があったことが、最近の報告で明らかになった。もちろんこの村にも検地はあり、したがって田畠一枚ごとの石高はあったはずであるが、永年にわたって年貢の収納に石高が機能しなかったために、農民一人ひとりの所持石高は忘れ去られてしまったのである。とはいえ、この村にも村高はあったのであり、この村を知行していた旗本は、石高によって将軍から村を与えられており、将軍の供奉や幕府の役職について上洛する際には石高によって村々に人夫を割り当てていたのである。また、将軍の日光社参などの際には関東の農村から大量の人足が動員されたが、それは大名や旗本などの領主を経ないで、幕府の関東郡代から直接に村々に割り当てられた。その規準も石高であり、この村にも石高によって人足が割り当てられた。

以上のように石高は、農民から年貢を取り立てるというよりも農民を夫役に動員する規準として構想され、機能させられた。しかも将軍の日光社参の例からわかるように、この夫役は本来将軍が動員するものであり、大名や旗本が農民を軍団に動員できたのも、それが将軍の統制下にあり、その軍事力が将軍の命令によってのみ発動されるものであったからに他ならない。全国の田畠を検地して石高に結ぶことは、秀吉や将軍によって統制される軍団に農民を動員することを意味したのであった。

とはいえ石高そのものに農民を動員する力が内在していたのでは、もちろんない。検地と並行して統一的軍団を創設する施策が実施され、それに支えられて石高が動員の規準となり得たのである。この施策は上述の蔵入地の創設から武士の城下町集住など多岐にわたったが、それらの基軸となったのが「天下惣無事」令であった。「無事」とは和平、和睦の意であり、秀吉は関白となった翌年に、日本六十余州を「進止」する権限は叡慮を受けた自分にあり、したがって土地の所属を定めるのも自分であること、諸大名は所領争いを止めて停戦し紛争の裁定を秀吉に委ねなければならないことを宣言した。これを受け入れた大名は、そのしるしとして上洛して秀吉に謁見し、その要求にしたがって編成され、その指令でいつでもどこへでも出動可能な軍団とともに在京することを強制された。これを拒否して武力による所領争いを続けた大名は、私戦の罪に問われ、関白の率いる公儀の軍団の征伐を受けた。この譴責を受けて降伏したものに九州の島津義久、東北の伊達政宗があり、最後まで抵抗して滅ぼされたものに小田原の後北条氏があった。

私戦——規模が小さければ喧嘩である——は、自力救済を原則とする中世社会にあっては紛争にあたって自己の権利を実現する正当な手段と見做されていた。もちろん幕府や大名の法廷に事を持ち出すのも一つの手段であったが、この場合でも判決を執行するのは当事者の努力に委ねられるところが大であった。殺人事件も、訴えがなければ権力が捜査を開始することはなく、多くは被害者・加害者の所属する集団相互の問題として敵討ちや解《げ》死人《しにん》(犯人)の引渡しによって処理された。用水や山林をめぐる村落間の紛争も、武力の発動(喧嘩)を伴うことがしばしばであった。

秀吉は「惣無事」の一環としてこれらのレベルでの喧嘩をも禁止し、紛争の裁定を公儀に任せることを強制した。このいわば「秀吉の平和」は、検地とともに「山の奥、海は櫓・櫂のつづく」限りの全国土に強制され、反抗する者は「城主であれば城へ追い入れて一人も残さず」「百姓であれば一郷も二郷も悉く撫で切り」という措置がとられた。もちろんこれにはそれだけの武力の裏付けがあってのことであるが、その武力は上述のようにして編成された、質的に戦国大名を凌駕するものであり、それを背景として被征服地から新たに軍隊が編成されたのであるから、秀吉にとっては、「惣無事」と軍隊の編成とは相互に目的であると同時に手段ともなった。全国統一の完成に続いて「唐入り」すなわち朝鮮出兵を行ったのも、国民を戦争に動員することが、秀吉にとって「惣無事」の体制を実現することであったからに他ならない。事実、「唐入り」を口実として、国民を戦争に動員する体制は後述のように飛躍的に強化され、何らかの意味で戦争に役立たぬ集団や、それから外れた個人は国土に置かない体制が形成された。

## 五 「国土安全・万民快楽」の前提

もちろん際限のない動員に不満と不安をいだく大名も少なからずあり、まして農民層の反撥はいうまでもなく、反抗の結果実際に「撫で切り」にあった例も確かにあった。しかし、ながい目で見てそれらの不満や反抗が、再び時代を戦国の世に返す結果にならなかったのは、政治史のレベルから言えば、「惣無事」が掲げた目標が多少なりとも人々の受け入れるところとなったからに他ならない。秀吉が諸大名に命じた「刀狩」は百姓から自力救済の手段である武具を取りあげるという意味で明らかに「惣無事」の一環として行われたものであるが、その際の朱印状は「刀狩」を「国土安全・万民快楽の基」と自画自賛している。つまり「秀吉の平和」のもとで私戦を停止し、紛争の裁定を秀吉に委ねることが万民の幸福に連なるという主張である。こうした主張が受け入れられた基盤は、当時の人々が共通にもっていた国土ないしは自然に対する観念であった。人々がその中で生活しているところの国土や自然は単なる物理的な存在でなく、神仏や悪霊の棲処であり、人々は宗教的あるいは呪術的な儀礼を通じて自然を宥め、あるいは圧伏することによって、はじめて自然を占取し、生産活動を行うことができた。所有は、こうして集団的に占取された自然の一部をめぐって発生し発展した。したがって、所有の体系化には宗教・呪術の何らかの方法による把握が不可欠の前提であった。さらに、占取した自然の一部における生産活動が、良い気候のもとで平和のうちに行われるようにするのも、宗教や呪術の役割であった。この意味で「国土安全・

万民快楽」は、宗教・呪術を離れては存在しなかったのである。これらの宗教や呪術は、土俗的なものに根ざしながらも地元の寺社や全国を廻遊する宗教者や芸能者を通じて中央に結びつき、最終的には天皇と天皇に連なる公家によって体系化されていた。天皇は、国家の発生以前に集団と自然とを媒介していた宗教的首長にその機能的前身をもっており、古代の天皇と国家も一側面として国土や自然と諸集団とを仲立ちする機能を有していた。また仏教・道教・陰陽道など自然を鎮撫するいわば新式の宗教・呪術の体系は、天皇と国家を窓口として大陸から輸入され、土俗的な宗教・呪術と混淆していった。天皇が国の統治者でなくなった中世においても天皇と国家の、これらの機能は依然として保持され、戦国大名もこれらの機能と結びつくことにより領国の統治権を確実にしようとした。戦国大名の中央志向といわれるものは、そのひとつの現われである。また中世においても、即位・大嘗会・内裏造営・伊勢神宮造営など上記の機能を維持する費用は幕府や守護を通じ国役として諸国に賦課された。この規準は鎌倉幕府が一国ごとに水田の面積を調査した太田文であったが、これは実態に合わなくなったため、段銭として、別に調査された田畑の面積に応じて国内に割り当てられた。この段銭賦課権を掌握するのも、戦国大名にとっては所領の統治権を獲得するための重要な手段であった。

戦国大名の右の志向を受け継いだ秀吉は、自然を鎮撫し「国土安全・万民快楽」を保障する宗教的能力を有する天皇から関白に任命されることにより、国土の領有者としての資格を獲得した。秀吉は、この資格において「惣無事」と検地を施行した。太閤検地が新たな段階の土地所有を制度的に確定するものであったことは確かであるが、それが秀吉による国土の領有を前提としていたことは、検地によって小物成が確定されたことで立証される。小物成は、山野河海など集団的に用益されるが、所有が確立していない場所の用益に対する一種の租税であり、国持大名などは別として旗本などは、特別に言及のない限りは、その所領の小物成は幕府に納めなければならなかった。秀吉は、こうした山野河海を含む国土の領有者として、国や所領の境界、山野用水の争いを裁定する権限が自分にあることを主張したのである。また、上述したように年貢を収納するためだけであれば石高制が創出される必然性は必ずしもなかった。石高は、畑をも水田と見倣すことにより、水田の面積を規準として賦課された中世の国役に接続するものとして構想されたのではあるまいか。秀吉や将軍による戦争、城や河川の工事への人夫や職人の動員が国役と呼ばれたことが、そのことを物語っている。石高を記した「御前帳」が叡覧に備えるという名目で作成されたのも、石高が天皇の国土に対する権能と結びついて機能するものであったことを示している。

日本は、天皇を人々との仲立ちとして神仏に守られた国であり、これに対して国土の外は「むくり・こくり」の住む世界であった。「むくり・こくり(蒙古・高句麗)」は、蒙古襲来の記憶に起源する、鬼その他の異界のものを意味する言葉で、江戸時代の文芸作品では「娘をもったお方は御用心なされ、むくり・こくりが……此界に渡って」「神国に生まれて神沙汰を停止とは、正真のむくり・こくり」というように使われている。秀吉が、日本は神国であるとして宣教師を追放したのも、天皇に包括されない神に対する拒否反応と考えられる。「唐入り」は「むくり・こくり」を「神国」の「惣無事」の秩序に従え、「神国」を慕って朝貢させることに目的があった。秀吉は、「唐入り」させた軍隊に命じて乱暴狼藉を禁止し、戦火を逃れた住民を還住させ、兵糧と役を取り立てる体制を作らせようとした。「唐入り」は、「惣無事」すなわち「秀吉の平和」の輸出であった。この意図は当然のことながら手ひどい失敗に帰結した。この方式の無謀さを知った江戸幕府が「神国」の国威を発揚するために選んだ方式が鎖国であった。幕府は、オランダ商館長・琉球人・朝鮮使節の江戸参府を、実質とは別に参勤と取り繕い、あたかも彼らが朝貢のために来日したかのような形式を作り上げた(またアイヌ人に対しては幕府巡見使への蝦夷地での目見えが強制された)。上陸地から江戸までの行列が進む道中の人足は国役で徴発されたが、この行列は沿道の人々に対して、幕府が夷狄を鎮撫し「神国」の神聖さを保持する任務を十分に果していることの証しとなるデモンストレーションであった。

以上のように国土に平和と繁栄をもたらす体系としての近世の国家は、人々が集団を通じて国土や自然と交わる排他的な宗教的・呪術的パイプとして機能しており、このパイプには天皇、宗教団体はもちろん、個々の集団も、その不可欠の装置として組み込まれていた。集団と直接に接触する寺社や宗教者は、本末制度や神官の位階授与などによって国家による強力な統制を受けた。教団や宗教者は国土安穏を祈る役割を強制され、パイプからはみ出した教団や宗教者は、邪宗・異端として弾圧された。江戸幕府は、朝廷の伝統的行事を次々と復活させたが、天皇自身にも古来から伝わった宗教者としての生活を守るよう公家諸法度で強制した。個々の集団も、以上のようにして最末端の装置としてパイプの最末端に組み込まれ、同時にそのことによって国家の行政組織の末端執行機関としての位置づけを与えられた。こうしてパイプは宗教的・呪術的装置であると同時に、国家の行政組織でもあるという二重の機能をもつことになった。

## 六　社会的自律性の喪失

度々指摘して来たように、中世は自力救済の世界であったが、反面この時代は鉄火裁判や近所の集団による仲裁など、ことを自主的に平和裡に解決する手段を発展させた時代でもあった。喧嘩にせよ仲裁に任せるにせよ、これらの集団的行為は極めて宗教的色彩の濃い作法であった——というよりも行為そのものが宗教的行事であった。集団の結束は神前での一味神水や起請文の作成によって固められたし、灼熱した鉄梃を手に握る行為は、神意を判定する手段であった。犯人を入れ札(投票)で特定する慣習もあったが、これも神が衆口を借りて真実を露わすという考えに基づいていた。惣無事と喧嘩停止を打ち出した近世の権力は、こうした行為をその裁判制度に組み込んだ。鉄火の慣行は近世の初期まで存在したが、それは公儀の立ち合いのもとに行われ、負けた側は打首や引き廻しなど公儀による処罰を受けた。仲裁の慣行は内済として制度化された。内済による解決は、当事者双方連印による済口証文を役所に提出し、その承認を得てはじめて効力が発生する正規の手続であった。こうして近世の集団は、天皇を接点とする宗教的・呪術的パイプに組み込まれることによって、自力救済の能力を剝奪され、公儀の執行機関としての役割をさせられることになった。この役割には、「惣無事」の一環として集団内部の平和を維持すること(内済)と、公儀の軍団に人員を提供することが含まれていた。公儀の軍団は、武装した戦闘員である武士と、自力救済の能力を奪われた象徴として武装を剝奪された百姓などから成っており、こうした役割の差を明確にした上で全国民に軍団を支える義務を課したのが兵農分離であった。

兵農分離後の社会では、右のパイプから外れた集団は「一味徒党」の罪に問われた。また個人もパイプ内の集団から離れて自己の生活を追求することは許されなかった。乞食でさえも、非人頭の手下にない野非人は捕えられ、身許のしっかりしているものは郷里に帰り百姓として年貢と役を勤めさせられ、そうでないものは非人に「身分片付け」され、非人頭のもとで物乞いを許されるかわりに町の清掃などの役を勤めさせられた。「唐入り」を口実に秀吉が全国に発布したいわゆる「身分統制令」も、武家奉公もせず田畠も作らない「いたずら者」を国土に置かないという意思を闡明にしている点で、右の「身分片付け」と基調を共通にするものであった。社会経済史の上では農奴の土地緊縛に相当する百姓の移動禁止も、我が国においては、このような流れの中で成立したのであった。同時に、在地を離れて城下町に集住した武士の奉公人も、百姓の移動禁止との関連において確保されることとなった。年季の明けた武家奉公人をそのまま農村に還流させ、江戸や城下町でいたずらに日を送る者がいないようにするのが、幕府や藩に共通した政策であり、前述の「身分片付け」もその一環であった。こうした政策が受け入れられ貫徹していった社会では、人々の生活の私的な部分は公の役に立つ限りで評価されるものとなる。公のパイプに組み込まれない私的な部分は、公のお目こぼしを受けてわずかに存在を許されたのであった。

このような社会では、集団や個人の自律性も公の意向に合致する限りで許容され、そうでない場合は分に過ぎたこととして否定された。慶長の頃に秋田藩院内銀山の奉行をしていた梅津政景は、喧嘩をしかけられて撲り返して相手の頭から出血させた住民に、紛争の理非の判断をするために自分が奉行として派遣されているにもかかわらず、自分の判断によって撲り返したのは「奉行なきよう」の振舞である、これが刀で斬りつけたのであれば死罪にするところであるが、として過料を申しつけている。ここでは喧嘩という外に現われた行為ではなく、理非を自判したことが問われているのである。個人だけでなく一般の集団的行為についても事情は同様であった。

以上のように近世の国家は、「惣無事」の枠の内部に集団や個人の自律性を閉じ込めることによって成立していた。逆に、公にとっては、集団にせよ個人にせよ、それぞれが公の意思を忖度してその範囲に限定された自律性を発揮することは、望ましいことというよりも、公の存在にとって不可欠の条件であった。例えば幕府代官所の場合、せいぜい三〇人余の役人で二〇〇か村一〇万人程度を支配するのが普通であった。これで旧内務省のそれに相当する職務をこなしていたのであり、村々の代表で作った総代役所などを含めて少なくとも村役人層の自発的協力がなければ、書類ひとつ作れなかったはずである。代官の職務上の手引書として作られた「地方書《じかたしょ》」の雄と定評のある『地方凡例録』は、代官の職務を「村里よく治り訴訟等のなきやうに取治めることと記しているが、この「治るやうに……取治める」というもって廻った表現は、別の場所で同書が「村役人どもよく納得して村中末々の者に至るまで教へ導くやうに、常々取り計ふべし」と述べているように、代官の村支配が村役人を中心とした村の、限定された範囲内とはいえ自律性に依拠していたことを示している。実際に、こうした任務に内発的に応えて村の平和を我が事とした村役人の例は少なくない。

ただし、こうした限度内の自律性は、集団の側から見てパイプが本来の機能を正常に果していると判断される限りで保たれていたのであって、天災・飢饉・悪政などによって平和が損われパイプが機能していないと思われる場合、集団は自然と直結することによって本来の自律性を恢復し、局地的にではあれ自身の秩序を打ち立てようとした。これが一揆であるが、他方では一揆はパイプの修復をも目的としており、パイプのつまりが通じることによって解散した。

集団が自然と直結する機会は、町や村の祭などの共同的な宗教行事であり、それは定期的な例祭のこともあれば、踊りや社参などの不時の流行のこともあった。こうした時に放出されるエネルギーは、一揆のそれに劣らぬ大きさであった。幕府や藩は、倹約などさまざまの名目で祭や石打ち、水かけなどの宗教的・民俗的習俗を取り締ったが、それは一旦解放されると役人の規制のはるかに及ばぬ野放図さを発揮した。

以上のように近世の政治史は、自律性を内在させた諸集団と、そうした諸集団を天皇を頂点とした宗教的・呪術的パイプに組み込むことによって、それらの自律性を馴致しようとする体制との対抗関係としてとらえることができよう。

## 七　近世武士の主従関係の二類型

近世の武士がその自律性に受けた変化は、それが統一的軍団に組み込まれたことに起因している以上、その他の集団や個人が受けたそれと本質的には同じであった。ただ、その他の集団や個人が自律性に欠けるものと見做されながら、パイプの許容する枠内での自律性を強制されていたのに対して、武士はその他の非戦闘員よりも厳しく統制され、その自律性もパイプの枠内に厳しく限定されていたが、にもかかわらず、武装し、軍団の戦闘者として位置づけられていたために、パイプをはみ出しても自己の理非の判断によって行動する真の意味での自律性を、自らの行動により時として実証して見せねばならなかった。近世の武士は、中世の武士の自律性の根拠であった所領とその住民に対する支配の自立性を、極限的にまで失っていたにもかかわらず、である。

近世武士の大部分は、藩が代官を通じて取り立てた年貢を俸禄の高に応じて支払われる蔵米取であった。名目的に知行所が指定されている藩においても、そこの百姓使役は厳しく限定されており、若党から下女までの武士の従者は藩の政策的バック・アップがあってはじめて確保される年季奉公人であった。蔵米も一部は貨幣で支給されたが、その換算の相場も幕府や藩の米価政策に依存していた。こうして経済的・人的に武士の自立性が失われた結果、武士の主従関係には大きな変化が生じた。

戦国期の武士の主従関係には二類型があったと考えられる。一つは太郎冠者ないしは出頭人型であり、一つは家老型である。

前者は、その存在を主君に依存し、主君との間に情緒的一体感が成立しているところに特徴がある。能狂言の太郎冠者は、主人の家計内で給養され、かつ博打の形《かた》におかれることもある下人、すなわち奴隷であった。同時に彼は、主人の幼少の頃からその側でともに生育することで、主人との間に情緒の共有を成り立たせており、主人の情緒的泣き所を押さえているが故に、彼の失敗やささやかな反抗に怒る主人を宥めることができたのである。大名の側近を守備する小姓も、主人の幼少時から側近にあるものが多く、この点では太郎冠者と共通した面をもっていたが、その中から特別の君寵により取り立てられたのが、出頭人であった。出頭人は、小姓組頭すなわち親衛隊長であると同時に、常時君側に出頭して主人と家臣との間の取次ぎに従事した。この主人の言葉を取り次ぐ機能の故に出頭人の言葉は主人の意志と見做され、出頭人は国政や藩政に絶大な権勢を振った。近世では秀吉に対する石田三成、家康に対する本多正信・正純父子、家光に対する松平信綱、綱吉に対する柳沢吉保などが、その例である。彼の権勢は主君の眷顧にあり、主君の死とともにその権勢は消滅した。彼の運命は主君のそれの一部であり、取り立てを受けた側近は近世初期には主君の死後もその身の廻りに侍るために殉死する習慣があった。近世初期大名の墓の廻りを殉死した側近の墓が取り巻き、今もなお君側を守っている例は少なくない。

これに対して家老は、大名から独立した自前の軍団の長であった。大名の軍隊は彼に直属する軍団と家老たちの軍団から成っており、この軍団の長であるという点では、家老は大名と対等であった。戦国期や近世初期の家老は城(大名の本城に対して支城)を持ち、そこを中心とした所領と市場圏によって自己の軍団を編成し、かつ大名から独立してその補給を行える存在であり、その所領支配も大名から相対的に独立していた。大名と家老の関係は、独立した軍団の間の軍事的指揮関係であり、両者を結びつけているのは数々の戦場を共にくぐり抜けて来た者の間の信頼関係であった。こうした個性的な関係は、大名の死後を継いだ経験の浅い子と労功の家老との間では維持されがたく、近世初期にはこうした軋轢が原因の御家騒動が多発した。騒動にまでは発展しなかったが黒田如水の子長政と後藤又兵衛基次との関係は、その一例である。

しかし、こうした誇り高き家老も、幕府が紛争で大名の側に立つ方針をとったこと、一国一城令などで支城が破壊され、家老の軍団を支えていた小市場圏が大名の城下町を中心とした市場圏に吸収・再編成されたこと、などにより軍団の長としての大名に対する独立性を失っていった。また、その所領支配も藩政に包摂され、家老も一般武士と同様にその存在自体を大名に依存することになった。

右の二つの関係のうち、前者は武士とその率いる集団内部との関係、後者は集団を率いる武士相互間の関係と言いかえてもよいが、近世においては家老以下の所領支配が実質的に解体して藩政に吸収されてしまったために、主従関係は前者に収斂していき、その特徴である主君との情緒的一体感に基づく行動様式がすべての武士の規範となるにいたった。

赤穂四六士の敵討がその一例である。この敵討は、四六士の一人大高源吾がその母に遺した手紙によれば、朝夕顔を拝んでいた主君の、吉良を憎いと思う心を受け継いで、すなわち主君の心を我が心として、行われた。こうした感情移入は、中小姓、納戸役といった彼の職務からすればあり得たことと思われるが、問題は国家老の大石までがこの心情を共有しているかのように行動したことである。この点をとらえて同時代人の荻生徂徠は、彼らの行動を殉死と評価している。殉死は近世初期以来の家老型の武士にはあり得ないことであり、近世の武士の心情がいかに自律と遠いところにあったかが、ここに示されている。

是非の判断を度外視して他人の意志に従うという心情の規範化は、武士の城下町集住、国役・陣夫役などの統一的賦課など兵農分離以後の政治的・経済的諸政策の一つの帰結であり、軍団の規律は実際上はこうした心情によって裏打ちされていた。この心情は、極限までいくと、四六士の場合のように——「徒党の禁」など「惣無事」

の原則に明らかに違犯した彼らの行動の是非は、江戸時代を通じてくり返し議論されている——時として軍団全体の統制を破ることがあったが、個別の戦闘集団としての大名家臣団の政治的結束を強化させ、前述のタイプの御家騒動を根絶させた。

しかし右の事態をもたらした「惣無事」は、自己の秩序を維持するために、近世を通じて武士に少なくとも外見上の自立性を温存させ、それにふさわしい自律性を要求した。例えば殿中では主君にかしずいた小姓も、屋敷に帰れば従者にかしずかれる主人であり、主君の行列では馬上で供廻りを引き連れて主君に供奉した。そしてそれがまた主君の行列の綺羅を飾る所以になったのである。石高が低くて従者を養えない武士には、藩で雇った従者を「貸人」として出陣に際して付ける制度もあった。前述したように実質的には蔵米取りになっても名目的には知行地が与えられている場合も多かった。所領とその住民を支配し、従者を率いて出陣するという中世武士のあり方は形式の上では注意深く保存されていたのである。

「惣無事」を維持するために、「惣無事」によって編成された軍団においては、武士だけが戦闘者として位置づけられていた。そしてその軍団における地位、役割が「格」であり、それは武士の藩内における政治的地位をも表現していた。武士が任命される奉行その他の行政上の役職の政治的地位は、軍事上の役割である「格」に翻訳されることで相互に比較可能となった。「格」と行政上の役職は対応関係にあり、とくに平和な時期が到来して軍事上の地位である「格」が、実戦によって検証された軍事的能力によってではなく家柄によって、すなわち「家格」によって決定されるようになると、武士がつく行政上の役職も、武士の能力というよりも家柄によって定まることとなった(こうした門閥によって政治的能力が配分される社会の閉塞的な情況は、自身が家格の低い武士の出身であった福沢諭吉の「旧藩情」に怨念を籠めて活写されている)。例えば幕府老中は、初期には前述の出頭人であったが、四代家綱の頃から家格化し、老中に就く家柄と職掌が固定化した。この老中がかつて出頭人であった痕跡は、彼らが発行する文書の様式などに残っているが、実質上は家格で任命される老中と将軍の間に太郎冠者的主従関係が成立するはずはなく、代わって将軍の側近にはその代替りごとに新たに出頭人が形成された。柳沢吉保など将軍の側用人がそれである。幕府の意志は老中と寺社・勘定・町の三奉行からなる評定所一座の議を経て将軍の決裁により確定したが、これは形式上のことであり、実質的には評定所一座と側用人との事前の内談が重要な意味をもつことが多かった。側用人は、将軍の意思を代弁するという形式で一座の審議に介入し、そうして決定された一座の意見が再び側用人を経て将軍に取り次がれた。同様なことは大名の側近と家老の間にも指摘でき、取り立てを受けた側近とその他の家臣との間の軋轢から発展した御家騒動は中期以降しばしば発生している(君側の奸)。

中世の自立した武士に連続する家老型の武士像は、統一的軍団編成に媒介されることにより「格」として生き続け、太郎冠者型のそれと右のようにして共存していた。一人の武士をとってみれば、彼は自身の内面に太郎冠者的要素と家老型要素の相互に矛盾し合う両極構造を備えた存在であった。前者に基づく行動も四六士の場合のようにしばしば「惣無事」の原則をはみ出すことがあったが、後者に基づいた行動も「惣無事」のワクを破ることがあった。そして、前者は、その是非の判断を度外視して主君の行動に盲従することから起きるものであるから、結局は自立した武士としての主君の、すなわち後者の問題に帰着する。以下のように後者こそが近世の武士にとって、そのあり方から起きる根源的な問題であった。

## 八　「喧嘩両成敗」のジレンマ

「格」は、たてまえの上での軍事的能力を政治的能力に対応させる機能を果していた。広く社会全体を見れば、自力救済の手段としての武器の使用を禁止された人々とその集団は、全国民を編成した統一的軍団において非戦闘員として位置づけられ、そのことの故に自律性と政治的能力のない被支配者とされたのであった。これに対して武士の支配者としての地位は、戦闘者であることによっており、武士の集団内部の政治的位置もそれぞれの軍事的能力によって決定されていた。したがって武士は、身に降りかかる火の粉を実力で払うことによって戦闘者としての能力を証明してみせなければならなかった。

統一的軍団が「惣無事」を実現、維持する手段として編成され、それによって前述のパイプに諸集団を組み込むことがはじめて可能であった点を考えれば、右のことは当然であり、いかに周到に武士の外見的自立性を保持して平和を維持する支配者の能力を誇示しても、戦闘者としての能力に疑いをもたれたらパイプそのものが崩壊する。事実、幕府の崩壊は、「醜夷」から国土の神聖さを守れなかったことに端を発したのである。

とはいえ、「惣無事」は自力救済の禁止を内容としており、それは個々の武士の行動のレベルでは「喧嘩両成敗」の原則として近世を通じて存在した。これは、武士の間の喧嘩は、その理非を問わずに当事者双方を処刑する、また喧嘩の助太刀も同罪とするというもので、中世の後半に出現して戦国大名に多く採用され、近世の初期には「天下の大法」として幕府や全大名によって制定された法令である。適用範囲は武士だけでなく僧侶や庶民にまで及んだとされているが、実際は庶民の喧嘩は刃傷沙汰に発展しない限り大目に見られていたようで、上述の梅津政景の場合も過料ですましている。また萩毛利藩の「万治の制法」(一六六〇年)は百姓に対して「武士に慮外をしてはいけない。少しくらい〝杖を負わされても〟(打擲から転じて恥しめられるという意か)堪忍し、場合によっては奉行・代官に訴えよ。もし堪忍しないで戦った場合は百姓を曲事とする」と定めた後に、百姓の喧嘩は武士のそれと同等には取り裁かず、一方が死亡しないかぎり村内で内済にせよ、と命じている。

このように武士に固有の法と見做される「喧嘩両成敗の法」は、しかしその制定当初から幕末にいたるまで武士の間では繰り返し非難の対象となった、評判の悪い法であった。主旨は、この法を楯にとって喧嘩を避けるような武士は卑怯であり、この法は戦の役に立たない卑怯者を育成するものだという点にあったが、この種の議論がすでに武田信玄の時代にもあったことが『甲陽軍鑑』に記されている。後期の例を挙げれば、裁断明快と謳われた江戸町奉行根岸鎮衛(一七三七―一八一五)は、その随筆『耳嚢《みみぶくろ》』で次のようなエピソードを肯定的に紹介している。

享保の頃、某一刀流の名人が江戸の富商と契約して免許皆伝にすることを請負った。名人は湯島の桜の馬場に町人を連れ出し、思いきり走ることを命じ、自分もあとを走ったが追いつけなかった。彼は、この結果を以て伝授の完了を宣言した。不満げに理由を質した町人に対して彼はこう述べた。「御身町人なれば武家と違い、身を困《くるし》み候事、逃るゝにしくはなし。武士は逃るゝ事ならざる身分なり、町人は逃れて苦しからず。(中略)あの通り走り候えば逃げ足達者というべし。すなわち当流極秘なり」と。

評定所一座を構成する町奉行ですら、武士は災難に自力で立ち向かうべきことを肯定していたのである。こうした例は数限りないが、見過せないのは、喧嘩の当事者を屋敷に匿う、いわゆる駈込慣行が近世にも存在したことであろう。庇護を求めて駈け込んだ者を屋敷に匿う、武士の自立性を象徴するこの慣行は、「人返しの法」(逃亡した下人や奉公人、百姓を連れ戻すことを定めた法。前述のいわゆる身分法令もこの一種である)によって近世においては原則上は否定されていた。しかし、近世においても現実には武士の屋敷は容易に他者の踏み込みを許さぬ場所であったことは、例えば大名屋敷の中間部屋などを想起すれば十分に理解されよう。さすがに主殺や盗人など破廉恥罪を犯した者を庇護する慣行は早期に絶えたようであるが、喧嘩の当事者を匿う慣行は長く残った。もっとも庇護を求めるものは、例えば相手に「とどめ」をさすなど喧嘩の作法を踏んだ者でなければならず、この点が確認された者を当局や相手の一類から庇護し、疵の手当をして後日に路銀を与えて落ちのびさせる行為は、武士にふさわしいものとして賞讃された(この「とどめ」が喧嘩の作法であった点に関しては、幕末に、幕府御家人の子が口論から町人の子を疵つけた際に、切りかけたこと自体は身分差によって問題はないが——前述「万治の制法」を参照——「とどめ」をささなかったのは不行届であり本来ならお咎めがあるべきところ、幼少ゆえ不問に付す、とされた例によっても知られる)。

もちろん、国法を維持する観点から喧嘩や駈込慣行を非難する論者も少なくなかった。しかし、こうした慣行を支持、賞讃する者も、それに劣らず多かった。そしてその中には先の根岸のように当局者も含まれていた。備前岡山藩主池田光政もその一人である。彼の日記は、ある年の城中新年の儀式の場で起きた喧嘩について、以下のように述べている。

それは将軍家(家光)から拝領の鶴開きの場であった。一人の武士が他の武士をなじり喧嘩をしかけたが、しかけられた側は大切な場であるからといって、応じることを拒否した。事件を調査した光政は、しかけた側を死罪に処した。調べたところ原因は当座の行きがかりなどでなく前々からの遺恨にあり、それならば鶴開きでなく別の場でしかければよいはずであり、かつ大勢のいる所でしかけたのは留められることを期待したもので、卑怯であるというのである。次いで光政は、喧嘩を拒否した側をも召し放しに処した。理由は、喧嘩を拒否したのは場所柄をわきまえた行為で一応は納得できる。しかし当座はそれですましても、後日に時と場所を選んで果し合うべきであり、それをしなかったのは余りに「おだやか過ぎる致し方」である。このような武士は、戦の役に立たぬので他への見せしめに召し放す、というのであった。

「両成敗の法」によって「無事」の維持に努力すべき立場にあった当の大名までがこのような意見の持ち主であったとすれば、武士はどのように行動すべきであったのか。喧嘩に応じれば、負ければ死であり、勝っても「両成敗の法」によって切腹である。かといってこれを避ければ、卑怯といわれ、改易とされる。このジレムマは、これまで述べて来たように「惣無事」によってもたらされたものであり、それ故に近世の武士たちに共通した課題であった。

『葉隠』冒頭の、あまりにも周知の一節は、この問題に対する一つの解答であった。

武士道といふは、死ぬ事と見つけたり。二つ〳〵の場にて、早く死ぬかたに片付くばかりなり。別に仔細なし。胸すわつて進むなり。図に当らぬは犬死などといふ事は、上方風の打ち上りたる武道なるべし。二つ〳〵の場にて、図に当るやうにわかることは、及ばざることなり。我・人、生きる方がすきなり。多分すきの方に理が付くべし。若し図にはづれて生きたらば、腰抜けなり。図にはづれて死にたらば、犬死、気違なり。恥にはならず。

要は、行動を選択する時は死ぬ可能性のより高い方を選べ。そうすれば生きて恥をさらし、卑怯といわれることはない、というにある。これがどのような情況を想定して語られたのかについては、『葉隠』は鳥取池田家のある家来の以下のような挿話を載せている。

その家来は主命で京都に滞在していたところ、町で通りがかりの者が「池田家の家中の者が喧嘩をしている」と話しているのを聞いた。現場に駈けつけてみると、たしかに一方は自分の傍輩で、ちょうど相手に「とどめ」をさされるところであった。即座に詞《ことば》をかけて斬り結び(この「詞をかける」のも喧嘩の作法で、これを怠ると闇討と見做される)、幸い相手二人を討ちとることができた。彼はやがて奉行所に出頭して、「助太刀を禁」じた幕府の「御法」を破ったとする奉行の難詰に対して、こう答えた。「人間は申すに及ばず一切の生類に命を惜しみ申さぬ者は御座なく候。私も別して命は惜しく御座候。さりながら傍輩の喧嘩致し候と申す沙汰を、空しく聞かずして罷り在り候ては、武道を取り失ひ候儀と存じ、その場に駈け付け候。傍輩討たれ候を見候て、おめ〳〵と罷り帰り候はゞ、命は生き延び申すべく候へども、武士道はすたり申し候。武士道を相守り候て大切の命を捨て申し候は、武士の法を守り、武士の掟を背き申さゞる為に候。一命の義は早その場にて捨て置き申し候。早々御仕置仰せ付けられ候様願ひ奉る」と。

山本定朝が『葉隠』冒頭の一節を語るときに考えていたのが右の挿話であることは、「我・人(自分も他人も)、生きる方が好きなり」と「人間は……私も別して命は惜しく」以下の理屈のもって行きようの類似から明らかであろう。「死ぬ事と見つけたり」という、その表現の直截さの故に人口に膾炙したこの言葉は、「両成敗の法」をめぐって近世の武士が置かれたジレムマに対する定朝なりの解答であった。

たしかに「天下の大法」の上に、定朝のいわゆる「武士道」ないしは「武士の掟」を置くこの解決法は、『葉隠』に特有のものといえるかもしれない。しかし定朝に解答を迫った問題情況は近世の武士に共通したものだったのであり、この意味で『葉隠』に描かれた武士像も「惣無事」令の一つの帰結だったのである。

自然ないしは国土と人民、およびそれらを繋ぐものとして新たに創り出されたパイプから成る天下において、パイプの一環として組み込まれた武士は、一方では自律を制限されながら他方では自律性をもったものとして振舞うことを要請された。パイプから離れて存在する余地はなかったにもかかわらず、時としてパイプからはみ出す能力を実証して見せねばならなかったのが、近世の武士であった。

〔**後記**〕 本稿は昨夏(一九八三年)開かれた第三一回アジア・北アフリカ人文科学者会議における報告原稿に大幅に加筆したものである。

# 第II章　「惣無事」令と国土の領有

## はじめに

本報告の目的は、「惣無事」が、国土の領有の体現者としての秀吉による平和令であったことを、指摘することにある。

## 一

一九七八年以来、「惣無事」の全容を精力的に明らかにしつつある藤木久志氏によれば、「惣無事」は、いわゆる「惣無事」令、「喧嘩停止」令、そして「ばはん(=海賊行為)停止」令の三つからなっていたと思われる。(1)「惣無事」令は、家康を服属させて関白となり、つづいて九州を平定した秀吉が、天正一五(一五八七)年暮に関東・奥羽の諸大名に送りつけた戦闘停止命令である(九州「征伐」もこれと同じ論理に基づいていた)。「無事」とは、和平、和睦の意であり、秀吉は、諸大名に所領争いを即時停止し、所領の帰属を秀吉の裁定に委ねるよう命令した(ただし、その基準がこの時点での当知行、すなわち現状を重視したものであったことに、留意しておきたい)。この命令を受けいれた大名は、その印に上洛して秀吉に「御礼」すなわち服属の挨拶をしなければならず、これを無視した大名は、秀吉の動員する「公儀」の軍隊により「征伐」された。以後、公儀の命令によらない軍隊の動員は「私戦」として禁止された(この原則は、島原の乱の直後に若干の修正を受けたが、基本的には江戸幕府によっても維持された)。藤木氏の努力にもかかわらずまだ発見されていないが、存在したことは確実な「喧嘩停止」令は、農村や都市の集団のレベルでの戦争=喧嘩を禁止するものであった。紛争を集団的実力の行使によって解決することは、中世においては、近隣の仲裁や幕府や大名の法廷(ただし、判決の執行自体は当事者の自力にまかされた)にことをゆだねるのと同様に、正当な手段と見做されていた。しかし秀吉以降、近世においては紛争における暴力の行使、とくに武器の使用をともなうそれは、ことの理非を問わずそれ自体が厳罰の対象となった。「ばはん停止」令は、秀吉の対外政策の基礎となるもので、やがては朝鮮出兵に連なる重大な意義をもつものであった。秀吉が海の平和を実現したにもかかわらず、明がそれを正当に評価せず「御礼」に来ないというのが、秀吉の出兵の論理であったからである。

## 二

以上の原則は近世を通じて基本的に江戸幕府もこれを継承し、ながく国家と諸集団との、集団と集団の間の、そして日本と諸外国との間の関係を規制する条件となった。たとえば国家と集団との関係についていえば、集団の自治があらためて問題になって来ざるをえない。自力による権利の実現を禁止された集団に真の意味で自治がありえたのかという疑問は、誰しも感じるところであろうからである。水林彪氏の労作「近世の法と国制研究序説」(2)による刺激もあるが、一昨年度(一九八三年)大会近世史部会の水本邦彦氏の報告に見られるように、近年、村についての関心がふたたび高まっているのは、このためである。本来、水本報告は、数年前から近世史部会の基調的な流れであった、国家と身分をめぐる議論の一環としておこなわれたのであったが、極度に単純化すればその議論とは、日本近世における身分とは「役の体系」(身分に対応した役を国家に奉仕することで、それぞれの身分が決定するという見解)との関連で国家が決定したのか、あるいは集団が身分決定機能をもったのか(朝尾直弘(3))という点をめぐるものであった。この問題は、近世の諸集団がもった自生的・自律的側面と行政請負団体的側面の、ふたつの矛盾する側面をどう統一的に捉えるかということと(たとえば、近世村法には盗賊めし取りについての取り決めが見られるが、これを村構成員の自主的取り決めと見るか、領主の指導の結果と見るかという問題がある)、さしあたってはほとんど同値と考えられる。朝尾「批判」は、日本中世の歴史的達成と評価される地縁的集団のあり方が、原理的には近世においても生きていたとするところに発想の根源があると推察されるからである。しかしながら、その自律性が「惣無事」によって上記のように規制されていたとすれば、それはどのような生きかたをしていたのであろうか。「惣無事」と自律性との関連が具体的に問われなければなるまい。

## 三

本報告においては、国境争論の史料を具体的に検討することにより、「惣無事」と自律性とのかかわりを、国土の国家による領有と現地での実態的領有の、ふたつの領有の対抗・依存の関係として考えてみたい。

ここで領有というのは、さしあたり大塚久雄『共同体の基礎理論』(一九五五)第二章で展開された行論を念頭に置いている。必要の限りで要約すれば、①人類は、始源的な共同組織を前提として、自然ないし大地 Erde の一片を土地として占有する、②土地は多かれ少なかれ神授の賜物あるいは君主の恩恵と意識される、③共同体内部にはいやおうなしに「固有の二元性」が発生し共同的占取に対立するものとして、私的占取、私的所有が展開する、ということになろうか。重要なことは、その中で私有が展開する土地が大地の一部として神授の賜物あるいは君主の恩恵であり、その土地の中には人間自体も含まれるという点にあろう。本報告では物理的大地のみでなく、そのような意識のもとにある大地ないしは自然を人間が占取する行為の根底となる本源的な前提として、領有という言葉を押さえておきたい。すなわち、領有とは共同体内部の世界観ないし秩序意識(平和もこの中に含まれる)を前提として成立する関係である。

領有は、本来はその固有の権能として集団に一元的に帰属するものであったが、国家の成立とともに、それは国家による領有と現地での実態的な領有とに分裂する。前者は、「持衰《じさい》」的な機能をもつ宗教的権能と世俗的権力を併せもった天皇に体現されるが、この天皇のもつ二側面——とくに権力的側面は、律令制の解体とともに公武の諸権門によって受け継がれていった。後者は、律令制の崩壊とともにその内部に新たな所有関係を孕み育てながら、在地領主による領有として展開した。在地領主による領有は、諸権門による領有と現実には複雑に絡み合いながらも、戦国末期には、その内部に農民的領有を成立させていた。既存の領有関係の空白地帯である近江甲賀郡の小領主連合「郡中惣」は、山川の用益をめぐる紛争を裁く主体として、地域の領有を最終的に掌握していた。(4)「郡中惣」は紛争の当事者双方に、その裁定を受け入れて「無事」をかまえ、「弓矢」に及ぶことのないように強制しており、まさに地域的な平和の保証者として存在したのであった。この段階では農民的領有を示す史料は残されていないが、しかし「郡中惣」による領有権が太閤検地により接収されると、ただちに現地における領有の主体として村が前面に登場するのである。近畿地方の「惣村」がこのような領有を実態として実現していたことは、水本報告の主張するところであり、通説といってよい(朝尾「批判」が強調する「日本中世の達成」はこの事態にほぼ該当する)。国家的領有を分有する権門の後継者として、戦国大名は郡中惣レベルの領有を掌握して農民的領有をその下に包摂しようとした。新たに発生した領有関係の既存の領有への取り込み策である(「印判状」による戦国大名の統治権的支配といわれているものが、これに該当すると思われる＝討論要旨を参照)。

秀吉は、上記の戦国大名の志向を継承し、その一定の達成の上に全国土の領有を実現した(ただし、それは大名に対する「惣無事」令が当知行追認主義であったように、以下で述べるように現地での直接的領有を追認するものであり、これを第三者から保護する機能をもつことになった)。このような国土の領有の体現者の資格において秀吉は「惣無事」を宣言し、国土の統合を進めるための有力な武器として使用した。江戸幕府も、これを受け継ぎ「惣無事」を施行することで国土と人民を支配した。「外圧」による「惣無事」の崩壊は幕府の崩壊をもたらした。

## 四

以下においては、近世初期の国境紛争に関する史料によってふたつの領有(国家によるそれと、現地でのそれ)の存在をまず確認したい。

①信越国境争論　寛文一〇(一六七〇)—延宝二(一六七四)年

魚沼郡羽倉村・水内郡森村(越後高田松平光長二六万石・信濃飯山松平忠倶四万石)

②会越国境争論　寛永一九(一六四二)—正保三(一六四六)年

会津郡伊南伊北・魚沼郡(会津加藤嘉明四〇万石・松平光長二六万石)
③予土国境争論　正保三(一六四六)—万治二(一六五九)年
沖之島(宿毛市沖)(宇和島伊達宗利七万石・高知山内忠義二〇万石)

以上は、近世のこの時期では名子・被官・下人を駆使する土豪的経営が圧倒的な地域に起きた事件であり、したがって山野河海についても、在地領主的領有を近世の国家的領有が覆ったというのが実態である。これらの争論過程で作られた史料には、共通する点が多い。(①②については藤木前掲書を参照。③は、かけ離れた地域の例として挙げた)。

(一)用益の諸実態。①は、千曲川北岸の県境をはさむ豪雪地帯に起きた山論であるが、ここでの紛争の史料には、焼畑の開発、薪・刈敷・山菜の採取、子供(名子)による谷頭の水田開発(ほまち)など、山用益の諸相が生き生きと示されている。②は只見川上流の銀山をめぐる紛争であるが、ここでは鮭漁・鹿猟などの用益が語られている。宿毛湾外の沖之島を係争地とする③には、漁業と山利用の関連が示されている。(領有を問題にする以上は、こうした用益の諸相が重視さるべきであるが、本報告では割愛したい。)

(二)近郷を催した自力の発動と、「喧嘩停止」の受容。近郷を催す(動員する)集団的な統制ある暴力の発動は、近世においても紛争につきものであった。①では棒・鳶口による暴力が行使された。②では弓・鎗・鉄砲・長刀をもった千四五百人の人数が「段々に」すなわち部隊に編成されて出動した。③でも棒による打ち合いがおこなわれている。先進地帯においてもことは同様であり、たとえば慶長一五(一六一〇)年和泉では「兵具を帯し、多人数をもって山をきりとり」という事態[5]が発生している。このように、実際には暴力の行使が常態でありながら他方では、訴状においては「喧嘩停止」受容の姿勢がみごとなまでに示されている。暴力をふるうのは常に相手側であり、自分の側は、何をされても仕返しをしてはならぬという御領主様の言い付けの通り、一切手出しはしていないのである。領有の侵害者にたいする処罰である「鎌取り」の慣行も依然おこなわれつづけたが、それは処罰としてではなく後の証拠のためと説明されており、ここにも「おかみ」に理非の判定を委ねる近世の百姓の姿勢が示されている。

(三)　江戸出訴にいたる過程の共通性(百姓訴状〈目安〉の史料的吟味をかねて)。江戸出訴にいたる過程=紛争の発生――現地での折衝(理り)――不調(埒明かず)――藩への訴訟(陳情)――口書(調書)の作成・送付――相手藩の返答――不調――幕府への出訴願い――藩による抑止――訴状(目安)を評定所へ提出――受理・裏判――相手への送付(裏判を付ける)――返答書の作成――評定所での対決。以上の過程には、中世の裁判手続を受け継いだ側面もあるが、百姓の幕府評定所への上訴の藩による抑止と、「地頭は替わるもの、百姓は所末代」という論理による上訴の決行という過程の存在は、新しい側面として注目される(史料1)。これは字義どおりに解釈すれば、地頭の都合で百姓の上訴を押さえてはならないということであろうが、これがわざわざ訴状に記された理由としては、以下のような事情を考慮する必要があろう。

それは、以上の過程のほとんどの場面で藩が実際には主導的役割を果たし、しかも藩の指導には幕府要路者の介在があったという事情である。②の場合、上訴のために出府した代表は藩の江戸屋敷にまず出頭し、長屋と滞在中の米・味噌・薪などを支給されている。訴状は家老の口述で藩の右筆が執筆した。また藩の役人にともなわれて評定所の一員である幕府勘定奉行に面会し、事件を直接に陳情している。③では、高知藩の家老野中兼山が出府し、あらゆる人脈を動員して対幕府工作にあたり、その対象は酒井忠清(雅楽頭)など評定所構成員から幕府右筆や評定所目安読みまできわめて広い範囲に及んでいる。評定所の動向は兼山にはつつ抜けであり、それによって兼山は要所に手当て(その中には、右筆に依頼して老中の目をかすめて判決文に手を加えるという行為も含まれていた)をおこなった。国境紛争は、百姓を表にたてた藩相互の争いでもあった。その藩が相手藩への配慮を口実にいったんは上訴を抑止するふりをするのは、史料1〜4に示されたような事情によると思われる。史料1〜3は、しかし「百姓は末代」の論理を使えば藩としても上訴に踏み切ることができるという江戸留守居からの国元にたいする助言であり、このことは、この論理が相手藩に対する一種のエクスキュースとして使われていることを示すといえよう。

以上のように、この種の訴状は幕府要路者の指導を経て藩によって作られたと考えるのが妥当であり、したがって、訴状に盛られた論理は百姓のものというより、幕藩領主のものであった。また出訴を選択したことにより、百姓もその論理を受容したことが示される。そして、こうした過程の繰り返しにより幕藩領主の論理が在地に浸透していった。

(四) 山野領有のふたつのレベル。目安には、山野の領有についてレベルを異にするふたつの主張が見られる。

①占取・用益の事実を根拠とした領有の主張。

占取・用益の事実の慣行的積み重ねをもって領有の根拠とする主張で、「私共古来よりも領地」という表現、また「小屋場の跡も紛れ御座なく」という言葉に現われている(史料2)。これは史料3にも示されているように、在地的な論理であり(この論理は、当該の段階の生産力の在り方との関連で、具体的には明らかにされるべきものであるが、本報告では割愛する)、集団的な実力行使により領有を実現する行動に連なるものである。

この論理が目安に記されたという事実は、幕藩領主もこの論理を容認したことを意味する。実際にも、幕府の裁許は現地での慣行や用益の実態を基準とするものであり、裁許の手続にも、近郷の仲裁や証言、鉄火による神裁など紛争解決の中世以来の慣行が制度として取り入れられている。(6) ただしこのことは、このレベルの領有が国家の領有に包摂されたことの表現と評価すべきであろう。

②小物成の収納を根拠とした領有の主張。

誰が誰に小物成を納めているかが、当該地の領有権者と用益権者とを同時に決定する基準であるとする論理である。後に述べるように領主に小物成の収納権を付与するのは幕府であったから、これは、「讃岐様御折紙御取り候上ハ、会津城際を御掘り候とも申し分これなく候」という意識に連なる論理でもある(史料2)。

(五) ふたつのレベルの関係。只見川の漁猟が、蒲生→上杉→蒲生→加藤と「地頭」が代わっても、小物成を納めることで続けられて来たように(史料2)、最終的には現地での領有は、幕府によって統括されていた、と考えられる。この幕府による領有と現地での領有の関係を明らかにするには、小物成が、近世の成立過程で、いつ、どのようにして定められたかが、まず明らかにされねばならない。

# 五

小物成―「小年貢ともいう。江戸時代の雑税の総称、中世には公事といったもの。年貢すなわち正税である本途物成に対する。種類・名称など多種多様で、元来は土地への賦課でなく、土地の用益またはその産物を対象とする山年貢・林永・池役・川手などその地方の特産物である。(7)」

(一) 太閤検地は、①領主的所有=百姓的所持の場である田畑・屋敷地と、②領有の場である山野河海とを分ける作業であった(この他に、地子の賦課される都市の場が考慮されなければならないが、今回は省略せざるをえない)。①には年貢が賦課され、年貢の負担者には百姓的所持が保証された。②には、小物成が賦課され、その負担者には排他的用益が保証された。(このように両者がそれぞれ性質を異にする土地であるという点については、すでに戒能通孝『入会の研究』一九四三年に指摘されている。)

史料4は、丹羽長秀が秀吉の了解のもとにその家老溝口秀勝に四万四〇〇〇石を充行った史料であるが、ここでは山林・葦萱野・浦川もあわせ充行われている。これにたいし一般の給人は上記の支配を但し書で除外され、田畑・屋敷の年貢の他は競望すること(役を掛けること)を禁止されている(史料5)。以上の充行いは史料6の検地の結果に基づいていたが、そこでは土地の石高と同時に山年貢が決定されていた(ここで山年貢が奉書で徴収されたのは、この地域が紙の特産地であったためである)。早い時期の例としては史料8の帥法印歓仲による河内の山年貢決定をあげることができる。歓仲は延宝五(一六七七)年検地の際の古市郡軽墓村書き上げによれば、山奉行として山年貢を決定したと伝承されているが、[8] 史料8によれば、それに先立つ検地によって山の帰属が決定されていたのであった。こうした検地に際し小物成の調査がおこなわれたことは、史料7の示すところである。史料9は薩摩の検地における石田三成の指示である。ここでも検地に際し浦役・山役・真綿・竹・くろがね(鉄)・漆・川役など小物成が「公方へ上がり申すべき物」として調査・決定されている。

(二) 太閤検地では、田畑の石高と同時に、山野河海の小物成が決定され、「帳」につけられた。それは「公方(=秀吉)に上る」ものであり、以降この小物成を上納する限り領有に対する第三者の干渉は公方によって排除された。この「帳」が、国郡ごとに村高を書き上げた「御前帳」に含まれるのか否かについては明らかにできないが、加藤明成改易後の会津を与えられた保科氏の知行地請け取りの史料10から、別帳であったと当面はしておきたい。保科氏は入封に際して領知目録(御前帳)・漆之帳・小物成之帳の三種を幕府から渡付された(会津の場合、漆が小物成と別帳になっているのは、その特産物である漆が、会津検地の際に秀吉の指示によりとくに調査の対象になったからであると思われる(9)。御前帳の交付が年貢と国役徴収の権原であったとすれば、近世初期においては、この小物成帳を渡付された者が、小物成を徴収する権利を与えられたと言えよう。ただし、知行地渡付時にこの「帳」を渡付されたことが明らかになるのは、他に元和八(一六二二)年に最上氏改易のあとに鶴岡を与えられた酒井氏の例(『大日本史料』一二―四八、三四一頁)だけであり、中期以降は、一般には将軍からの充行状が、暗黙のうちにそのような機能を果たしたと考えられるふしがある(10)。総じて小物成については中世のそれを含めて今後の研究にまつところが多いが、しかし年貢徴収権と小物成徴収権がはっきりと分離している場合も指摘でき、年貢徴収権と小物成徴収権が別のものであったとすることには、十分に根拠があるといえる(11)。

したがって、大名領内の山野河海は潜在的には将軍のものであり、幕府はそこに立ち入って材木をとることができた(史料11は秀吉の大仏殿建立の時、史料12は秀頼による再建の時、史料13は江戸城天主改築の時に、それぞれ大名領内に立ち入って材木が求められたことを示している)。また、一般に金・銀山など鉱山の用益は、小物成徴収権の範囲から除外されており、埋蔵物の発掘には幕府の許可が必要であり、その成果は運上として領主から将軍に献上されたのちに、あらためて献上者に下げ渡された(この点については小葉田淳『日本鉱山史の研究』が概括的に指摘している。史料14はその一例であるが、ここでは発掘の対象から城と侍屋敷が除外されていることに注意したい。史料2で、会津の城際を掘られても苦情はないと言っているのは、奇を衒ったのではなく法的な裏付けのある表現だったことがわかる)。地中から古銭が出たときも発見者は幕府に大名を介して届け出て、あらためて幕府からの下賜を受けなければならなかった。

(三) 小物成は、種々雑多な名称・内容をもっており(このこと自体は、小物成の中世における前身と成立事情が種々さまざまであったことを物語るものであるが)、内容的には上掲の辞典的説明からはみだすものも見うけられる。たとえば史料10の馬市役。このリストの他の項目のすべてが、自然の用益の産物ないしはその代納と見做されるのに対して、馬市役は中世の「座」の役銭のように営業特権に対する運上と思われるからである。代官が自身の職務である農政万般について記した地方書の雄『地方凡例録』は、小物成として以下のようなものを挙げている。[12]

山年貢・山小物成・山役・山手米永・野年貢・野役米・野手米永・草年貢・草役米・草代・茶年貢・茶役・漆年貢・櫨年貢・松山藪林年貢・葦年貢・葦代・萱野銭・椿油荏役・御林下草銭・河岸役・池魚役・網役・網代役・鳥取役・紙舟役、

以上のうち「河岸役」[13](『地方凡例録』は船問屋の納める運上と説明している)は、史料10の馬市役と同様に、他の小物成とは異質なものと見做すべきであろう。

(四) 小物成と「諸運上・冥加永」。『地方凡例録』は小物成とは別に項目をたて「諸運上・冥加永」について述べているが[14]、その名目、記述には以下のように小物成のそれと重なるところが多い。

水車運上・市場運上・小漁運上・簗運上・池運上・鳥札運上・高網役・鷺運上・鉄砲運上・問屋運上・油舟運上・醤油屋冥加永・質屋冥加永・旅籠屋冥加永・砥石山運上・金銀銅鉄鉛明礬硫黄山運上・帆別運上・川舟役・小舟役・室屋役・炭竈役・大工役・桶屋役・石屋役・紺屋役・鍛冶役・新田地代金(以下略)、

『地方凡例録』は別の場所で「本途以外は小物成」[15]とも述べており、成立時期や期限の有無などの別はあるが、「諸運上・冥加永」も広い意味での小物成のうちと意識されていたようである。この意味で以下のふたつの項目を通覧すると、しかしそこには先にあげたように内容を異にするものの併存が指摘できる。砥石山運上・金銀銅鉄鉛明礬硫黄山運上は自然そのものの用益という点で山手などと一括されるべきであろうし、問屋役・河岸役は営業特権という点で馬市役と一括されるべきであろう。これは人間の生活するある限定された場所(二次的自然というべきか)を「なわばり」として確保するものであり、この「なわばり」という点で山手との共通性が指摘できる。またこの点では、御師の檀那場、修験の霞、えたの職場、非人の勧進場、職人の得意先などとの共通性が指摘できる。

(五) このようにレベルを異にするものがひとつのカテゴリーで括られたのは、それらが、「冥加」とそれに対する役奉仕というひとつの論理で理解されていたからであろう。

冥加とは本来、神仏の冥々のうちの加護であり、それに対する報謝が「冥加金」であるが、近世の権力は、神仏の機能の一部を代行し、あるいは仲介するものとして「冥加」金を上納される立場についたのである。たとえば「つくり冥加」の喪失は、虫害など自然的災害に結果することもあれば、刈田狼藉など人為的災害に結果することもあり得た。この意味で平和―太平御繁昌も「冥加」の一部である(史料15~18)。

幕府は、国土と人民の栄枯盛衰という意味での「世の中」の領有者だったのであり、物理的な大地の領有は「世の中」のそれの一部にすぎなかった。

(六) 『共同体の基礎理論』ふうに言えば、そのような領有の真只中に発生した私的所有の展開線上にあるものとして、山野河海から峻別して検地の縄を受けた土地が石高に結ばれた。「検地つかまつり候上は、公方へ上がり申すべき物ニあらず」という言葉は、石高に結ばれた土地が、領有の海の中にありながらその対象外である私的な営為の場として保証されたものであることを、示している。石高所持は領有に比較すれば私的な権利であり、これを保証する領有者への「冥加」運上が、国役に代表される百姓夫役であった。それは、中世の土豪的領主が日常的人身支配の延長として農民を使役・動員するのとは論理を異にする、中世の一国平均役をひきつぐものと考えられる。このことは、広い意味での領有によって保護される営業特権についても妥当する。たとえば、大工のなわばりである「大工所」の成立は、大工自身によって主張される相伝の物件としての「大工職」の成立を基盤としており[16]、それが「冥加」としての大工の「国役」上納によって国家によって保護されたのである。（なお、このように考えると土地所持の対極である領主的所有も、領有に比較すれば私的な権利ということになるであろう。）

（七）「冥加」の観念に支えられることで、国家的領有は現地での領有を前提としながらもそれを包摂するものとして存在した。「冥加」の観念は、集団のもった世界観ないしは秩序意識に根ざしており、天皇の「持衰」的権威と結合した将軍に体現される国家的領有は、自然界と人の世界を媒介するものとして集団自体によってつくりだされたものであった。塚本学『生類をめぐる政治』[17]は、このような将軍の性格を的確に指摘している。また津軽藩は天気の祈禱を藩の指定した寺社に限定し民間の祈禱を禁止したが[18]、こうした事例は、諸集団が幕藩制権力を媒介とせずに自然と直結することを防止するものであった。なお、このような権力と民衆との宗教をめぐる依存と相克の関係については、三宅紹宣「幕末長州藩の宗教政策」[19]、小沢浩「水戸藩の宗教統制と農民」[20]などを参照されたい。

## 六

近世の領有は、在地領主的領有から小領主的領有と現地での領有とが分裂して成立したものであり、その意味では本来的に二元的な構造をもっていた。戦国期近畿の「惣村」の現地での領有を主張する史料から、それが他者による領有を排除した自己完結的な領有の主体であったと考え、そのような「惣村」をモデルとして、たとえば近世村落の「自治」を考えるのは、誤っている。「惣村」が錯綜した領有関係の中にあったからこそ、太閤検地は小物成の書き上げを必要としたのである。また、たとえば近江の「惣村」史料は、「六角氏式目」に示されるような領主層の反撃策との対抗関係のなかで理解すべきであろう。このような対抗関係こそが、両者に共通する世界観ないし秩序意識を媒介として小領主的領有を伝統的国家による領有に統合し、現地での領有を包摂させた動因と考えられるからである。

次に、このような領有の確定と裏腹の関係で、領有とは区別されて確定されたのが年貢収取を軸とする土地所有の関係であった。将軍は、領有の体現者であると同時に土地所持の保護者でもあった。したがって、領主的土地所有は近世においても私的な関係であり、ここに大名や武士の「イエ」が近世においても家産的な色彩をおびた根拠があった。近世において領主権が「イエ」支配権とともに統治権をもあわせ持ったとされるのは、それが将軍の領有権の一部を分有したからにほかならない。幕藩制が「集権」か「分権」かという議論が発生する根拠は、おそらくこうした事情によると考えられる。

以上、「惣無事」施行下、平和の維持が国家に独占されながらも、他方では実態的にはそれが諸集団によって果たされていたという事態を、領有のありかたから考えてみた。近世における平和は二元的な対抗と依存の関係において考察されなければならない。

# 七

**史料1**

1百姓共御公儀へ御出し候事なるまじき由、仰せ付けられ候えども、御地頭は当分の儀、百姓は永代之者に御座候、迷惑に存じ、（中略）御当地（江戸）え罷り登り候御事、（越後国魚沼郡羽倉村百姓等訴状、『新潟県史』資料編近世二、三六二頁）

2沖之島庄屋随分堪忍仕り候ようニ、今以て仰せ付けらるべく候、其れにも彼島庄屋・地下人（百姓）堪忍なりがたく、是非公儀え訴え、いずれの道にも落着を願い候ハヽ、もっとも守護（大名）は当分之儀、地下（百姓）は末代之事に候へハ、理不尽に各々押し留め候事もなりがたく御座有るべきと存じ候、（宇和島伊達家江戸留守居より国元家老への書状、伊達文化保存会所蔵「沖之島公事一件書付類」）

3御隣国不和ニテハ、走り者カタガタ用所調い難き儀ニ候、（正保三年（一六四六）土佐藩家老より宇和島家老への書状、「沖之島地境論」一）

**史料2**（寛永一九年（一六四二）陸奥会津百姓等訴状、『新潟県史』資料編近世二、三七〇頁）

一（上略）越後之内七日市新田井口多右衛門と申す仁、我々方へ参り、申され候ハヽ、この銀山掘り候儀は、酒井讃岐様（忠勝、大老）御折紙を以て掘り申し候間、左様ニ心得候えと申され候間、その時私共申し候ハヽ、讃岐様御折紙御取り候上ハ、会津城際を御掘り候とも申し分これなく候、しかしながら、その御折紙御取り候刻会津領分と仰せ上げられ御取りなされ候哉、また越後領分と仰せられ御取り候哉、この段承りたき旨、両度まで申し理り候えば、その時越後領分之由申し上げ取り候由申され候、右之首尾ニ御座候えば、私共古来よりも領地、越後へ取られ候儀、何とも迷惑ニ存じ奉り候間、理りを申し、人をも追い上げ申したく存じ奉り候えども、左様之段ハ天下御法度之儀ニ御座候へハ、(下略)

一会津領分ニ紛れ御座なき証拠之儀は、彼銀山之出来申し候只見川ニて、古来より越後之内湯之谷郷之内枥尾俣村玄蕃、(中略)右九人之者共、年々只見川へ罷り越し、今度出来候銀山之廻りニ小屋を懸け、鱒を取り候ニ付て、川之運上古来より此の方へ出し申し候、寛永拾四年迄ハ鱒の白干千五拾四本ニて出し申し候、同拾五年より銀子ニ直シ、(中略)この方領分伊北の内石伏村清三郎請け取り申し候、此の川の運上の儀、古より出し来たり候故、氏郷様(蒲生)・秀行様(蒲生)・宰相様(上杉景勝)御代ニも、右運上私ども取り立て御蔵へ納め候ニ付き、今以て石伏村清三郎請け取り、式部少輔(加藤明成)へも右の通ニ御座候、

一越後と伊南伊北との古来よりの堺目の儀は、しをり峠と申し候て、右の銀山よりハ、田舎道四十里ほど越後の方ニて御座候、それについて彼銀山よりしをり峠の間の山々ニて、この方領分ひのえ又村の者共、毎年小屋をかけ、にくの鹿を取り申し候、年々の儀ニ御座候えば、その小屋場の跡も紛れ御座なく候、

**史料3**　(慶長一一年〈一六〇六〉大谷道安覚書「御上神社文書」〈近江〉、『大日本史料』一二―四、五五九頁)

一そもそも当社三上大明神は、(中略)往古は御神領、山千町、河千町、田千町これ在りたる由、申し伝え候、(下略)

一天正一三年酉歳、羽柴中納言秀次様、八幡山え御移りなされ候て、次の年拾四戌歳に至りて、当山ニ御年貢米七石定仰せ付けられ候、しかれば、地下人御侘言(陳情)ニハ、七石までの儀過分の儀に候間、迷惑(困る)之旨、

色々申し歎き候えども、終に御同心もなく候て、とかく申し候わば他郷の者ニ山手米を出させ、御か(苅)らせなさるべき由、その時の御代官駒井八右衛門申され候、しかる上は、領内を他郷の者ニ請(請負)させ候事、口惜しき次第と御請け(承知)申し候つる事、

**史料4**（溝口文書、『大日本史料』天正一二年八月五日条）

領知方

一参万九千弐百六拾九石七斗　江沼郡之内
一四千七百参拾石参斗　能美郡之内
都合四万四千石

右領知方、今度縄打の上をもって充て行うの条、奉行前よりあい渡す帳面のごとく全く知行せしむべし、則ち、この領知に相付く山林、芦萱野、浦川等、同前に申し付け候也、仍如件、

越前守
天正拾弐年八月五日　長秀(花押)
溝口金右衛門尉殿

**史料5**（前田家所蔵文書、同右）

領知方

一百五拾石　坪江郷二面村

以上

（上略、上と同文）但し、山林、芦萱野、浦川以下これをあい除く旨（間カ）、田畠屋敷の外、競望あるべからざる者也、仍如件、

天正十二年八月三日　　　　越前守

（充所ヲ欠ク）　　　　長秀（花押）

**史料6**（大滝神社文書、同右）

府中方内大滝村田畠並

屋敷山畑縄打目録之事

一六町弐反半三拾歩　　田方高

此分米九拾三石九斗八合

（中略）

都合百七拾石八斗六升　此外山崩、荒れ、河成、道、江除也、

右の外、山手銭として、うす杉原弐拾弐束あげ申す由、

右、立合い、検地せしめ、あい渡す上は、後日においても相違あるべからざる者也、

天正拾二年七月六日　　　　粟屋甚右衛門尉

（花押）

大滝村百姓中

史料7 （池辺家文書、『和泉市史』二、三二八頁）

一きせう（起請）の事、くまのゝ牛王、御あみだのうら、この方より遣わすあんもんのごとくいかにも確かにかゝせ申すべく候、

五月二十二日　　吉清右衛門尉（花押）

吉源次殿まいる

一起請文前書（上下略）

一海川山林以下之小物成、すこしも残さず、直ニ指出つかまつるべく候事、

天正十九年五月　日

史料8 （観心寺文書、宮川満『太閤検地論』III、三九四頁）

当寺領の内、七郷柴山の事、御検地の刻、一柳市助ぇ御理り候について、先々刈り来たられ候ほど異儀あるべからざるの書付、披見せしめ候、（中略）市助同心申し候ごとく別の儀あるべからず候、（下略）

天正拾四　　帥法印

十月十四日　　歓仲（花押）

観心寺と七郷と、山の儀ニついて申し事これある条、旧冬双方召し寄せ、有りよう聞き届け、一柳伊豆守（市助）折紙のごとく申し付け候処、只今七郷のうちおにしみ（小西見）村の者共、寺衆を侮り、薪刈り候者共日々に追

い立て、打擲・刃傷に及ぶの由、言語同断の儀に候、当御代喧嘩停止の処、(下略)
天正十五
卯月二日　　　　　帥法印
おにしみ村百姓中　　　　歓仲(花押)

**史料9**　(長谷場文書、『太閤検地論』III、三二七頁)
覚
一今度検地について、浦役の事、年貢積もりニ盛りつけ候か、しからずんば、当座々々見計らい、申し付けべく候、その村・浦の体ニより申すべく候条、いずれ篇、公方へ上がり申すべき物分別せしめ、帳ニ書き載せべき事、
一山役之儀、右同前たるべき事、
一綿(真綿)之事、菟に角公方へ上がり申すべき物ニ候間、米成にても又綿にてなりとも、百姓も迷惑つかまつらざる様ニ、又公方の失墜も行かざる様ニ(中略)帳ニ書き載せべく候、(中略)
一藪之事、其の藪々にてとしどしに十分の一きり、十分之一の内を藪主に十分の一遣わすべく候、(中略)
一くろがねの事、是れまた見計らい、年貢積もりニなりとも、米積もりニなりとも、つかまつるべく候、公方へ上がり物ニ候間、(中略)念を入れ積もり申し付けべく候、
一茶えんの事、年貢を盛り申すまじく候、検地つかまつり候上は、公方へ上がり申すべき物ニあらず候、(中略)
一漆之事、これまた其の村々ニて大形見計らい、米積もりニなりとも又は銭積もりニなりとも、但し漆なりとも

あい定め書き載せべく候、是れは、屋敷ニてこれなき所にこれある漆の事にて候、畠ニこれある漆も畠主の進退たるべき也、上分ニハなるまじき也、しかれば、漆の木これある屋敷並畠、上畠ニてこれあるべき事、

(2条略)

一樹木之事、いずれも今までの地主百姓の進退たるべし、公方へ上がり物ニてこれあるまじく候事、

一川役の事、その村々ニて見計らい、年貢あい定め申すべき事、

以上

文禄三年七月十六日　　　石治少様(石田三成)在判

薩州奉行中

**史料10** (吉川弘文館『会津藩家世実紀』一、寛永二〇〔一六四三〕年)

八月二日、会津若松城、保科民部を以て御請け取りなさる、(中略)今日、上使伊丹順斎殿、(中略)御城ならびに御領地目録等民部へあい渡さる、御目録之面、(中略)会津若松城付蠟・漆之帳は、(中略)会津若松城付小物成帳は、山之郡、山年貢・入木役・塩年貢・炭役・大判紙・中判紙・小判紙・花紙・湯の運上・鱒役・鮭役・ゆくり舟役・留打川役・なる役・滝役・鳥もち役・木地引屋敷役・馬市役、合七拾六両弐分、銀九百四拾匁八分三厘、外米・塩・炭・なる・鳥もち等之役納あり、紙三百三拾三束、稲川郡、山年貢・炭役・(中略)葦役・茅役・海運上・(中略)杉樽役(下略)

**史料11** (天正一七〔一五八九〕年島津家久充細川藤孝・石田三成連署状)

一大仏殿材木之儀、杉檜之類は、(中略)御諚之旨に任せ御申しつけ候間、前々より綺い申さず候、寺社之木たりといえども、ことごとく山内まで分け入り、引き出されべき分は、帳を一ッ列ニ御付けあるべく候、(下略)

**史料12**　(『山内家史料　忠義公紀』一、四一頁)

〔五藤家歴代遺事〕　慶長十三年方広寺大仏再興用材之事ニ付き、秀頼公より長井助十郎殿・荒木勘十郎殿はじめてさし越され、甲浦(かんのうら)より山通り見分、(中略)中筋之儀ハ、五藤内蔵助、在々庄屋・長人召し連れ、案内仕り、

〔雑記抄録〕　其の御国山中にて先度大仏御材木ニ成るべきと申し候立木ニこくい(極印)うたせ申し候、木数註文(報告書)仕り、駿府(家康)へ御意を得申し候えバ、(中略)此の両人駿府御意承り候間、その次第ニ御沙汰なされ、尤に存じ候、

片桐市正

且元(花押)

七月十九日

山対馬様

**史料13**　(「竹腰文書抄」『大日本史料』一二―四四、一六九頁)

江戸御城御殿材木之注文

中ノ檜

一千九百五拾三本　長弐間壱尺木　六寸角

（中略）

右之御材木、入札ニて直段あい究め申し候間、木曾山にて仰せつけられべく候、以上、

元和七年

酉八月十日　　　　　　　　　　　鈴木近江（幕府大工頭）

御奉行衆

（裏書）表書之御材木、木曾山ニて入札を以て、鈴木近江申し付け候間、右之注文之木数ほど出させなさるべく候、（下略）

伊喜之助（以下幕府奉行衆連署略）

竹腰山城守殿・成瀬隼人正殿

**史料14**　（天正二〇（一五九二）年白石十郎左衛門宛大橋八蔵書状、小葉田淳『日本鉱山史の研究』四五六頁）

急度（命令として）申し越し候、もたい（母体）殿御もちの内ニ新金山（砂金）出来候てほり申すよし、尤ニ候、しかるところニ彼方より御いらん（違乱）之よし仰せられ候と申しこし候ニ付いて、則おりがみ（折紙）もたい殿へ遣わし候間、これをつかハし候て、（中略）いつかたにこれあり候とも、ふだにまかせほり申すべく候、尚々、もたい殿御しろの内、又うちのものゝ屋敷はのぞき申し候間、その意を得べく候、（大橋は、陸奥の金山仕置きを秀吉から命じられた浅野長政の下奉行、白石は、金山師。）

**史料15**　（島田錦蔵『江戸東京材木問屋組合正史』六〇頁）

材木炭薪問屋古問屋共

右之者共往古より問屋商売仕り来たり候処、近年古問屋の手代共(中略)新問屋にまかり成り候ゆえ、(中略)古問屋共商売無数成、ことの外衰微仕り候間、(中略)以後新問屋出来仕らざる様に仕りたく候、願いの通り申し付け候わば、冥加としてこの度出来仕り候鯨船、毎月一度宛せめ候節の船頭弐拾人宛(中略)鯨船鞘廻りに囲之矢来仕り(中略)小土手を築き(中略)、右之通り請け合い候間、尤も組合行事を立て、相勤め申すべき旨、願い上げ候、(寛保三〔一七四三〕年町奉行より老中への伺い書の写)

**史料16**（『日本財政経済史料』一、九五頁）

恐れながら書付を以て願い上げ奉り候

私ども儀、太平御繁昌の御国恩を以て、御府内に於いて往古より連綿渡世仕り、親・妻子撫育仕り来たり候、全く御慈悲之御余光と有り難き仕合せに存じ奉り候、(中略)聊には御座候えども、私ども木綿問屋四拾四軒にて、年々金千両、永世上納仕りたく、願い上げ奉り候、(中略)御慈悲を以て願の通り御聞き届け下し置かれ候わば、有り難き仕合せに存じ奉り候、(文化六〔一八〇九〕年木綿問屋仲間訴状)

**史料17**（『河内長野市史』七、四八七頁、口絵）

法度鬼住村惣中

山林田地之上にをひて、ぬすびとつかまつり候ともがらハ、惣中として御日待仕り候て、其者に神ばんと(神罰を)あて申すべき者也、ことニところの天神・御薬師・氏神ばんと、あつくこうむるべき者也、ことニ日本国中大神・小神をのゝゝ御ばんと、まか(り)こうむり、此世にてハつくり明加(冥加)(「を失い」脱)、来世にてハむげん(無間＝無間地獄)にをち、うかむよ(浮かぶ世)、さらに有るまじき者也、

慶長七壬寅年卯月吉日　　鬼住村中

**史料18**　(『羽曳野市史』八四五頁)

江戸表御申渡之写

天保十二年丑十二月二十六日、北御番所(北町奉行所)ぇ呉服・太物・小間物屋・雪駄屋、その外食物屋・鼈甲屋之類召し出され、遠山左衛門尉様、御白州ニおいて、御理解仰せ渡され候あらまし写

一商人共を呼び付けたるは、叱るでなし、吟味でなし、兼て存じいたろうが、士農工商のことだ、士は、身命を相捨て奉公ヲ致す故、(中略)農ハ(中略)、工ハ(中略)、商人は只御城下ニ安々家業を楽しみ致し候故、御国恩を存ぜず、御静謐之御代故、筆先・算盤ニて相応利分を取り、正路の働きニて御国恩を失なわざるよう致すべきところ、(中略)乱世ニてもこれ有り候わば、士ハ(中略)、農は汗水をたらし歩(夫)役も勤め、工ハ加役ニも相用いられ、商はその時に至りて渡世もなく、いかように致すや、商ものを調える者有りとても、払を致す時ハ御政道もなし、押領いたされても制止ハ届き兼ね、その時分ニてはさぞ困り、(中略)さすれば商は、わけて御代の御国恩ありがたく相崇め、(下略)

(1)　藤木久志『豊臣平和令と戦国社会』東京大学出版会、一九八五年。
(2)　『国家学会雑誌』九〇―一・二〜九五―一・二、一九七七―八二年。
(3)　朝尾直弘「一九八〇年度大会報告批判」(『歴史学研究』四八八、一九八一年)。

(4) 宮島敬一「近世農民支配の成立について㈠」(『地方史研究』一七一、一九八一年)。
(5) 『和泉市史』二、一九六八年、三七四頁。
(6) 山本幸俊「近世初期の論所と裁許」(『近世の支配体制と社会構造』吉川弘文館、一九八三年)。
(7) 『日本史辞典』角川書店、一九六六年。
(8) 『羽曳野市史』五、一九八三年、三七七頁。
(9) 宮川満『太閤検地論』Ⅲ、御茶の水書房、一九六四年、三二四頁。
(10) 杉本史子「近世中期における大名領知権の一側面」(『日本史研究』二二二、一九八二年)、横田冬彦「元禄郷張と国絵図」(『文化学年報』四、一九八五年)。
(11) 拙稿「幕藩初期の国奉行制について」(『歴史学研究』四三一、一九七六年)。
(12) 大石慎三郎校訂『地方凡例録』上、近藤出版社、一九六九年、三〇六頁。
(13) 同右、三一三頁。
(14) 同右、三三〇頁。
(15) 同右、三六七頁。
(16) 横田冬彦「幕藩制的職人編成の成立」(『日本史研究』二二七、一九八三年)。
(17) 平凡社、一九八三年。
(18) 長谷川成一「近世北奥大名と寺社」(尾藤正英先生還暦記念会編『日本近世史論叢』上、吉川弘文館、一九八四年)。
(19) 三宅紹宣「幕末長州藩の宗教政策」(河合正治編『瀬戸内海地域の宗教と文化』雄山閣出版、一九七六年)。
(20) 小沢浩「水戸藩の宗教統制と農民」(津田秀夫編『近世国家の成立過程』塙書房、一九八二年)。

〔後記〕 ①本稿は一九八五年度歴史学研究会大会「民衆の平和と権力の平和」の全体会において橡川一朗氏とともに行った報告の原稿であり、引用した史料は読み下しにしてある。②この報告に対する水林彪氏の批判が『歴史学研究』五四九号(一九八五年)に掲載されている。③その批判に関連しては、高木「幕藩体制と役」(『日本の社会史』3、岩波書店、一九八七年)、同「将軍家光と天皇」(歴史学研究会編『民衆文化と天皇』、青木書店、一九八九年)を参照されたい。

# 第Ⅲ章　幕藩初期の国奉行制

## はじめに

幕藩制論にとって国家の問題は、比較的等閑に付されて来た分野に属する。これは、近世史の研究者が、国家の問題を無視してきたからというよりも、近世社会では、全国土がまさに「山のおく、海はろかいのつゞき候迄」施行された検地に基づき、領主的土地所有によっておおいつくされたために、領主的支配がこの社会における国家的支配の全てであり、領主の組織であるヒエラルヒーが、すなわち国家的支配の機構そのものであるという印象を、多くの研究者が無意識に持ちつづけて来たことによると考えられる。

本稿の目的は、右の無意識の前提を反省する一つの手掛りとして、慶長一〇年代に畿内を中心とする一一か国に置かれた国奉行が、給地・蔵入地の区別なく、一国全体の農政を監察し、幕府および駿府の指令を国内に触れ流し、また国全体から夫役を徴収するという意味で、それぞれの国の「国務を沙汰する」任務に就いていた事実を、史料的に明らかにすることにある。

江戸幕府の国奉行制に関しては、その畿内支配の特質を明らかにする観点から安岡重明氏・朝尾直弘氏の、国役普請との関連から佐々木潤之介・原昭午氏の先行する業績がある。(1) しかし、これらの諸氏が対象としたのは時代的には元和期以降であり、慶長期については触れるところ皆無といってよい。とくに朝尾・佐々木両氏は、このような制度が幕藩制展開の所産として元和あるいは寛永期に成立するという見解から論理的には慶長期のそれは否定する立場にある。

このような研究状況を考慮して、本稿では専ら制度的事実の確定に努力を集中し、国奉行制が初期幕藩国家において果した機能・役割から、ひいては幕藩国家そのものの特質を考える作業は、紙数の都合上別稿に譲ることとした。

## 一　小堀遠州と備中国

雑誌『史学』に連載紹介された『大工頭中井家文書』(2)に次のような「覚」写が収められている。(3)

四月六日写

諸事触下覚　土井大炊判

青山図書判

其外三人有之

一山城　板倉伊賀守

一大和　大久保石見守

一近江　米津清右衛門

一丹波　山口駿河守

村上三右衛門

一摂津国　片桐市正
一河内　同人
一和泉　同人
一但馬　間宮新左衛門
一備中　小堀遠江守
一伊勢　日向半兵衛
　　　　長野内蔵丞
一美濃　大久保石見守

以上

この「覚」が土井大炊等江戸幕府奉行人の連署により、山城以下一一か国のそれぞれを「触下」とする人名を規定としたものであることは一見明らかであり、また小堀遠江が受領し(後述)大久保石見が生存していることから、慶長一四―一七(一六〇九―一二)年に属することも明らかである。次に、『中井家文書』を通読すれば大工頭中井正清が、給地・蔵入地の別なく五畿内以下のこれらの諸国の大工・大鋸などの諸職人を掌握・統率し、幕府の命じる作事に使役していたことも明瞭であるから、その職人徴発のルートとして、この「諸事触下覚」が中井家にとって必要であったことも、容易に想像できるところである。

しかし、これらの人物は、それぞれの国と具体的にどのような関わりを持つことによって、それぞれの国を「触下」としていたのであろうか。本節では、この疑問を解くために、これらの人物のうち史料が「佐治重賢氏所蔵文書」(4)という形で比較的にまとまって残存している小堀遠州について、その備中国における職掌を考察してみたい。

小堀遠江守の略歴を『寛政重修諸家譜』から摘記すると、まず父の新助正次は、小堀村(近江坂田郡)の出身で、はじめ浅井家に、次いで秀吉につかえて羽柴秀長の附属となり、大和国で三〇〇〇石を知行し、大和・和泉・紀伊三国の郡代となる。秀長死去ののち再び秀吉につかえ、大和国葛下、和泉国日根両郡で二〇〇〇石を加増され、合五〇〇〇石。関ヶ原の時、家康に従い、戦後一二月備中国で一万石の加増を受け、備中の国務をつかさどり、松山城を守る。慶長七(一六〇二)年近江国検地のことをつかさどり、八年備前国におもむき制法を沙汰する。九年二月二九日没。

子の政一(遠江守)は通称を作助といい、父と同じく小堀村に生まれ、慶長九(一六〇四)年遺領をつぎ、父の如く備中の国務をつかさどり、松山城をあずかる。一一年院の御所造営の、一三年駿府城普請の奉行をつとめ、この年遠江守に任じる。以後一七年名古屋城天守、一八年禁中造営、元和三(一六一七)年伏見城本丸書院、四年女御御殿、六年大坂城外郭櫓、九年同本丸仮御殿、寛永元(一六二四)年二条城、四年仙洞ならびに国母御殿、五年二条城二丸、一〇年近江水口城などの普請を奉行している。役職の方では、元和三(一六一五)年河内国の奉行をつとめ、また播磨姫路におもむき政務を沙汰する。五年徳川頼宣の紀州転封に際し、紀州におもむき国務をはかり、七年丹波福知山におもむき政務を沙汰する。八年近江国の奉行となり、九年伏見の奉行にうつる。寛永九(一六三二)年播磨国明石・竜野におもむき制法を沙汰する。一二年畿内および近江国の作毛・堤を巡見する。一六年播磨国姫路におもむき国法を沙汰する。正保四(一六四七)年二月、伏見において没す(なお、政一の遠江守受領の年を、後の考証のため予め確定しておくと、後掲「佐治重賢氏所蔵文書」に、「申霜月十八日」付駿府奉行衆連署奉書を受けた一二月七日付の板倉勝重・米津清右衛門書状の宛名は小堀作助であり、慶長一四(一六〇九)年と考えられる三月一三日付駿府奉行衆連署奉書(=後掲「池田文書」)の宛所は小堀遠江守となっているので、政一の受領は、慶長一三年の極月から翌年の三月はじめのことといえるのである)。

以上を要約すると、父子ともに「国務をつかさどる」という点と「……におもむき政務を沙汰す」「……におもむき制法を沙汰す」という点の二点で共通した経歴を有しており、ただ子の方が所々の作事の奉行を度々勤めた点が、父と異なっているところである。実は、政一の作事従事も、第一の点の機能が発揮されたにすぎないのであるが、そのことの考察は後にまわし、さしあたっては前掲の「国務を沙汰す」という表現との関連で、慶長一〇年代における小堀政一の備中を中心とした職務の内容を確定することとしたい。

(一)　第一に指摘できるのは、備中国について国絵図・郷帳を作製し、管理する任務である。

尚〻、安芸の国のまるかき被入御念早〻可被成御上旨、御意候、将亦備中絵図・目録、御手前ニ候ハヽ、早〻可被成御上候、以上

急度申入候、(中略)将亦備中国絵図・目録被成御上候哉、当年中不上ものにハ切腹可被仰付旨、御諚にて候、貴殿御手前之御帳誰人に御渡し候哉、又御手前に御座候者、夜通もたせ可被成御越候、貴殿我等手前之帳ハ能候とて、ほんにまてあるかせ被成候と覚申候、恐惶謹言

大石見守

長安(花押)

霜月廿一日

小堀遠江様

人〻御中

この文書の年代は、未詳であるが、政一の遠江守受領以降、慶長一八(一六一三)年四月の大久保長安の死去以

前であるから、慶長一四―七の四年間のものであることは明らかである。さて、提出を求められている国絵図・目録が政一の手許に常備されているものであることは、「貴殿御手前之御帳」という表現で明らかであるし、また別に一部が駿府に常備されていたことが、「貴殿我等手前之御帳ハ能候とて、ほんにまてあるかせ成され候」(我等＝石見の手許にある政一作製の帳は良くできているので、手本として回覧させられた、という意であろうか)という文言から明らかである。さらに「帳」とあることから、目録が帳の形式をとっていたことが判る。しかし、この文書の限りでは、これ以上、国絵図・目録の内容に立ち入ることは不可能であるので、この前後で幕府が国絵図を諸国に徴した時の例を挙げると、これより早い例では慶長一〇年に、幕府が、今後は物成高に応じて公役を賦課するという名目で、諸大名に郷村の石高・物成と国絵図の差出しを命じたことが知られている。(5)

この時、福岡黒田藩が幕府に呈出した書類について、「筑前判物高控」は次のように述べている。(6) すなわち、同書は慶長五年黒田氏の筑前入封当時の石高は三〇万石余であったが、その後に検地を入れ五〇万石となった時の帳面の控が勘定所に残っており、その控の奥には筑前国(寺沢志摩守領を除く)の石高・物成の総計が示されたあとに「慶長十年十月十五日　黒田筑前守(長政)」と記されていることを指摘して、「此御帳、御国絵図慶長十年十月十五日被指上候節、被指上郷村帳控ト相見候」と推定している。このような奥書は、幕府に呈出する場合以外には、考えられないので、同書の推定は基本的に支持しうるものと思われる。そうだとすれば、いまこの帳を見ることは我々には不可能であるが、その控を実見した「筑前判物高控」の編者が、それを「郷村帳」と呼んでいる以上、その内容は各村の石高を記したものと推定して差し支えないであろう。

次に平戸松浦氏の家譜である「松浦家世伝」(7)は「慶長九年十二月、公(松浦鎮信)、封内田地税額を記し、以て幕府に上る」という綱文のもとに、以下のような考証を行っている。「霜木覚書に載す、慶長九年、法印公(鎮信)、六万三千二百石之高帳を官に上ると。而るに又高目録三冊有り。並びに書して云わく、慶長九年十二月吉日、松浦式部卿法印宗静と。事の相い合う、此に拠って之を考うるに、霜木覚書に云う所の高帳は高目録にして、今引く所の高目録は即ち其の副本也」。大意は、「霜木覚書」という本に「鎮信が「高帳」を幕府に上った」という記事があること、これとは別に「高目録」三冊が現存していること、両者とも(おそらくは奥に)「慶長九年十二月吉日松浦式部卿法印宗静」と記されていること、これらによって考えると「霜木覚書」にいう「高帳」は正しくは「高目録」のことであり、現存する「高目録」はかつて幕府に呈出された「高目録」の控であろう、というところにあり、前提となっている事実が上のように単純明快である以上、この推定もまた支持さるべきものと思えるのである。そして、その「高目録」が「三冊」とあるからには、やはりその内容も各村単位に記したものと想定するのが、自然であろう。

このような特徴をもつ帳面としては、「金森素玄領慶長十年飛驒国石高帳」(一冊)が、現在のところその存在が知られる唯一の例である(8)。内容は、益田・大野・吉城の三郡ごとに各村の石高、田畑の内訳、物成高を列記し、最後にそれらの総計を記した後に、「慶長拾乙巳季(年カ)九月日　金森兵部卿法印素玄(長近)」と奥書きしたもので、内容・年代ともに前掲「筑前判物高控」と一致する。したがって、この帳面は慶長一〇年に幕命によって金森家が差出した「高目録」または「郷村帳」の写しと考えられる。長安が、政一に督促した「目録」も、具体的には、このような内容のものであったと言えるのである。

(二)　小堀政一の職掌として指摘できる第二の点は、備中国において新たに知行を与えられた給人に対して、地方を割付し引渡す任務である。

以上

態申入候、仍而松平武蔵守殿被成御座候御姫様、於備中貴所御代官所御預り内、高千石之地方、当年酉年(慶長十四年)之従春被進之候間、可有御渡候、恐々謹言

三月十三日

村越茂助
直吉(花押)
安藤帯刀
直次(花押)
土井大炊助
利勝(花押)
大久保石見守
長安(花押)
本多上野介
正純(花押)

小堀遠江守殿
参

この駿府・江戸両奉行衆連署奉書(9)は、松平武蔵守(池田利隆)夫人徳川氏(実は榊原康政の女を秀忠が養女としたもの)に化粧料一〇〇〇石を、備中国において遠州が預っている代官所のうちで与えるので、その地方を引き渡すよう遠州に指示したものであるが、注目すべきは、この文書が小堀家にではなく、池田家に伝来したという事実であろう。手続論的に言えば、このことは、この文書が小堀にではなく、知行を受けた当事者である池田家に

まず附与され、池田家はそれを小堀に提示して、一〇〇〇石相当の地方の引渡しを求めたものであることを意味する。次の福島正則書状の場合も、同様な手続を前提として、はじめてその内容が理解できると思われる。

尚以、両通之御報被成可被下候、駿府へ遣可申候、

以上

態申入候、先度於駿府ハ度ヽ被成御見廻、忝存候、罷立候刻者夜中故暇乞さへ不申入候、江戸へ罷越ニ付而、一昨晩伏見へ着申候、随而我等女共其御国於御手長之内、御知行千石、去年之御物成共ニ被下候、御あちゃさま幷御奉行衆ゟ之折帋持せ進之候間、所此者ニ御渡し候而可被下候、何も国本ゟ可得貴意候、恐惶謹言

羽柴左衛門大夫

正則(花押)

十月九日

小堀作介様

人ヽ御中

この書状の年代は、その宛所から慶長九―一三年に限定し得るだけであるが、内容は、正則の女共、すなわち正則夫人に対して小堀の預る手長(代官所)において与えられた一〇〇〇石の化粧料の地方引渡しを求めている点で、先の池田文書とまったく同じケースにかかわるものである。すなわち、正則は、おあちゃ(家康側室神尾氏)および駿府奉行衆の折紙を提示して地方の引渡しを求めているのであるが、この両通の文書が、池田文書と同様に小堀宛のものであったことは、正則書状の追而書の「両通之御報成され下さるべく候、駿府へ遣し申すべく候」という文言によって明白である。御報というのは、この時代の書状においてはかなり厳密に返書という意味で使用されており、右の書状でそれに該当するのは、おあちゃおよび奉行衆折紙に対するものしかないからである。

したがって、正則が小堀に提示したのは、内容においても池田家の場合と同様なものであり、それに対するいわば請文として「両通の御報」が求められたのであろう。

このように考えると、池田・福島両家の場合を通じて、小堀が提示された文書には具体的な地方の所付けは示されていず、したがって一〇〇〇石相当の地方を割付するのは、小堀の職掌であったことが、結論できよう。とはいえ、小堀が駿府奉行衆から実際上もまったく独立して常に知行割を決定したと、ここで主張しようというのではない。例えば前掲慶長一七年一二月晦日付大久保長安書状には「一、備中御給ニ出候ハん所、何程御座候哉、それを仰せ越さるべき事」(前掲中略部分)と、大久保から小堀に現地の実態を照会した文言がある。これは、どの土地を給地として出すかという点については、駿府奉行衆としても、小堀の判断に俟つところが大であったことを示しているであろう。

以上の手続を念頭にすれば、以下の文言はどのように解釈すべきであろうか。

備中内藤泉州弐万石拝領之御帳、慥請取、皆ゝ致割符、相渡申候、(下略)

(慶長十一年)
九月廿六日　　片市正
　　　　　　　　且元(花押)

小作助様
　　人ゝ御中

藤泉州(藤堂高虎)が、備中後月郡・山田郡・浅口郡二五か村で二万石の知行を家康から与えられたことに関しては、慶長一一(一六〇六)年九月一五日付の家康朱印を有する知行目録の写が、記録に残っている(10)。したがって、この文書は、知行割の村付けが具体的に決定されたあとに属するものであり、そのことは「御帳」という言葉にも明らかに示されている。つまり、二五か村の村付けは、この頃の通例としては帳に仕立てられたであろうことが容易に想像されるので、それが家康朱印のある目録本書であるか、あるいは写し、または文字通り案文であるかは別として、「御帳」の内容は村付けの目録であると推定できる。そして、その御帳を「慥に請取り」という表現は、且元が政一からあるいは政一の指示により、それを受け取ったことを意味する。且元は、この帳にしたがって、さらに相給地の処理など具体的に田畑・百姓を割付し、地方を藤堂家に引渡し、そのことを政一に報告したのである。手続論を念頭にしながら読むと、右の場合も備中における地方引渡しの責任者は政一であり、且元は備中の一部の地域において、その下代的な立場にあったと言える。

(三)　小堀政一の職掌の第三は、給地・蔵入地を問わず国の全域から、千石夫を徴収し、各地の城普請または国内の堤普請を指揮する任務であった。

尚〻、於駿州御次而も候ハヽ、右之通可申上候、先〻半分成共三ケ一成共可被仰付候、皆〻被仰付候者、水なかれの郷中罷成間敷候間、うけ返しを被成御尤候、去とてハ余の国へ相かわり候間、扨申事ニ候、

以上

去廿一日之御書中、今廿二日ニ於岐阜ニ委披見申候、如被仰下候於清須ハ、山城・美濃などハ堤普請致候間、千石夫者申付間敷由御座候つるか、伊賀殿〆我等所へも山城も出候間美濃をも越可申由被申越候間、先〻申付、指越申分に御座候、左様ニ御座候へハ、備中之儀者過分之水損参候間、右之郷中をハ御ゆるし候而、残候郷計半分成共三ケ一成共可被成御遣候、千石夫之指引ニ御座候間、村茂助殿へ右之通可申候、爰元も昼夜共ニ御普請相かせき申候へ共、御給人かた様〻出入御座候而、何共はか行不申候、乍去随分才覚仕候、其元之儀、給人かたをもかたく御理候而油断無之様ニ可被成候、自然貴殿被仰候迄ニ而はか不参候者、大坂衆之

儀者、市正殿へ御理御尤候、自然給人衆へも可被成御見かと存、別帋之書状越申候、恐々謹言

大石見守
長安(花押)

二月廿二日

小堀遠州様

御報

この書状は、「於清須」という文言から、名古屋普請に関わるものと思われる。慶長一四(一六〇四)年正月家康は、第九子義利(義直)を伴って清須に赴き、名古屋城経営について指示し、[11]同年一一月にその縄張りを開始させた。城の普請の大体は、翌一五年九月二六日に天主の棟上が完了するなど早期に完成したようであるが、翌一六年に行われた舟入の普請をはじめとする市街全体の工事の完成は、一七年二月二八日家康が名古屋に入城して進捗状況を視察した後にまでかかったようである。この経過からすると、この書状は慶長一四・一五・一六年のものである公算が強く、内容の上では①千石夫の徴収について述べた部分と②備中国内での堤普請について述べた部分に大別できる。ここで①に属する部分は、本文の最初から「村茂助殿へ右之通申すべく候」までと、尚々書の部分であり、②に属するのは、「爰元も昼夜ともニ」以下本文の最後までである。まず②について考えると、「爰元も昼夜共ニ御普請相かせき申候……」の「爰元」は、書状の冒頭にある通り岐阜であり、したがって美濃を意味する。故に、この「御普請」は「山城・美濃などハ堤普請致し候」とあることから、美濃国の堤普請を指すことになる。その堤普請が給人方の地方と紛争があって、はかどらない。このような「爰元」の「御普請」の状況を踏まえて、「其元之儀」つまり備中国の堤普請についてはそのようなことのないように配慮し、大坂方の給人衆についてはは片桐市正に周旋を求めるべきこと、また別紙の書状を調製したので、もしもの時はそれを給人衆に

「御見せ成され」て紛争を解決するよう、小堀に指示しているのである。次に、この給人衆との堤普請をめぐる「出入り」が何であったかについては、いうまでもなく種々の可能性がある。用水普請については、上流・下流・右岸・左岸で利害の対立が発生しやすいのは周知の事実であり、この文章の述べる「出入り」も、そのようなものであったのかも知れない。また板倉勝重が山城国で行っていたように(後述)、国全体から知行関係に関係なく堤普請の人足が徴発されていたとすれば、そのことをめぐって給人との間に紛争が発生した可能性もある。しかし「給人かたをもかたく御理候て、油断これ無き様ニ成さるべく候」という文章を吟味すると、この可能性は、以下のように後者に限定されざるを得ないのである。まず「給人かた」という言葉が給人方の地方、つまり給地を指すことは、「給人衆」という言葉との対比において明らかである。次に「油断」の主語が小堀でないことは、これに敬語が欠けていることから明白である。したがって「油断これ無き様」とは、給地方の百姓が油断しないよう、あるいは給地方の百姓に油断させないよう、という意味である。ここで「油断」とは無意識的にせよ意識的にせよ義務を怠ることを意味する。用例を一つ挙げると、(12)

尚々、唯今百姓油断可仕と存、郷中へ之書状認遣候間、もたせ可被遣候、以上

如此室より申来候、人足・にはとり之義、先日御触之通、急度出し候様ニ可被仰付候、恐々謹言

(元和三年)
八月十日

村上三右衛門

吉(花押)

小堀遠江守

政(花押)

土肥周防殿

番大膳殿
揖東郡
揖西郡
奉行衆まいる

この書状は、小堀政一・村上吉正の事歴から考えて[13]、元和三(一六一七)年姫路城主池田光政が鳥取に転封し、代って本多忠政が入封したとき、城地授受の目付として両人が姫路に派遣された際のものである。この書状では、「油断」という言葉は、「転封に伴う領主権の空白を良いことに百姓が人足奉仕を難渋するであろうから、そのようなことがないように、幕府から派遣された目付として書状を発行した」というように使われている。したがって、大久保長安書状の場合も「給地方の百姓が難渋しないよう、駿府奉行衆の一人として長安が別紙の書状を発行した」と解すべきであり、そうだとすれば、難渋の対象は山城における堤普請の例から考えて、夫役以外にはあり得ないのである。

このように、堤普請人夫が給地・蔵入地を問わず一国全体から徴収されたことを前提にすれば、長安書状の最初の部分で「山城・美濃なとハ、堤普請致し候間、千石夫は申付まじき由」と、千石夫徴収が堤普請との関連で論じられているのは、千石夫もまた給地・蔵入地の区別なく一国全体に賦課されたものであることを示すと言える。次に、備中国の千石夫については「過分之水損まいり候間、右之郷中をハ御ゆるし候て、(中略)半分なりとも三か一なりとも御遣しなさるべく」と水害を理由に「うけ返し」(命令返上)を長安は勧告しているのであるが、これにも給地・蔵入地の区別はなされておらず、このことは、一国全体に夫役を賦課する立場は、必然的に一国全体の農村の状況に責任をもつ立場を伴うことを示している。

以上で、小堀政一が、備中国全体の農村の状況を勘案しながら、国全体から堤普請人夫と千石夫を徴収したことを述べた。なお、右の書状では、山城の千石夫は伊賀(板倉勝重)が「出し」、美濃のそれは長安が「越す」とあるように、山城の千石夫は勝重が、美濃の千石夫は長安が、それぞれ徴収責任者とされているが、この分担は、本節の出発点とした中井家文書中の幕府奉行衆の覚書の分担と一致する点に留意すべきである。最後に、長安が美濃国に千石夫を割付した例として、次の文書を挙げておきたい(14)(文書中、藤田民部等四人は、後に見るように名古屋城作事奉行。また宛所の三淵・奥山は当時、安八郡南今ヶ淵村など美濃国内の四か村で、二人合せて一〇〇〇石の知行地を与えられていたことが知られる(15))。

追て御知行高はした有之ニ付、如此組申候、以上、追て五百石伯耆殿、五百石次右衛門殿付候、御相談ニて人足壱人可被仰付候、以上

急度申入候、仍尾州なこや御普請候御用ニ候、濃州御知行より千石夫なこやへ被遣、藤田民部殿・原右衛門殿・寺西忠左衛門殿・小堀遠江殿へ可有御渡候、但納主御指従候て五月廿日ニ於名護屋、慥右衆へ可被成御引渡候、恐ゝ謹言

五月四日　　　　　　　　　　大石見守
　　　　　　　　　　　　　　　　長安(花押)

三淵伯耆殿
奥山次右衛門殿
　　　まいる

(四)　第四に、小堀政一は、幕府蔵入地の代官所を預っていた。

政一が備中国で代官所を預っていたことは、先掲福島正則書状および池田家文書に、「貴所御代官所」あるいは「其御国御手長之内」とあることから、すでに予想されたところである。史料の提示は省略するが、この代官所は、多数の下代官によって管理され、政一は彼らを統轄し全体として幕府に責任を負うしくみになっていた。

この他に政一が備中だけでなく大和・和泉でも代官を勤めたことは、次のようにして明らかである。まず大和については、

尚〻、板倉伊賀殿へ牡丹之書状越申候、又鈴木左馬介・杉田九郎兵衛所へ代官わりの書状御遣候而、能様ニ御仕分、肝要候、

急度申入、仍而和州ニ而柘植大炊殿上り知行九千石余御座候、内千石中井大和御知行ニわたり申候、角南主馬ニも弐千石御代官所ニ渡り申候、貴殿へも六千四百拾七石四斗四升渡り申候、彼御知行者、大炊殿御訴訟ニ付而小物成等も壱所ニ参候間、御改候而左様之処可被仰付候、主馬殿分も小物成、中井大和知行小物成も、和州一国之並ニ可被仰付候、恐〻謹言

大石見守

十月十八日　長安（花押）

小堀遠江殿

参

文中の柘植大炊は、もと秀吉のお咄衆で、関ヶ原の戦いの後秀頼の東軍への謝罪使を勤め、慶長一四（一六〇九）年七月二〇日没した、とされる人物である。(16) また、中井正清が大和国添下郡の三か村で一〇〇〇石の知行を与えられた事実に関しては、同年一〇月八日付家康黒印の知行目録写が「記録御用所本古文書」に採録されており、(17)

この書状が同年のものであることを証拠づけている。ここで小堀政一が角南主馬(重勝)[18]とともに上り知の一部の代官となったのは一目瞭然であるとして、この書状にはなお考察すべき点が少なくも二点ある。

一つは、「彼御知行は」以下の小物成について述べた部分の解釈の問題である。文意は「この上り知に関しては、柘植大炊の請願により小物成も壱所に来るので、その小物成については大和一国なみに処理せよ」というものであるが、元来小物成はその土地の給人が年貢と一緒に徴収するという常識的理解からすれば、土地とともに小物成が「参る」のは、むしろ当然のことと言わねばならない。それがここでは特記されているということは、少なくとも当時の大和国においては、右の常識的理解は成立せず、小物成を給人は徴収しないのがむしろ原則であったことを意味すると理解せざるを得ないのである。実は、別な史料によればこの小物成は家康のところに入っていたのであり(補論参照)、柘植大炊の場合は請願によって特に知行地の小物成徴収権を与えられていたので、その知行地の蔵入地化に伴い小物成も新たに「参る」ことになり、その幕府への徴収については大和一国なみの措置があらためて必要となったのだ、と解釈されるのである。

いま一つの問題は、当該の一〇〇〇石余の代官所割について(したがって中井正清への知行所割渡しについても)、鈴木左馬助・杉田九郎兵衛の両人と連絡するよう政一が求められている点に関してである。この両人は、大久保長安の下代として、美濃の地方史料にしばしば現われる人物であり[19]、杉田九郎兵衛(忠次)については、『寛政重修諸家譜』に「豊臣秀次につかへ、秀次ことあるののち大久保石見守長安が許にあり。其後めされて東照宮に仕へたてまつり、廩米三百俵をたまひ、おほせによりて長安に属す。のち御勘定の組頭となり」とあるのも参考となるであろう。また、鈴木左馬助については、『本光国師日記』に「大久保石見殿内鈴木左馬」という記述がある[20]。してみれば、この両人に連絡することは、長安の下代としての両人に連絡することに他ならず、このことは、備中の知行割を政一が行ったように、大和の知行割については長安が責任を持ち、したがって大和における政一の立場が、片桐且元が備中においてそうであったと同様に、長安の下代的なものであったことを示している。なおここでも大和—長安という対応は、冒頭の「諸事触下覚」におけるそれと合致していることに注意しておきたい。

次に政一が和泉国で代官を勤めたことに関する史料としては、日根郡佐野村庄屋十郎大夫家の次のような書上写[21]がある。

覚

一根来くつれの時分(中略)為御褒美名田拾弐町、秀吉様ゟ被下候、則間嶋彦太郎殿添状御座候事
一吉田次左衛門殿上様御領所御代官之時、名田之儀申上候へハ、如前々の市正殿へ御理り被成、則被成御免候、右次左衛門殿御状御座候事
一小堀遠江殿御代官之時も、如先例之御免被成候事
一大坂御陣之時も小堀遠江守殿ゟ大坂町蔵ニ御座候くろかね、堺へ廻し申様ニと寅ノ十月二日ニ御状被下候付而、同三日之朝大坂へ参着仕、彼くろかね過半廻し申候、此儀も日比御恩賞忝奉存、一命を捨御奉公申上候、因茲松平周防守殿御入国之時も、此理りを以無相違御赦免拝領申候(下略)

佐野村

寛永拾八年十月五日　十郎大夫

進上　宮内九左衛門様・田中吉八様・関伝七様

右の写によって、政一が大坂の陣以前から佐野村の代官を勤めていたこと、それ以前からこの村は、「上様御領

所」すなわち幕府料所であったこと、代官の上に片桐且元が位置していてある種の決定権をもっていたこと、などが判明する。最後の点について若干補足すれば、まず政一が佐野村を預ったのは、慶長一一年九月二六日付小堀作助宛且元書状(一部前掲)が「内ﾞ米清右殿迄承候山之出入申在所、只今明所ニ御座候、佐野庄ニ弐千五百石余ニ候、貴殿六ヶ敷候共、一所ニ取立候而可被下候」と述べているように、佐野に隣接した中庄等にあった政一の知行所[22]と一緒に年貢を取り立てるよう且元から依頼された結果であった。したがって、政一は、この村の支配については、次の慶長一五年と考えられる[23]史料が示すように且元の指揮を受けた。

(前略)随而、泉州御蔵米御運上之事、貴殿御一分にても無之、惣並ニ触申候、貴殿御留守ニ候へハ、尚以御下代衆油断無之様にと存、申遣候、ねのほとらいハ皆ﾞ立ね可在之候条、其段も御気遣有間敷候(下略)

片市正

且元(花押)

十一月三日

小遠江守殿

御返報

この書状は、且元が代官としての政一を指揮した一例であるが、同時に文中の「惣並ニ」という言葉の存在は、且元の権限が少なくとも幕領に関する限り、例えば和泉一国といったより広域的なものであったことを物語っている。すなわち、和泉における且元の立場は、備中における政一のそれと同様であったと想定され、ここでも冒頭の「触下覚」の「摂・河・泉—且元」という対応が想起されざるを得ないのである。

〔補論〕　江戸時代において小物成徴収権が必ずしも知行充行に伴って自動的に給人に与えられたものでないことの、個別事例としては、安岡重明氏が紹介された寛延の頃の摂津能勢郡の場合がある[24]が、より一般的には『地方凡例録』の以下の記事[25]が、最初の手掛りとなる。

小物成・浮役ハ年貢の外に納る物の名にして、一様にいへども、小物成は総名にして、浮役は其内の一なり、年貢のことを物成と云に依て、小年貢と云意にて小物成と云なり、又田畑より納る年貢ハ本途と云ひ、野銭・山銭・林永・漁猟役・池川海役其外品〻の名目ありて、古来より郷帳に記し定納に成ものを、総て小物成といふ（中略）、倂、郷帳へ記し定納に成る小物成ハ、知行渡の節、物成詰とて、米なれば壱石を高弐石とし、永壱貫文を高五石替とす、上方筋にてハ銀なれバ六拾匁、鐚ハ四貫文を五石に当て高に結ぶ定法なり。

引用部分のうち前段は、小物成が郷帳に記載されているものであること、後段は、知行渡の時は、小物成は特別の換算を経て高に結ばれることを述べている。したがって後段からは、小物成が高に結ばれず知行渡に際しても給人に渡されない場合もあり得たことが十分に予想されるのであるが、この点について、前段を手掛りとして初期の郷帳を検討すると、正保度の美濃国郷帳の写である「美濃国郷帳」[26]に以下のような記載が、しばしば見られることが指摘できる。

太閤検　　竹中左京殿知行

一千九百四石　　関ヶ原村　　柴山 草山 芝野有

内
八百弐石三斗六升　田方
千百壱石六斗四升　畑方

外小物成米五石　山年貢御蔵入　岡田将監殿

これは、竹中左京(重常)の知行地である関ヶ原村の「小物成米五石」が山年貢として幕府の御蔵入となり、当時美濃国奉行であった岡田将監(善政)がその徴収責任者であったことを意味している。また慶長期の郷帳を基礎に作製されたと推定される「美濃一国郷帳」には、巻末に「濃州一国小物成之覚」と題する項目があり、そこには主として同国内の幕府蔵入地各村の小物成額が、大久保石見守など数人の徴収責任者と考えられる人名の下に数グループに分けて記入されているが、それらの中に「米拾弐石壱斗　不破郡之内給人方連々有」「米三石六斗　山年貢　山県郡給人方」といった記載が見られる。これもまた、給地の小物成が幕府に徴収された一例である。

次に大名領内部の例を挙げると、小倉細川藩で初代藩主忠興が子の忠利に封を譲って中津に隠居した際、新藩主に次のように申し入れた例がある。「当地(中津)ニ在之知行取共小物成之儀、惣国中並ニ其方へ被取候様ニと目録を進之候処、われわれニ可給由満足申候、乍去、当地ニ在之者も、無役之知行之外ハ、何も其方之者ニて候、是を其方へ不被取、われわれへ給候へハ、われわれ者之様ニ御入候」。ここでは、給地の小物成が一種の役儀として大名から徴収されており、給人の所有に帰さなかったことが知られる。

以下の二通の小堀遠州宛書状も、以上の考察を前提としてはじめて文意を理解することができるであろう。

(前略)有楽様御知行之出入、十二年迄小物成取候ハて、只今催促ハ如何之由候て、御腹為立候間、去廿八日夜詰ニ罷出、もとよりの有やうを悉申上候へハ、扨者遠江内者申ニよつて書状をも越候かと被成御意候、於様子者御心安可思召候(中略)、又給人衆御朱印之儀、此間連判を以申入候、恐々謹言

大石見守

十二月晦日　長安(花押)

小遠江様
御報

（尚々書略）

態一書申入候、仍此中上野殿・各へ我等申候様ハ、此小物成之儀ハおや時ゟ小物成之高多成候て、御前帳ニものりて御座候故、若理も申候ハて置候へハいかゝと存候て、一篇之理を申由、留主居之者申候通、上野殿・隼人殿・帯刀殿へ能々申候へハ、則今夜御噂出申ニ付、右之通上野殿被仰上候へハ、一段御機嫌能候て、其通ならハ卒度御意を得候ハて申候、定而小堀ハわかき者ニ候間、内ニこしゃく成者候て申出かと、いかにも御機嫌能、御口やハらかに被成御諚候間、今夜之分ニてハ、はやばや御手前之儀済申候と存候間、扨々満足ニ存候て、早々申入候、其元ニも可為御気遣と存候間、先申入候、恐惶謹言

後庄三郎
光次（花押）

極月廿八日
小遠江様
人々御中

右の二通の書状は有楽様知行地の小物成徴収に関する小堀の措置に対する家康の意向を小堀に伝えたものであり、年代は、長安書状に「給人衆御朱印之儀、此間連判を以て申し入れ候」とある点から（後述）、慶長一七（一六一二）年と考えられる。有楽とは、いうまでもなく信長の弟織田長益であり、『寛政重修諸家譜』によれば、本能寺の変以後秀吉から摂津嶋下郡味舌村で二千余石を与えられ、関ヶ原の戦いでは家康に属し、戦後大和山辺郡で

二万八〇〇〇石を加増されたとされる。いま問題の知行地を大和での加増地と考えると、慶長一七年は関ヶ原から一二年目であるから「十二年迄小物成取候はで」とあるのと符合する。同時に、この文章は、光次書状の「おや時ら……」という文章とも関連して、その一二年間この小物成に対する小堀の責任が継続していたことを示している。すなわち「おや時ら……」は、おやの時に比べて小物成額が増加しており、そのことが「御前帳」つまり家康の手許にある郷帳に記されているので、取らないままにはしておけない、という意味であるが、文中の「おや」は、政一の父正次以外に比定のしようがないのである。

してみれば政次は、その知行地のあった大和に対する関係を関ヶ原以降ももちつづけており、そのあとを受けて政一も、前掲柘植大炊の跡地を支配する以前から、大和で代官を勤めていたことが、結論できるであろう。

(五)　小堀政一の職掌の第五は、備中国内に幕府または駿府の法令・指令を伝達する任務であった。

尚々、備中一国之儀、御給人衆へも堅可被申触候、以上

態申入候、仍諸国銀子灰吹幷筋金吹分之事、堅御法度御座候、其意趣ハ、灰吹或ハ筋金吹分候とてつくり銀を致候により、右之通被仰出候条、御代官所急度可被申付候、若背御法度吹候もの於有之ハ　可被御成敗旨御諚候、恐々謹言

五月三日

大石見守
長安(花押)
村　茂助
直吉(花押)
成隼人正

正成（花押）

安　帯刀

直次（花押）

本上野介

正純（花押）

小堀遠江守殿

上の駿府奉行衆連署奉書と日付・差出が同じであり、内容的には前掲の「御代官所急度可被申付候」が「御領分急度可被仰付候」と変っている点、および尚〻書を欠く点とが異なるだけの、直江山城守（兼続）に宛てた奉書が、「上杉編年文書」に採録されている[30]（これには「慶長十四年（一六〇九）己酉五月十一日駿府御奉行衆より御触状之写」という注記がある）。この事実は、この法度が全国を対象としたものであり、そのような全国的な法度伝達組織の一環を形成するものとして、政一が法度伝達を命じられていることを示している。

いま一つ例を挙げると、前項（補論）で提示した大久保長安書状の「給人衆御朱印之儀、此間連判を以て申し入れ候」の場合があり、これは『本光国師日記』慶長一八（一六一三）年三月一八日の条に控えられている次のような文書に関連があると思われる。[31]

急度申入候、仍去庚午年以来、奉行衆連判之以書出、御知行被致拝領候衆、只今御朱印可被成下候間、右連判之書出可指上旨御意候、此砌御朱印無御頂戴衆者、御知行上り可申候間、早々慥成者を為持被越候様ニ、近江国中諸給人衆へ可被仰触候、恐〻謹言

十二月廿五日　　　　　　　　　　　　　　　　　　安　帯　刀

大　石見守
成　隼人正
本多上野介
米清右衛門殿

猶々、連判ニ而無之、一人之判形書出候共、可有御持参可有候、
右之分従駿府申来候間、写をいたし進候、少も御油断有間敷候、以上。
正月廿一日　　米清右衛門印
松尾寺　まいる

この控に崇伝は、「右之折紙、松尾寺見せ候間、写置候而、本文者松尾寺へ返す」と注しており、駿府奉行衆の連署奉書が出されたのが慶長一七(一六一二)年であり、米津清右衛門がそれを受け取り、文面に従って松尾寺へ伝達する折紙を発行したのが年を越えて一八年の正月二一日であったことが知られる。文中の「庚午年」とは、慶長五年であり、「奉行衆連判之書出」とは、同年以降しばしば見られる「御朱印者重而申請可進候、以上」で終る知行目録形式の奉行衆連署奉書を指し、また松尾寺とは、近江坂田郡松尾寺村金剛輪寺を指すと考えられ、次の大和・美濃に関する同様な文書[32]と合せ考えた時、この文書は米津清右衛門が駿府の意思を近江一国内に伝達する責任者であったことを示していると思われる。

以上

急度申入候、仍去庚午年以来(中略、上掲奉書と同文)、早々慥成者ニ為持被越候様ニ、大和国幷美濃国中諸給人衆へ急度可被相触候、若又連判ニ而無之、一人之判形書出候共、可有御持参候、恐々謹言

十二月廿五日

成隼人正

大石見守

安　帯刀

本上野介

鈴木左馬助殿

杉田九郎兵衛殿

右分従駿府御奉行衆申来候条（中略）早々駿府へ可被遣候、或御朱印か、或御奉行衆書出御座候歟、此方へも被成写ヲ可有御越候、恐惶謹言

正月三日

杉田九郎兵衛

□（花押）

鈴木左馬助

□（花押）

十津川□□

この文書では、大久保長安の下代である鈴木・杉田の両人に大和・美濃への伝達が指示され、それを受けて両人が駿府の意思を大和国内の十津川（おそらくは同郷中）に伝えており、このことは、彼らの上司である長安が大和・美濃への伝達責任者であったことを意味している。前掲政一宛長安書状の「給人衆御朱印之儀……」は、その一二月晦日という日付けからも、右の一二月二五日付の連署奉書を指すことは明らかであり、政一もこの時、備中国内の給人に同様の主旨を伝達すべく指示されたことが推定できるのである。

以上は、「諸事触下覚」の大和・美濃―長安、近江―清右衛門、備中―政一と符合し、「諸事触下覚」がまさに文字通り「諸事触下覚」であったことが確認される。

以上、本節では五項にわたって備中国における小堀政一の職掌について指摘し、あわせて、大和・美濃―大久保長安、山城―板倉勝重、近江―米津清右衛門、摂・河・泉―片桐市正についても触れるところがあった。これらの職務は、一国単位の郷帳を作成・管理し、知行地を割付し、所領関係に関係なく国全体から夫役を徴収して国内外の堤普請や城普請を管轄して、一国内の生産力の動向に責任をもち、あるいは駿府の指令を国全体に触れ流すという意味で、『寛政重修諸家譜』が正次・政一について述べているように、まさに「国務をつかさどる(補注)」というべきものであった。

## 二　板倉勝重と山城国など

この節では、「諸事触下覚」に示された小堀政一以外の人物と職務について、管見の限りで史料を提示することとする。ただし、米津と片桐については、前節で触れた以外の史料を発見し得ていないので、本節では記述することができない。

**板倉伊賀守**　伊賀守勝重は、所司代であったから、山城に関する諸事に関与していたとしても、むしろ当然のことと言うべきかも知れない。したがって、ここでは勝重も小堀政一と同様に、山城において知行地の割付に関与し、また国中堤普請を統括していたことだけを『本光国師日記』によって確認しておきたい。

まず、第一の点に関しては、慶長一七(一六一二)年八月二六日付の板伊州宛の崇伝書状案に、次のような一条がある。[33]

一拙老拝領之知行所安井村、田地・百姓二ッニ御分被成、鬮取ニ被懸被成御渡候旨、御書中之通令得其意候、
留守居方〆も懇ニ申越候、被入御念候段、御芳恩難忘候、毎事忝存候

この安井村は、「山城国葛野郡安井村之内弐百石、為金地院領永代令寄附訖　慶長十六年四月十六日　御朱印　南禅寺伝長老」という前年の家康朱印状[34]で、その一部の二〇〇石が崇伝の知行として充行われた村を指しており、右の書状案の一条は、その約一年後にその二〇〇石分の土地と百姓の具体的割付と引渡しが行われたことを、まず物語っている。そして、引渡しの主体が伊賀であったことは、「くじ取りにかけられ、御渡しなされ候旨」という文章が示している通りである。

次に第二の点に関しては、

当村堤普請依在之、国中堤普請人足、我等御代官内用捨申候、殊ニ金地院領も在之ニ〆如此申遣也、
(慶長十八年)
丑十二月　板伊賀(印アリ)
安井村
庄屋
百姓

この文書[35]は、安井村に対して「当村堤普請これあるにより」および「金地院領もこれあるにより」の二つの理由に基づいて、国中堤普請人足の課役を免除したものであるから、一般にこのような理由を欠くかぎり、国中堤普請人足が国中の郷村に賦課されたことを示している。この点は、やや後年に属するとはいえ、以下の史料[36]によっても明確である。

一書令啓候、山城堤築之御普請ニ付而、拙老知行所之人足も被仰触由候、如御存知、不混自余人足等為守護不入旨、相国様御判頂戴仕候、此中も貴様為御心得御用捨候由、満足仕候、当年之儀も如此中御用捨可忝存候(後略)

正月十三日(元和三年)　　　　金地院

板伊州様　人々御中

ここでは、相国様(家康)の御判による「守護不入」の特権を楯に、知行地への人足賦課の免除が主張されており、したがって、このような特権がない場合は、知行地であると否とを問わず、国中一律に堤普請人足を賦課されるのが一般であった、と言えるのである。勝重が、このように人足を山城国のうちの各村に割りあてただけでなく、さらにそれを統轄して実際に堤普請に従事したことは、慶長一六年六月一一日付伊州宛崇伝書状案(37)に「早々以書状様子可申上候処ニ、山城方々堤普請以下被仰付、無御隙由承及候条、却而如何と存、延引仕候」とあることなどによって立証される。

以上で、板倉勝重の山城に対する位置には、小堀政一の備中に対する立場と、役割の上で共通した面があったことを指摘できたと考える。

**大久保石見守**　大久保長安の美濃における位置が、小堀政一の備中におけるそれと同様のものであったであろうことは、すでに見たところであるので、ここでは、長安と大和との関係を示す史料の若干を提示しておきたい。

それらのほとんどは、寺社の知行に関するものであるが、年代順にあげると、

忍辱山円城寺在之一切経、去慶長拾四酉歳、大御所様江被召上候、為其御褒美重而寺領百五石可付旨、今度大御所様於京都被仰出、依其最前百三拾石、御加増百五石、高都合弐百三拾五石、和州添上郡忍辱山村内、

自今已後可有取納、田地割之目録別紙一冊在之、但、重而百五石付候御黒印、去月十七日ニ被成下、大久保石見守奉之、仍如件

慶長拾六辛亥年五月廿三日　　　鈴木左馬助

和州添上郡

忍辱山円城寺

右の文書[38]は、大和円成(城)寺に対して寺領が加増され、その地方が打渡される経緯を述べたものである。すなわち一切経提供の恩賞として四月一七日に一〇五石加増の家康の黒印状が発行されたのであるが、その黒印状については「大久保石見守奉之」と記されている。普通このような表現からは、奉書形式の黒印状が想像され、事実、天正一〇(一五八二)年頃の家康の文書には、この形式の充行状・安堵状が多数見うけられる。しかし、慶長一〇(一六〇五)年頃の例では、すべて直状の形がとられており、この円成寺宛のものだけを例外と見做すことは困難である。したがって、この文言は、黒印状の形式について言及しているのではなく、この黒印状の発給・執行に長安が責任をもったことを述べたものと考えざるを得ない。そして、すでに述べたように鈴木左馬助は、杉田九郎兵衛とともに、長安の下代であったので、円成寺宛のこの文書は、彼が長安に代って黒印状を執行したものと見ることができる。故に左馬助が「田地割之目録」すなわち寺領目録を同寺に交付したということは、その上司である長安が大和国の郷帳を管理する立場にあったことを意味するといえよう。

同様な例をいま一つあげれば、次の多武峰領の配分に関する一連の文書[39]がある。これは同領三〇〇〇石のうち二二〇〇石を神社・学侶諸方などにそれぞれ配分し、さらに残り八〇〇石のうち三〇〇石を新たに多武峰学頭となった比叡山竹林坊某に与えたことに関する大久保長安・金地院崇伝・円光寺元佶の慶長一七(一六一二)年卯月

二六日付連署奉書と、同年五月一五日付大久保長安・円光寺元佶の鈴木左馬助・杉田九郎兵衛に宛てた三通の書状とから成っているが、最後の二通は、以下のような内容である。

多武峰之儀ニ付覚
一御朱印幷三千石寺領之帳、其外万之帳、学侶へ可渡事
一藪山百姓等之事、知行相応ニ可割付事
一為学頭領高三百石、竹林坊へ被仰付候間、是も右之分ニ割渡可被申事
以上
壬子五月十五日　大石見（在判）
円光寺（在判）
鈴木　左馬助殿
杉田九郎兵衛殿

急度申候、仍多武峰八百石上り候内以、学侶方藤室へ高三拾石、亥物成ゟ相渡可申候。将亦寺社領等売買、惣別御法度ニ候、買損と被仰出候、可被致其心得候、恐々謹言
五月十五日　大石見守
――
円光寺
――
鈴木　左馬助殿

杉田九郎兵衛殿

追而、是ハ石見申候、文殊院御用等も候ハヽ、無沙汰申間敷候、随而御朱印其外御証文共幷三千石の郷帳以下、学侶方へ相改渡可申候、以上

上の二通から、鈴木・杉田の両名が、藪・山・百姓の割付や「亥の物成」からの寺領引渡しを命じられていることからも明らかなように、多武峰領となるべき三〇〇〇石の地方を実際に管理していたこと、および追而書に明記されているこの三〇〇〇石の地方の「郷帳」をも併せて管理していたこと、の二点が明確となる。このことを、さきの円成寺の例と併せて考えれば、寺領充行に関して大和の郷帳を管理する立場から、大久保長安が家康の意思を執行し、さらにその命令を受けて現地における石見の代理者である鈴木・杉田の両名が実際に地方の引渡しを行う過程が浮び上って来るのではあるまいか。

**山口駿河守・村上三右衛門**　『寛政重修諸家譜』に示された前者の経歴は次の通りである。山口駿河守直友は、天正一三(一五八五)年以来家康に仕え、文禄年中に近習となる。慶長四(一五九五)年島津家の騒動の際、家康の使として薩摩に派遣され、翌年の関ヶ原の戦いの戦後処理でも家康と島津家の講和の連絡使となった(以後も、駿府と島津の連絡役を勤めたので、彼の文書は「後編旧記雑録」に多数収められている)。同六年加増を受け大和山辺郡で三〇〇〇石。奏者番となり丹波の郡代を兼ね、丹波の諸士三四騎五〇〇〇石を与力として預かる。同八年伏見城番となり、同一四年郡代を辞し、元和六(一六二〇)年伏見町奉行を兼ね[40]、同八年没。

右のような直友の経歴に関連するものとしては「伏見御番所之覚」と題する慶長一一(一六〇六)年九月一九日付の家康の黒印を有する覚書があり[41]、その中で直友は、「村越茂助曲輪西御門」の番を割り当てられている事実がある。また同一六年二月二一日付で「丹州皆済事　右丑より酉まで九年皆済也」と家康から直筆の年貢皆済状を

受けている事実があり[42]、以上の二点から『寛政重修諸家譜』の直友に関する記述は、基本的には信用できるものと考える。

次に村上三右衛門は、諱は吉正。父祖は丹波の国の住人。吉正は小早川秀秋につかえ、慶長七(一六〇二)年秀秋の没後、「東照宮、秀秋が家老に命じて国中の政務貢税のことを糺明せしめ」たとき、小身ながら吉正も家老とともにそれに参画したことが機となって家康に召し出され、丹波桑田郡で一五〇〇石を知行し、同一九(一六一四)年大坂の陣勃発のときは、代官として京都にあったが、丹波の諸士・百姓を従えて摂津茨木に出陣し、緒戦に活躍したと伝えられる。吉正と丹波との関係を示す史料は、以上の所伝以外には、今のところ絶無である。

**間宮新左衛門**　諱は直元。後北条の臣で天正一八(一五九〇)年家康に仕え、采地千石。慶長三(一五九八)年但馬の代官職となり、かつ武蔵国本牧領をあずけられ、同一九(一六一四)年一二月大坂の陣中で没した、というのが『寛政重修諸家譜』の彼に関する記述である。他の史料によれば彼は鉱山のことに通じていたようで、但馬の代官職になったのも、そのことと関連があると考えられる。すなわち「佐渡年代記」「佐渡風土記」は慶長一八年大久保長安改易のあと、田辺十郎左衛門とともに間宮新左衛門が佐渡代官となったと述べ[43]、また「駿府記」同一九年四月四日の記事[44]は「間宮新左衛門・田辺十郎左衛門、従佐渡参府、銀千貫目余持参云々」と右のことを裏づけている。さらに同書同年一二月一一日の記事は「召間宮新左衛門・嶋田清左衛門直時・日向半兵衛、銀山銀掘ヲ以、櫓崩旨被仰、藤堂和泉守・井伊掃部助・松平筑前守陣場可掘入所有之云々、則数百人ヲ以掘之[45]」と、家康が、間宮・嶋田・日向の三人に金掘りを指揮して大坂城に向けて坑道を掘らせたと述べているが、これらの坑夫の中には但馬の銀山から動員されたものがあり、彼らは新左衛門に所属したことが「但馬金銀山記」に見えている[46]。これらのことも、新左衛門が但馬で代官職についたという上記の所伝の傍証となるであろう。

**日向半兵衛・長野内蔵丞**　日向半兵衛は『寛政重修諸家譜』によれば、諱を政成といい甲斐の出身ではじめ武田勝頼に仕えたが、武田家没落後天正一〇(一五八二)年家康に仕えて旗本となる。慶長七(一六〇二)年、伊勢・近江・甲斐国の郡代をつとめ、元和五(一六一九)年駿河大納言忠長に附属させられ、寛永二〇(一六四三)年七九歳で没した、といわれる。長野内蔵允については『寛政重修諸家譜』には所見がないが、伊勢長野氏の家人であった由の所伝があり、また「諸役人系図」は伊勢山田奉行の項に次の記事を掲げている。[47]

上部越中守――貞永――┬慶長八卯年
　　　　　　　　　　│長野内蔵允友秀
　　　　　　　　　　└慶長九辰年
　　　　　　　　　　　日向半兵衛正成

さらに「柳営補任」も伊勢山田奉行の項で「慶長八卯(一六〇三)年任元和三巳(一六一七)年迄、長野内蔵允友秀」「慶長八卯年任同十三申年迄、日向半兵衛正成」と記しており、[48]この両人が、後年の山田奉行に系譜的に連なる役職にあったことが知られる。山田奉行は、貞享の頃までは伊勢町奉行、伊勢郡代などとも呼ばれており、[49]その点では、日向政成が伊勢の郡代であったとする『寛政重修諸家譜』の記述とも一致するのである。ところで、山田奉行の職掌は、伊勢神宮の警衛と遷宮の奉行、伊勢・志摩両国の支配と訴訟の取扱い、鳥羽港の警備とされているが、[50]これらのうち舟手関係を除いた他の職務については、慶長期においても大同小異であったことが、ほぼ指摘できる。

すなわち、当時の史料から、両者の職掌が推定できそうなものを列挙すれば、早いものとしては慶長八年五月吉日付世古坊譲状[51]の奥に「長内蔵允(黒印)、日半兵(黒印)」と、両者が奥印を加えている例がある。一般的に文書の袖や奥に発給者以外の判が加えられるのは、文書の効力を保障するためと説明されているが、近世初期の譲状でそのような例があることは、あまり報告されていないようである。しかし、この譲状の場合には、日付のすぐ奥、両者の奥印の前に「手ふるい候て、判まへ(の脱カ)ことくなり不申候」と記されている点に着目するなら、この奥印は花押の不備を補い、譲状の効力を保障するために加えられたものであり、さらにこの奥印の他には、判もとを保障する何ものもこの譲状にはないことを考慮するなら、その加印の時点は、譲状作成と同時点であったと考えることができる。すなわち日向政成の山田奉行就任を慶長九年とする「諸役人系図」の所説にもかかわらず、両者ともに慶長八年には、神宮ないしは伊勢の訴訟を担当する地位にあったことが推測されるのである。

次に慶長一四年、家康が施主となった神宮の正遷宮に、両者はその奉行を勤めている。この遷宮は、家康が寄進した料米六万俵によって行われたものであるが、「子良館日記」には、その釿始めの用途が両者から下行されたことが見えている。(52) ところで、この年の遷宮に際しては、その前後などをめぐって内・外宮の間に紛争があり、その間に両者は以下のように関与したことが知られる。(53) まず「孝亮宿禰日次記」所収の同年六月四日付の日向半兵衛・長野内蔵丞宛神宮奉行万里小路孝房・神宮伝奏大炊御門経頼書状案は、内・外宮の紛争により外宮の地曳礎が遅れた事実によって九月に予定されていた遷宮の遅延を憂慮して「祭主若輩故、旧記とも不存、兎角申候段沙汰之限候条、本多上野介殿此旨御相談之上以、被得上意候而成共、急度可被仰付」と述べ、両者に対して家康の側近本多上野を介してその意向を得て、事態の進捗を計るよう要請している。そして、長野内蔵丞は八月一三日の神宮祭主に宛てた書状(54)で「勢州両宮御遷宮ニ付、神遷前後之子細従外宮被得候処、従先規如有来執行可仕旨被仰出候、大閤様御遷宮例□立間敷由、御諚候」と家康の意を受けて、早急に両宮遷宮の日取りを決定するように求めている。以上で、遷宮における両者の駿府の奉行としての立場は、明確になったと考える。

神宮以外の事で両者が伊勢に関わりをもった例としては、次の『本光国師日記』所収の書状案(55)の場合がある。

山田世義寺之先達、知行之訴訟ニ付而、達上聞度由候而被罷上候へ共、前後無案内候条、取次不申候、雖然松坂御拝領之帳面之高ニ未乗申由被申候、御両人淵底御存知之由候間、古田大膳正殿へ得御意、可成儀候ハヽ、可被成御馳走候、恐々謹言

卯月廿日(慶長十六年)

金地院
――(崇伝)
円光寺
――(元佶)

日向半兵衛殿
長野内蔵允殿
御宿所

この頃、崇伝と元佶が板倉勝重とともに、駿府への寺院の訴訟の取次ぎをしていたのは周知の事実であるが、そのことを前提として右の文書の内容を考えると、まず「世義寺之先達」というのは、同寺の子院威徳院が大峯山の先達寺であったからに他ならない(56)。その先達が、当時在京していた崇伝のもとに、知行の訴訟の取次ぎを依頼して来た。しかし、崇伝としては前後の事情を知らないので、取次ぎを断った(この件に限らず『本光国師日記』を通覧すると、崇伝は寺院と寺院以外の者との知行・年貢の出入りには、なるべく関わらない態度をとっていたようである)。しかし、「松坂御拝領之帳」には、まだ載っていないそうであり、その辺の事情は日向・長野の両人が御承知の由であるから、古田大膳殿と相談して世義寺の為になるよう奔走してほしい、というのが書状

の大意であろう。この古田大膳(重治)は伊勢松坂城主で伊勢の国三万五〇〇〇石。慶長一一(一六〇六)年六月に兄重勝の文禄四(一五九五)年以来の遺領を継いだ大名である。[57] したがって「松坂御拝領之帳」というのは、古田氏の知行授受に関わる帳面、おそらくは重治が遺領を安堵された際に幕府または駿府から発行されたであろう知行目録を具体的には指す、と見るのが自然であろう。とするならば、詳しい事情は知らないが、しかし(雖然)この帳面に載ってない以上、世義寺の知行地が当然残っているはずだ、というのが崇伝の真意だったと言えよう。問題は「御両人淵底御存知之由」という文言である。これはあくまでも、世義寺之先達から崇伝が得た伝聞に過ぎないのであるが、それを前提にして、崇伝が両人に周旋を依頼している以上、崇伝としてもそのようなことが、いかにもあり得ることと判断していたことを意味しているであろう。そうだとすれば、このことは両人が、小堀政一が備中においてそうであったように、伊勢の郷帳(御前帳)と国絵図の作製責任者であったことを示しているのではあるまいか。

以上、本節では板倉以下のそれぞれの国における職掌に、小堀と共通したものがあったことを指摘した。これによって彼らも、それぞれの国で、小堀と同様の職務を遂行したとして大過ないものと考えておきたい。

最後に以上のことを法令の面から確かめるため「御当家令条」所収の、「秀忠公御黒印、板倉伊賀守へ被下之」という注記を有する慶長一四(一六〇九)年酉二月二日付の四か条の「覚」[58]を検討しておきたい。

一何方も知行悪敷持成候地頭へハ、一往も二往も理候而、其上悪敷候人をハ可申上之、并明知行之儀も、其触口之役人請取、其摸寄代官可申付候、

一郷中ニ而百姓等、山問答水問答ニ付、弓鎗鉄炮にて互致喧嘩候者あらハ、其一郷可致成敗事、

一井堰築候人足之儀ハ、手寄次第何も郷中不残やとひ候而、つかせ可申事、

一御蔵入之高不足之所ハ、先縄打のものに、大久保石見もの、板倉伊賀守、米津清右衛門もの指添、水帳を
以てつほ入いたし、不足之所をハ引取、有高を以可定事、

まずこの「覚」が、どのような資格において勝重に与えられたのかを検討すれば、第四条の大久保・板倉・米津が坪入せよという規定に着目すると、例えば慶長一六年の山城検地にはこの三者が関係しているが、山城以外の検地に板倉が関係した例は無いようである。したがって、少なくとも第四条は山城だけを対象とした規定であり、この「覚」が山城の「国務を沙汰する」ものとしての板倉に与えられたことがわかる。ところが、第一条では「明知行之儀も、其触口之役人……」とあるが、この「触口之役人」とは触を伝達する役人という意であるから、「諸事触下覚」に記された人名を具体的には指し、前掲の慶長一四年大和の国で大久保長安が柘植大炊跡の明地を、大和の代官小堀などに申し付けたのは、この規定が実行された一例であるといえる。したがって、この条は、「諸事触下覚」の諸国にも当てはまるものとして出されていることになり、故にこの「覚」は、基本的にはこれらの諸国を一般的に対象としながら、部分的に山城の事情に合わせて修正されたものと言い得る。

「覚」の性格がこのようなものであるとすれば、そこには板倉・大久保・小堀等の「触口之役人」に共通した職掌が述べられているはずであり、事実、第四条の堤普請が長安や政一の職掌であったことは、すでに見た通りである。しかしより重要なことは、「覚」が全体として、これらの役人に、給地・蔵入地の区別なく国全体の農政に、あるいは第一条の示すように給地の農政にまで、責任を負うことを要請していることであろう。「国務を沙汰する」彼らの性格は、このように幕府法令からも確認されるのである。

# おわりに

もはや紙数も尽きたので、以下は簡単に、三点にわたって、展望を述べて置きたい。

第一は、江戸幕府の全国的分業編成の把握の上で、彼らが果した機能についてである。秀吉以来、中央権力は、畿内の先進的生産力を手中に納めることで、諸大名から懸絶した軍事的経済的力量をもったと考えられるのであるが、江戸幕府は、畿内の先進性の表現として他地域に比し圧倒的に多数存在した畿内の諸職人を国役として徴発し、中井大和(正清)に統轄させ、軍陣・築城・都市建設・用水開発に使役した。『中井家文書』には、正清のこれらの活動を示す史料が多数含まれている。本稿で扱った諸国の「国務」担当者たちは、個々の場面で正清と協働した。例えば、名古屋城普請の奉行は、大久保石見・小堀遠江・村上三右衛門・長野内蔵丞・日向半兵衛・原田右衛門・寺西藤左衛門・藤田民部・水谷九左衛門(59)であった。彼らが諸国からの千石夫を統轄したことは、美濃の給人に宛てた長安書状ですでにみたとおりであるが、彼らはまた、慶長一七(一六一二)年の家康の中井大和宛覚書の示すとおり、正清と協働すべきものとされたのである(60)。個別的な活動の例をあげれば、前掲の間宮新左衛門が銀掘を引き連れて大坂に参陣したのはその一例である。また小堀が、備中の鉄を集荷し、幕府の指示に従って保管・運送に従事した史料も、「佐治重賢氏所蔵文書」に多数含まれている。

さて、彼らが右のような機能を果し得たのは、彼ら自身が担当する国内で諸職人を掌握し、同時に中井大和に諸職人が集中するルートとなったからに他ならない。

以上

当寅年大坂御殿主御作事手伝、江州千石夫被仰付候、然ハ江州大工・大鋸・小引此已前終ニ夫役不仕候間迷惑之由、訴訟申候、今度之儀者、重而之引例ニハ成間敷候条、夫役相勤可申候、先年ゟ夫役不仕候由、北見五郎左衛門尉御国奉行被仕候時出し被置候折紙并板倉伊賀守殿任折紙之旨、如此候也、

小堀遠江

政(花押)

四月廿五日

江州大工頭

この文書[61]は、大工・大鋸・小引(木挽)などの諸職人が、幕府に国役を勤めるかわりに百姓としての諸役を免じられていた点をめぐって発給せられたものであり、北見五郎左衛門(喜多見勝忠)と板倉伊賀の折紙の主旨を原則としては尊重しながらも、一回限りの例外として普請役を勤めるよう、小堀が江州大工に命じているのであるが、ここで板倉が出て来るのは所司代としての権限に基づくと考えられる。次に勝忠は近江の国奉行として夫役免除の折紙を発行したのであるが、『寛政重修諸家譜』で該当する記事を探すと「元和年中近江国の郡代となり……のち摂津国の郡代にうつり……」という記事がある。本稿で対象として来た人物のうち、山口・日向・長野がそれぞれの国で郡代といわれたことは、すでに紹介したとおりであり、また喜多見勝忠の近江における職掌が彼らと同様なものであったであろうことは文書の上から推定できる[62]。したがって、職掌・機能の上では郡代＝国奉行と見做してよく、本稿の表題で国奉行という呼称を採用したのは、後年の記録よりも当時の文書を尊重したからに他ならない。

次に、この文書の年代は、元和二年以降の寅で大坂城天守作事[63]というと寛永三(一六二六)年である。小堀は「八年(元和)近江国の奉行となり九年伏見の奉行にうつる」(『寛政重修諸家譜』)とされるが、事実は後年まで近江と

の関係を保ちつづけており(「佐治重賢氏所蔵文書」)、この文書も国奉行として発行したと考えてよい。すなわち一国内で諸職人を掌握する権限が、国奉行にあったのである。

第二の問題は、右のような国奉行の権限が、ひいては江戸幕府の先進地における分業編成の掌握が、給地・蔵入地の別なく一国全体を対象としたという点である。このことは、この地域に対する幕藩制支配が、個々の給地を充行われた領主の権限によるのではなく、国家の地方行政組織を通して行われたことを意味しており、それは、崇伝の知行地に対する国奉行板倉勝重の堤普請人足徴収が、家康の「守護不入」という文言で免除されたことに象徴されるように、伝統的な国家観に依拠したものであった。ただし、誤解を避けるために附言すると、このことは右の支配の本質までが古いものであることをなんら意味するものではない。慶長一二(一六〇七)年駿府普請の際、板倉勝重の折紙により番匠の提供を求められた醍醐三宝院義演が「番匠之事雖相理不同心、無力次第也、守護不入ノ専無之、綸旨モ持カラトハ此事也」(64)と嘆いたように、家康の職人支配は、古代以来の寺社の職人支配を排除して進められたのであり、そのためにこそ、前代からの伝統の継承が必要だったのである。

第三は、郷帳の作製をめぐる問題である。郷帳は、将軍の手許に提出されると「御前帳」(65)と呼ばれ、そこに記された石高は、現実の在地の石高がいかに変動しようとも容易に変更されることはなく、諸大名に対する幕府の公役賦課もその固定された石高が規準となり、また後年は御前帳の石高が、諸大名の格を決定する一要素となっていった。本稿の対象となった諸国に対する千石夫の賦課も、御前帳が規準となったと推測される。したがって、このような御前帳が全国的に作製されたという事実は、将軍・大名の関係もまた、単なる主従関係だけでなく、国家的な支配・被支配の関係を一側面として有したことを暗示しており、国奉行の一国支配も、そのような幕府の全国支配の一分肢であったのである。

もちろん、以上の観点は、幕藩制国家が封建国家であったことを排除するものではない。筆者は、幕藩制形成にあたって、国家の掌握が論理的に平行し、それを前提として太閤検地に基づく全国諸領主のヒエラルヒーへの編成が完成するところに、日本封建制の政治的特質を考えたいのである。

（1）安岡重明『日本封建経済政策史論』（有斐閣、一九五九年）、朝尾直弘『近世封建社会の基礎構造』第五章（御茶の水書房、一九六七年）、佐々木潤之介『幕藩権力の基礎構造』「個別分析」A（御茶の水書房、一九六四年）、原昭午「近世美濃における国役普請について」（『歴史学研究』三〇二、一九六五年）。

（2）『史学』三七―一～四六―一、一九六四―七四年。

（3）同上四〇―一、一九六七年、一五二頁。

（4）滋賀県東浅井郡浅井町佐治重賢氏所蔵。この「小堀文書」ともいうべき内容の文書については、森蘊『小堀遠州』（吉川弘文館、一九六七年）に触れるところがあるが、文書が現蔵されるにいたった経緯については不詳である。本稿では、一九六二年の採訪に基づく史料編纂所架蔵の写真帖を使用し、以下これによる場合は引用注を省いた。

（5）・（6）・（7）『大日本史料』第十二編之三、七一〇～七二二頁。

（8）『岐阜県史』史料編近世一、二二八～二二九頁。

（9）「池田文書」＝『大日本史料』第十二編之六、一五三頁。

（10）『徳川家康文書の研究』下一、四八九頁。

（11）『大日本史料』第十二編、慶長一四年正月二五日、同年一一月一六日、一五年二月是月、同年九月是月の条など。

（12）「黄薇古簡集」一（史料編纂所架蔵謄写本）。

（13）『寛政重修諸家譜』（新版）十六―一〇八頁、同四―二六四頁。『大日本史料』十二編之二十七、三六八・四一八頁。

（14）『岐阜県史』史料編近世二、二二五頁。

（15）同上近世一、二八頁上段。

（16）『戦国人名辞典』吉川弘文館、一九六三年。

（17）『徳川家康文書の研究』下一、五九六頁。

(18)『寛政重修諸家譜』によれば、重勝は大和添下郡で千石を領し、播磨・摂津の郡代を勤めた。
(19)『岐阜県史』史料編古代中世四、同近世など。
(20)『本光国師日記』(新版)二、一五頁。
(21)『泉佐野市史』五四六頁。
(22)同上六二六頁。
(23)年代の推定は、この書状の前略部分に記された家康の鷹狩に関する動静による。
(24)安岡先掲書一四〇頁。
(25)大石慎三郎校訂『地方凡例録』上、近藤出版社、一九六九年、三〇六頁。
(26)『岐阜県史』史料編近世一、七五頁以下。
(27)原先掲論文。
(28)『岐阜県史』同上、一頁以下。なお同書解説を参照のこと。
(29)大日本近世史料『細川家史料』一、三七九頁。
(30)『大日本史料』第十二編之六、三二二頁。
(31)新版二、一二頁。
(32)『大日本史料』第十二編之十、三七八頁。
(33)新版一、二九四頁。
(34)同上、七四頁。
(35)同上二、一七六頁。
(36)同上四、一〇九頁。
(37)同上一、六八頁。
(38)『大日本史料』第十二編之六、一五六頁。
(39)『大日本史料』第十二編之九、八〇三頁。
(40)同上五、七四頁。

(41)『徳川家康文書の研究』下一、四九四頁。
(42)同上、六五五頁。
(43)『大日本史料』第十二編之十三、二三九頁。
(44)同上十三、八七六頁。
(45)・(46)同上十六、八一〇頁以下。
(47)同上一、七八八頁。
(48)大日本近世史料『柳営補任』五、一三四頁。
(49)『宇治山田市史』上、一九二九年、一五七頁。
(50)例えば、北島正元『江戸幕府の権力構造』岩波書店、一九六四年、二九八頁。
(51)「輯古帖」十二。
(52)『大日本史料』第十二編之六、一二一頁、同上六〇六頁以下。
(53)同上、三八四頁。
(54)「藤波文書」四
(55)新版一、五四頁。
(56)『宇治山田市史』下、一〇四三頁。
(57)『大日本史料』第十二編之四、一九七頁。
(58)同上六、六九頁。
(59)『柳営補任』(先掲、同頁)によれば、元和四年以降山田奉行。
(60)『徳川家康文書』下一、六九八頁。
(61)「下郷傳平氏所蔵文書」(写真帖)、「南部文書」八(影写本)。
(62)例えば、松平陸奥守(伊達政宗)江州知行所手代衆宛元和三年八月二二日付北見勝忠伝馬人足催促状(『大日本古文書』伊達家文書之二、四〇八頁)。
(63)岡本良一『大坂城』岩波新書、一九七〇年、一二八頁。

（64）『大日本史料』第十二編之四、七五三頁。
（65）例えば、『会津家世実紀』正保三年八月是月の条。
（補注）「国務」については、萩毛利藩「万治の制法」に次の用例がある。
一郡奉行并代官共宜相守事
右、諸郡に数人の代官を置事、一ハ国民撫育のため、二ニハ田畠修補に不怠、其所不荒ニ仕事、是国務の基たり、専可相慎事、三ニハ百姓農業不怠(下略)(山口県文書館編『山口県史料』近世編法制上、一九七六年、六八頁)。

# 第Ⅳ章　幕藩初期の身分と国役

## はじめに

この報告は、先稿（『歴史学研究』四三一号所収）の展望の部分の補足として行うが、「国役と身分」というテーマには、ふさわしい内容のものとなっていないことを、あらかじめお詫びしておきたい。また報告においては、以下の史料を読みながら紹介したが、このペーパーでは、便宜上冒頭に掲げることとする。

**史料1**　「佐治重賢氏所蔵文書」

尚以、くろかね参次第可致出船候間、御油断有間敷候、あかかねハ大坂の舟にて今明日ニ相著申候、先以三千駄いそき可被下候、残ハ追ゝ御越可被成候（下略）

急度申入候、今度御進上之大舟ニ鉄・銅積、年内中ニ勢州へ可廻之旨、為御諚駿府御年寄衆ゟ四五日以前ニ被仰下候、然者鉄貴殿御手前ゟ可受取旨申来候間則伏見へ以書状申入候処ニ、備中ニ御座候由、御留守居長田又右衛門被申候間、重而以飛脚申入候、鉄急度被仰付、其方之□（舟カ）にて淡路之由良まて早ゝ御越可被成候、鉄参著次第御船出し申候間、無御油断急可被下候、銅者、鈴木又右衛門手前ゟ請取申候、先以鉄三千駄程早ゝ可被下候残リハ□而追ゝ可申入候、恐ゝ謹言

（慶長十四年）
十一月廿五日

九長門守
守隆（花押）

小久太郎
光隆（花押）

小堀遠江様
人々御中

**史料2**　同右

以上、
信州木曾掛橋并同国伊奈川之はしかけ可申旨、従江戸将軍様石見ニ被仰付、就其釘・かすかい為御用備中鉄五百貫目去七月山村甚兵衛・小宮山太郎兵衛両人之手形にて請取被申候、然ハ右之代金・銀・米何れにても済申度由、甚兵衛、太郎兵衛被申候間、御内衆へ被仰付、代付被成、両人かたへ御渡可被下候、恐々謹言

杉九郎兵衛
□（花押）

十一月朔日

鈴左馬助
□（花押）

小遠州様
人々御中

**史料3**　同右

(上下略)

一、内〻申付候鉄津出し之儀、(備中)松山鉄蔵へ早〻入可申候、(ハカ)ワたかにても不苦候、先〻山おくゟ出し候鉄之都合を早〻聞申度候、

一、つくの儀、内〻申遣候ことく、春山之分ハ早〻出来可申候、皆〻代官共つくのかい様無分別候、山へ仕入を仕候へと申付候儀無之候、当座かいにかい候へと申付候つくにて候間、皆〻相調て可在之候、不審千万候、

(元和五年)
七月廿日　　遠江
　　政(花押)

小堀権左衛門とのへ(以下五人略)

**史料4**　「泉佐野市史」

(上下略)

大坂御蔵之鉄堺へ廻候ニ付而、大坂ニ相詰申候由、令満足候、対御所様江御奉公ニ候間、折角肝を入可申候、

(慶長十九年)
十月十日　　遠江守
　　政一(花押)

佐野村
久左衛門殿・十郎大夫殿

**史料5**　「中井文書」(『史学』)

猶〻二条の御城之小やも弐百六七十間ほと北西ニ仕候、以上

ゆみ・てつほうのもの、まつく御座候かと存、弐十人くたし申候……こゝもと御ぢん道具何もゆたんなく仕候、将亦大坂のやうす、いよ〳〵惣まわりのかわはたへい仕、てんわうじくちニもほりをほり、せい被申《ろうカ》なとも仕、事のほかやういつかまつり候ていのよし申候、(下略)

(慶長十九年)十月十一日

中信濃
利次(花押)

中井大和守様
人〻御中

**史料6**　同右

一書令啓上候、将軍様早〻御上洛……然者拙者御迎ニ可罷出由申上候処、爰元御陣小屋・鉄之楯被仰付候間、御迎ニ罷出候事無用之由被仰候間(下略)

(慶長十九年)霜月三日

中大和守
正清

本多佐渡守様
人〻御中

**史料7**　同右

一書申入候、仍而、鍛冶炭無之候而たて成かね申由、鍛冶衆申候間、西丹波・北丹波ゟ炭出候て、於京都商売致候様ニ可被仰遣候、出し候事不罷成やニ申候由、此方ゟ人足被遣、御取寄ニ而、駄賃之分ハ御引可被成候、委細、中和州可被申達候

(慶長十九年)
十二月朔日

本多上野介
正純(花押)
成瀬隼人
正成(花押)
安藤帯刀
直次(花押)

板倉伊賀守様

**史料8**　同右

たて壱丁のもくろく

一、銀四百六拾五匁　くろかね代銀・かちさくれうはんまい・大かけかね七くさり、
大ひやう百八拾・さいもく代銀

一、銀百参拾五匁　大くはんまいさくれう・大か小引・たこち

二口合六百目
たて五百丁の分
銀子合参百貫目

（慶長十九年）
十月廿八日

板倉伊賀守殿

かち弥衛門（花押）
（以下七人略）
材木屋角倉（花押）
（以下四人略）
大工伊豆（花押）
（以下四人略）

**史料9**　「寛永諸家系図伝」十九　池田忠継

忠継すゝんで今橋をせむ、城中より鉄炮を打事雨のごとし、台徳院殿これをきこしめして、鉄の楯をたまはる、すなはちかの楯を橋のうへにたてならへて大筒をうち掛……

**史料10**　「駿府記」（慶長十九年十二月）

十三日、総攻之時、梯ニ熊手ヲ打、石壁ニ投掛支度、中井大和守蒙仰奉之、今日大名一人、梯五十本宛可配渡旨、上野介奉之

**史料11**　「中井文書」

急度申入候、仍河内国・摂津国始普請只今被仰付候、就其樋・わく損候所数多御座候由、小出大和殿ゟ申来候、

貴殿手代衆被指越、当年被仰付候ハて不叶所ニ、樋・わく大和殿手代衆相談被成、御こしらへ可有候（中略）、材木なと之儀ハ、大御所様被得御意尤候、入目之儀ハ小出和州へ可有御相談候、恐々謹言

（元和元年）六月九日

伊丹喜之助　□□（花押）

安藤対馬守　重信（花押）

土井大炊助　利勝（花押）

中居（マヽ）大和守殿

人々中（マヽ）

**史料12**　「鹿田静七氏所蔵文書」（『大日本史料』12―14、八七八頁）

尚々、勢多之事、上様御機嫌不斜候間、能御見立候て、御左右可被成候、自和州具ニ可被申遣候、以上的便之条申入候、

一、勢多ゟ舟を宇治へやり候処、具ニ見候て御注進可申上候由被申候通、一昨日中和州我等言上候、一段御機嫌よく候、舟上下候へハ、弥よく候、縦舟上下不成共、彼岩石開候て、湖水こみ不申候へハ、六七万石之上田出来候、若湖水二尺三尺引候ハヽ、近江にて廿万石新田出来候ハん儘、よき事にて有之由、被成御諚候、摂津・河内もさほと河水もこみ候事有間敷と各申候、彼所開通候様ニ能々御見立候て可然存候、轆轤にて大石をハ引

倒し候ても可罷成と和州被申候キ（下略）

（慶長十九年）九月廿三日　　　　　　　　　　（林）道春（花押）

吉与一様

人ゝ御中

**史料13**　「河路左満太氏所蔵文書」

条ゝ

一、杣大鋸引之事、当年権（於）所役相勤輩者、可為杣大鋸引事

一、鍛冶事

一、鍛冶炭・国中諸畑江可相懸事

一、桶結事、付畳指之事

一、屋葺之事

右輩、近江国中諸郡甲賀上下棟別臨時段銭人夫礼銭礼米地下並以下一切令免許、然而為国役作事可申付也、

天正四年十一月十一日　　　　御朱印（信長）

木村治郎左衛門殿

**史料14**　同右

天正十一年八月五日付、羽柴秀吉条書

**史料15**　「中井文書」

条々

一、鍛冶番匠・大鋸引之事

一、屋造目（葺カ）、付畳指之事

一、銀屋幷塗師之事

一、桶結之事

一、鍛冶炭・自諸畑可出之事

右、諸役令免除之訖、然上者如先々可相勤者也

天正弐拾年卯月日　　御朱印（秀次）

近江国

諸職人中

（古文書纂十五同ジ）

**史料16**　同右

五畿内幷近江国中在々所々大工田畠高役之儀、如前々被成御赦免候、可被得其意候、恐々謹言、

寛永十二亥　　阿豊後守

九月七日　　忠利（花押）

松伊豆守
信綱(花押)
(以下二人略)

小堀遠江守殿
五味金右衛門殿

**史料17** 同右

右、折紙ニて申上候条ミ事

一、伏見御本丸、西丸御普請ニ付、国役之大工にて被仰付候、此通和州大工衆へ被聞候へハ、御給人方より百姓役被仰付候間、国役ハ一日も仕間敷と申上候事、(中略)

一、色ミ此地ニて国中之大工御知行之内大工衆呼寄、重而之出入ハ如此可申候間、先国役を仕候へと申付候へ共、件之儀合不申候間、大分之役儀之事候間、我等之分ニても難成候間、市正様へ可然様ニ被仰上候て可被下候

(正清ノ下代カ)

後八月二日(慶長九年)

津忠右様
楫新右様
牧五右様

**史料18** 同右

大工・杣・木挽・高役之儀・如前々御赦免之覚(後記1)

一、夫役之事
一、御伝馬之事
一、御国役他郷之池川普請之事
一、御鷹之餌尤(犬カ)之事
一、縄藁入草等之事
一、竹木之事
一、米津出蔵番之事
但此津出蔵番之義者、従前ゟ仕候処も、又は不仕候処も御座候、以上
百姓並ニ勤申役義之分
一、御年貢納申御蔵切削之役大工仕候
一、欠米・売損之事、百性並ニ而御座候
一、大工・杣・木挽居在所之井掘・溝掘、百性並ニ仕候
一、田地之川かけ・永荒、右同断
一、入部之入用右同断
一、大工・杣・木挽居在所之池・川之樋枠杭切削役仕候
以上(寛永一二—明暦三年カ)

**史料19**　「岩倉共有文書」

態令啓候、仍御知行内諸職人、地下並夫役可被仰付由候て御下代衆幷御給人衆ゟ御違乱之由候、度ゝ如申入候江州諸職人、秀吉様諸役被成御免許、如先ゝ国役可被召仕ため、去年以御目録被仰出候条、如御置目被仰付候者可然候、弥頼入存候、右之諸職人之儀、最前我等御取次申候付而、扨申入儀候、恐ゝ謹言。

三月廿三日　　浅野弥兵衛尉
長吉判

蜂屋五郎助殿
人ゝ御中

**史料20**　同右

かたきり主膳殿より千石夫之儀被申付候由申候、惣別諸役被成御免候由被成御朱印候にて《(マヽ)》、うつし主膳殿へ進之候、此上にて何かと候ハヽ、此方へ可申越候、恐ゝ謹言。

七月十九日　　寺沢越中守
広政判

江州まふち
石切中

**史料21**　「当代記」

(慶長八年二月)此比自諸国武州江戸へ千斛に一人つゝ役人下る。町に国々名付有て、町場可有普請と也、

(同十一年)関東在国之衆は、去年将軍上洛し給ひ、依造作普請赦免、但去年為留守居不上洛之衆、千石に一人つゝ人夫を出す、七月、江州長浜為普請、美濃国先方衆幷江州人足被遣、
(同十二年)三月廿五日、五百石之知行に壱人宛配課、駿府普請として可相下由也、先伏見江上荷物、長持以下、駿府へ運送すべき由被相触、是畿内五箇国、丹波・備中・近江・伊勢・美濃、当給人知行幷蔵入合十箇国之人夫也、
(十一月)今年は五百石夫、駿河為普請相下付、右之十箇国之百姓相詰り、年貢弁済不成、去年為江戸普請下る衆幷近習輩知行は、除之、此五百石夫、大坂秀頼公領分へも同前被相配、
(慶長十五年)

名古屋普請知行役事

一、百三万弐千七百石　　松平(前田)筑前守

(中略)

一、五拾弐万石　　加藤肥後守

右何も太閤秀吉公御竿の積也

(同十六年)六月小朔日、今日より尾張国名護屋為普請、美濃・伊勢両国先方之衆参着、去年彼地普請被致大名、千石に一人つゝ人夫を名護屋江被出、
(同十九年)此比尾張国堤専被築、美濃国堤三月中旬仰出同被築、是は百姓役、

**史料22**　「八幡町共有文書」(抜萃)

定　　安土山下町中

一、当所中為楽市被仰付之上者、諸座諸役御公事等悉免許事
一、普請免除事
一、伝馬免許事
一、他国并他所之族、罷越当所仁有付候者、従先々居住之者同前、雖為誰々家来不可有異儀、若号給人、臨時課役停止事
一、至町中譴責使同打入等之儀、福富平左衛門尉・木村次郎左衛門尉両人仁相届之、以糺明之上、可申付事
一、於町並居住之輩者、雖為奉公人並諸職人、家並役免除事
天正五年六月日　（朱印）（信長）

**史料23**　「姫陽秘鑑」三十三

御備割九備之人馬并小屋之寄（中略）

人足并夫馬之寄

高拾弐万五千石、外ニ五千石近江知行所、遠方故割除、
一、千七百五拾九人　郷人足并馬口取
但七拾壱石六斗六升余　壱人宛之出人
内弐百八拾壱人　久留里領　同三拾人　葛西領
同四拾八人　三浦領　同千四百七人　前橋領
高拾弐万五千石外五千石近江知行所遠方故割除

一、五百七拾三疋　　夫馬
　但弐百拾八石壱斗五升余　壱疋宛出高
　内九拾弐疋　久留里領　同九疋　葛西領
　同拾六疋　三浦領　同四百五拾六疋　前橋領
　　七一・六六×一七五九＝一二万六〇五〇
　　二一八・一五×五七三＝一二万四九九九・九
　　二一八・一五×　九二＝二万〇〇九九　（二万）　久留里
　　　〃　×　　九＝一九六三（二一〇〇〇）　葛西
　　　〃　×　一六＝三四九〇（三五〇〇）　三浦
　　　〃　×四五六＝九万九四六六（九万九五〇〇）　前橋
　　　　　　　　計（一二万五〇〇〇）

**史料24**　「福原家文書」四

○慶長拾年御両国石高弐拾九万六千三百七拾四石余之御書上幷再検高四拾弐万三千三百九拾壱石余之御書上ケ
　○周防・長門石辻高頭
合弐拾九万六千三百七拾四石余　　但田畠寺社共ニ
　右物成拾四万八千百八拾七石余定
　　但高下引合五ツ成相当、寺社共ニ

慶長拾年八月廿日　　毛利宗瑞御判

本多上野介殿

西尾隠岐守殿

○周防・長門石辻高頭

今度再検高頭

合弐拾九万六千三百七拾四石余　　但田畠寺社共ニ

合四拾弐万三千三百九拾壱石余　　但田畠寺社共ニ

右物成拾四万八千百八拾七石余定

但高下引合三ッ成半相当寺社共

慶長拾年八月廿日　　毛利宗瑞御判

本多上野介殿

西尾隠岐守殿

○再検之節御近国物成御書上ケと相見候書付、大形空ニ存候分

一、高三拾万石　　豊前之国、御前帳のまゝ

物成四つ余りと存候

一、三万石　　豊前国木下右衛門大夫分

物成三つ

一、五拾壱万石余　　　肥後殿より
　　もの成弐拾弐万石計
一、三拾万六千石余　筑前御前帳高
四十九万石　　　私検地之高
右之内三千七百十五石寺社領
　　物成拾六万四百七拾四石五升
一、備後・安芸両国四十九万石計
　　物成四つ余りと存候
一、与州藤佐州殿より拾九万石余
　　物成四つ二、三分
一、出雲・隠岐共高廿七万石余かと存候
　　是も物成ハ四つかと存候

**史料25**　「部分御旧記」(上下略)

一、国々の絵図之儀ニ付、奥村安太夫ニ申渡候通幷書附三ツ一々披見候、然共知行高之儀、御前帳之高ニ而可有之哉、又検地之上延高ニて可有之哉、此段しかと不知候、乍去多分延高ニて可有之様ニ沙汰之由、得其意候、此段重而可申越之由、書中ニ相見候、とかく延高ニ候ハヽ、村々ニ高知申候間、重而公義より御目付参り、其村ニて尋候共、絵図ニ違ハ在之間敷候が、四つ成とならし候て何十何万石と書候者、重而所ニ而尋候時、相違可有之候間、右之両条之内聞定可申越候……
正月廿二日（正保二年）
（細川光尚）
清田石見守殿（以下二人略）

**史料26**　「会津家世実紀」
（承応元年）六月十八日御領内之鍛冶共、御役之定被仰出、御領内之鍛冶共之儀、年中之御用を差積り、大工を国役に召仕候通、壱人一ケ月ニ幾日宛相勤候筈と相定召仕、其余入用之分者日雇賃を可為取候

## 一　国奉行制による江戸幕府初期の分業把握

この節では、江戸幕府初期の分業編成掌握に、国奉行制が果たした役割を、前稿(1)を補足する意味で史料を提示しながら具体的に見ておきたい。

第一は、上方諸国から備前をとばして、何故に備中に国奉行が置かれたのか、という疑問をめぐってである。すなわち、備前には秀吉以来、宇喜多・小早川・池田と、一国を領有する大々名が置かれたにもかかわらず、備中は秀吉以来、小規模給人領――したがって関ヵ原以降も秀頼直臣の所領が分散していたと考えられるのであるが――であり、慶長一〇（一六〇五）年頃から元和にかけて国奉行小堀によって統轄されねばならなかったのか、という疑問である。この点の解答の一つとして、小堀が、備中の鉄の集荷機能をもったということを指摘しておきたい。

史料1は、『大日本史料』(一二編―六)慶長一四年九月是月「家康、西国諸大名ニ命ジテ、五百石積以上ノ大船ヲ淡路ニ廻漕セシメ、九鬼守隆等ヲシテ、之ヲ検収セシム」という条に関連するものである。すなわち、九鬼・小浜は家康の命によって、この時集めた大舟で鉄・銅を伊勢に運んでいるのであるが、そのうち鉄は、小堀から備中のそれを受けとっているのである。宇治山田奉行(この時代では国奉行の一種であった)は、後年花房幸次以来は、海上のことも管轄するにいたるが、このことと合せて、史料1は、大舟の没収が、これまでのように「西国大名等、近年大船ヲ拵置、是自然之時、大軍ヲ催シ上ルベキカ」という筋だけでは評価できないことを、物語るものといえよう。

史料2も、備中の鉄が、遠州を通じて幕府の需要先に供給されていたことを示している。なお、この年代は、大久保石見が生存していること、および幕府内部で現金決済が行われている点からして、駿府・江戸の勘定が分かれて以後、すなわち慶長一六年または一七年であろう。

史料3は、元和五(一六一九)年頃のものと思われるが、小堀が備中にあるその下代に指示を与えた書状の一部である。備中における鉄の集荷形態の一端を示している。

史料4は、小堀の和泉佐野における知行所の庄屋に指示した書状であるが、関連史料によれば大坂冬の陣の開戦を控えた時点のものである。これによって、小堀が、大坂の幕府鉄蔵を管理していたことがわかる。

以上1―4の史料によって、小堀が備中で鉄を集荷し、素材の形態で幕府に供給していたことが、明らかとなった。そしてこの鉄は、史料5―12が示すように、加工されて幕府の用に立てられていたのである。まず5―10は、大坂冬の陣で幕府大工頭中井大和守(正清)が、陣道具の作製を統轄したことに関連する史料である。すなわち、史料5・6が示すように、正清は鉄楯等を作製したのであるが、それには、原料としての鉄のほかに、鍛冶炭などの集荷組織が必要であり(史料7)、同時に大工・鍛冶・大鋸など諸職人の協働が不可欠であった。そして、これら物の集荷と人の集中には、国奉行が関与していたのである。次に史料9・10は、このようにして作製された陣道具が、幕府によって諸大名に配給されたことを示しているが、このことは、国役―国奉行制を通じての幕府による先進地域の分業編成掌握が、軍事上に有した意義の重大さを窺わせるに足るものであろう。

史料11は、大坂夏の陣直後の『大日本史料』(一二編―二〇)元和元年五月一三日の条「幕府、遅参ノ諸大名ニ命ジテ大坂附近ノ道路ヲ修築セシム」に関連するものと思われる(小出大和、大御所)。この文書によって、この時の普請が道路だけでなく用水施設にも及ぶものであり、正清がそれにも参画していたことが、わかるのである。史料12は、琵琶湖の干拓・疏水に関する史料である。これにも、正清が専門家として実質的に参加しているのである。以上、史料11・12によって、正清が、生産諸条件の整備にも及ぶ機能を有していたことを見た。

時間の関係でひとつひとつは挙げえないが、以上の他に城普請――例えば慶長一五年に始まる名古屋城築城――等においては、国奉行は中井正清と協働すべきことが求められており(2)、このことも、国奉行によって集められた人(人夫・職人)と、集荷された物とが、有機的に編成・統轄され、幕府の用に供されたことを示している。

さらに、一国内においては、国奉行が所領関係を超えて国役として人夫を徴収し、それを統轄して用水整備等にあたったことは、前稿でも触れたし、元和・寛永期については、佐々木潤之介・朝尾直弘・原昭午諸氏の業績があるので(3)、今日は立ち入らない。

以上で、国役と国奉行制が、幕藩制を支える分業編成を構築・掌握する手段として機能したこと、および、そのことによって幕府が諸大名に隔絶した軍事的・経済的力をもつことになった所以を述べたと考える。

## 二　国役と石高制との関連について

ここでは、以上のような意義を有する国役と、石高制との関連を考える。いうまでもなく、石高制とは、太閤検地によって確定された幕藩制社会の根幹をなす、領主的土地所有――すなわち農奴としての百姓と領主、および諸領主間の、生産手段としての土地をめぐる関係――の統一的・基本的な表現形態であるが、これと国役との関連の問題である。

あらかじめ整理しておくと、事実の上では、農・工・商の近世社会における被支配身分と国役負担には対応関係がある。すなわち近世の国役には、百姓の負担する国役と、職人の負担する国役とがあり、町人はこれを免除されていたと考えられる。〔後記2〕これらのうち、「中井家文書」に残された、職人に対する国役史料を素材として、考察を進めて行きたい。職人は、その職能に応じた国役を負担していたので、国役をはじめとする百姓としての諸役は当然免除されていたのであるが、現実には職人の多くが高持ちであったため、中井正清・国奉行と、給人のあいだに、しばしば役の賦課をめぐって紛争が起きた。史料13―18は、そのこととの関連で、諸職人を統轄する立場にあった中井家に残された史料である。

まず史料13・15は写しであり、発給者も明記されておらず、また字句にも活字本の限りでは疑わしいところがある。しかし、注記したように史料13は信長の、史料15は秀次の文書であり、由緒正しいものであることが判明する。なお、「中井家文書」にはないが、この間に秀吉の同種の文書があるので、史料14として追加しておきたい。史料16は、江戸幕府老中連署奉書であり、充所の五味・小堀は、朝尾氏の研究によれば、五畿内・近国の農政を総括する地位にあった。中井家は、この文書を老中から受けとり、これを両人に提示して「大工田畠高役」の免除を求めたのであり、そのために、この文書が中井家に残っていると考えられる。史料17は、役賦課をめぐる給人と大工の紛争の一例を示すものとして提示した。片桐且元は、この時大和竜田(法隆寺――古代以来の権門として多数の大工を抱えており、中井正清もそのような大工の出身といわれている[4]――を含む)の領主であり、その領主としての且元と大工頭正清との利害の対立を示す史料である。

史料18は、大工・杣・木挽等の諸職人の負担する諸役と、免除されている諸役の明細を、百姓役との関連で書き上げた史料である。年代は不明であるが、もしこれが「中井家文書」二〇九号の寺社奉行松平勝隆・安藤重長の連署による指示を承けたものであるとすれば、両人の在職年代からして、寛永一二(一六三五)年から明暦三(一六五七)年の間のものである。いま、この書上げを読むと、高持ちの職人は、年貢に直接付随した諸役、および共同体に関する諸役は、百姓並に負担するが、夫役・伝馬役・国役(百姓として動員される他郷の池川普請等)は免除されていた。このことは逆に、百姓としての諸役納入義務が、耕作事実、あるいは石高所持、あるいは年貢を納めるという事実に基づいて直ちに発生するものであることを、暗示しているといえるであろう。

史料19・20は、16―18と同様なことが、秀吉の時期にも言えることを示すために提示した。史料19は、弥兵衛尉長吉とあるところから、天正一六(一五八八)年以前であり、史料20は史料27と関連して、方広寺大仏作事のころのものと思われる。史料20は、この頃から「千石夫」という言葉があることを示す例として、注目すべきである。そして、両者を通じて、職人の国役が、百姓のそれとの関連で問題とされていることを銘記すべきであろう。

史料21は、「当代記」からの抜萃であるが、江戸初期における百姓に対する国役としての千石夫賦課を、概観するに便利な史料として提示した。ここでは、千石夫・五百石夫が、徳川氏とは主従関係にはない秀頼の所領にも課せられたこと、および、ここに出てくる五畿内をはじめとする一〇か国が、前稿(5)で国奉行が配置されたと述べた一一か国から但馬を除いたものであること、すなわち、この時期にはすでに国奉行制が存在していた可能性が大きいことを確認するとともに、「知行役」「百姓役」の実態上・制度上の差の究明は、しかしながら今後の課題であることを申し添えておきたい。

さて、史料13―18は、職人が百姓としての役賦課を免除されることの直接の根拠として、またその法的な先例を示すものとして、中井家に保存されたものであることは言うまでもないが、その最も古い先例は、史料13、天正四年一一月一一日の信長の文書であった。そして、史料14―16は、それぞれの文言に明らかなように、それぞれを先例として役免除を安堵したものであった。いまこれらの文書の意味を書かれた文章の背景を含めて明らかにするために、史料22と合せて、考察を進めたい。22は、史料13の翌年のもので、信長の楽市・楽座の法令として、つとに著名な文書である(そのため、全文を採録しなかった)が、その全体の目的は、楽市条項を含めて、安土城下町の建設にあり、その具体的方策は、諸座の諸公事・諸役、普請・伝馬役、家並役等の諸役の免除である。この点で、史料22は、諸職人にたいして、臨時段銭・人夫・礼銭・礼米・地下並の諸役の免除を規定した史料13と同一レベルにある史料といえよう。さらに史料13の充書である木村治郎左衛門が、史料22の条中にも、町中にたいする一種の検断権を有する人物として現われていることに注目したい。すなわち、治郎左衛門等による事実関係の糺明を経た上でないと、何人も町内にたいして譴責使を入れることができないと規定されているのであるが、このことは、彼が諸職人の司ないしは検断として近江国中の諸職人を統轄する位置を信長から与えられ、その職権の一部として、史料22のような役割を果したものと推定されるのである。さらに大胆に言えば、彼は後世の中井大和のような機能をもったと推定することも可能であろう。このように、史料13・22を関連づけて考えると、ほぼ天正四、五年の頃には、信長の分国である近江国全域にわたって、まだ名称的には雑多で完全には統一的でないとしても、役賦課の体系が成立し、その体系の一部として史料13・22に規定されたような職人・町人にたいする役免除が規定された、と考えるのが妥当なのではあるまいか。そして、さらに大胆にいうなら、史料13の第一条に「当年所役相勤る輩においては大鋸引たるべきこと」とあるように、役賦課体系との関連において、職人・町人という身分が、萌芽的であるにせよ、規定されていたのではないであろうか。

次に考えておかなければならないのは、この体系は土地所有を媒介としてはいないということである。町人・職人にたいする役賦課が土地所有に直接関係がないことはいうまでもないとしても、問題は、いま想定した分国全域にたいする役賦課体系である。戦国大名の研究史に深入りすることを避けるために、史料22に即して具体的に指摘すると、史料22には「他国ならびに他所の族、罷り越し当所に有り付き候者、先々より居住之者同前、誰々家来たりといえども異儀あるべからず、若し給人と号するとも、臨時の課役停止の事」という条がある。この前半は、それ以前の人身的束縛関係からの町内居住者の解放を意味しているのであろうが、それとの関連の上で、「もし給人と云々」は、土地所有に基づいて町外の者とのあいだに発生する課役を、安土山下町内では否定しているのである。

したがって逆から言えば、この時点では信長は、土地所有に関係なくその役賦課体系を構想しており、職人に限って言えば、(太閤検地における名子・被官の解放とのアナロジーにおいて)それ以前の人間関係を無視して「当年所役を勤る」事実に基づいて、その身分を決定する意図を有した、と考えられるのである。

当時の信長の段階では、分国内での土地所有に統一が実現していなかったのは周知の事実であるが、それゆえにこそ信長は、土地所有に超越したものとして、いわば国家的な公権に属するものとして、あるいは国家的な公権に属するとしか言いようのないものとしてしか、役賦課の体系を構想せざるを得なかったのではないか。したがって、史料13の段銭・地下並等の諸役を賦課される百姓の実態も土地所有との関連からはまさに多様であり、近世と同等な意味での百姓身分は、まだ成立しているとは、言い得ないであろう。

しかし、秀吉・家康の国役の体系が、権原としては信長の史料13を安堵する形で成立したことは、すでに見たとおりである。すなわち、秀吉・家康は先行する権力の国家的支配を受けつぐものとして、国民を諸身分に編成し、国役を課したのである。したがって、近世の国役も、史料18で触れたように、国家の人民支配に直接的に基づくという側面を、はっきりと有している。しかし、近世の国役と信長のそれとの差は、百姓——身分としての百姓に賦課される国役が、千石夫という言葉に象徴されるように、石高に基づいているという事実にある。すなわち、秀吉以来、大名ないしは国郡の石高は、公式には国絵図および御前帳(一国郷帳)に登録された石高に基づいて決定され、知行宛行状、したがって諸大名以下の軍役、百姓にたいする国役も、これによって賦課されたのである(いわゆる表高)。以上のうち前半に関しては、高知大学の秋沢繁氏が近日成果を発表される〔後記3〕ので、それに譲り、後半に関しても、原昭午氏の業績または『岐阜県史』史料編に明らかであるので、ここでは立ち入ることを避けたい。(ただし秀吉が、御前帳および国絵図を集めたという事実に関しては、内閣文庫『見聴草』第五七冊に、その史料があることを指摘しておきたい。)

しかし、表高が、検地丈量の結果である実際の在地の石高とは必ずしも一致せず、むしろ乖離しているのが通例であることは、つとに指摘されているところである。例えば徳川義親氏は『尾張藩石高考』(6)において、その乖離の実態を具体的に明らかにされ、中村吉治氏は、『史学雑誌』に発表され、のちに論集に採録された論文(7)において、この問題をとり上げ、この乖離を重視しない近世史家を「のん気者」と叱責され、持論の再編成説を展開されている。そこで、いま表高が近世においてどのようにして決定されたかを考えるために、史料24・25を提示した。史料24は慶長一〇年に家康が、「今度は物成高頭を以て江戸公役仰せつけらるべき」と、物成の額を基準に公役をかけるべきことを標榜して、西尾吉次等を奉行に全国の諸大名から石高・物成高の帳面(御前帳)と国絵図とを提出させた時の史料である。この時毛利家は、物成一四万八〇〇〇石余を基礎とし、ただ租率を変えただけで、それらから逆算していく通りかの石高を出し、そのうちのどれを毛利家の知行高として採るかは、幕府の判断に委ねたのであった。(8) そして、これが毛利家だけの例外ではなかったことは、史料25が示しているとおりである。史料25は、正保の国絵図・郷帳作成当時の史料である。ここでも、石高が年貢四ッ成から逆算されるものであり、したがって当然のことながら実際の丈量に基づく村高とは乖離するものであることが述べられている。

以上の史料を、ごく素直に受けとるなら、表高と現実の石高との乖離は、公役の賦課をより現実に即して合理的に行おうという意図から発生したものであり、諸藩でしばしば見られる撫免に基づく概高と同様に理解して差し支えないものと言えよう(慶長一四年に上杉景勝が、「封地磽荒」を理由に半役を免除されたのも、真の政治的理由はともあれ、この線にそって理解することができる)。

さて、前述の信長以来の国家的伝統を受け継ぐものとしての国役が、このような表高を規準に、農民に賦課されたものとすれば、その国役は検地による石高に基づいて課されたものといっても、一向差し支えないであろう。そして、この検地の結果土地に緊縛され、年貢負担者として措定された農民の大きな部分が、同時に国役を負担するものとしての百姓身分を与えられたということは、近世社会においては、領主的土地所有の一極をなす農奴の大きな部分が、国家的支配を媒介とすることで、百姓身分を与えられたことを意味するにほかならないであろう。いいかえれば、太閤検地によって成立した領主的土地所有は、このような形で前代以来の伝統的な国家的人民支配の体系のなかに自らを組み込んだのである。

最後に、本来は個別的・私的な関係であるはずの、封建的奉仕としての諸大名の将軍にたいする軍役奉仕も、近世社会においては、国家的役賦課体系の一部として、国家的色彩をきわめて濃厚にもつことになったことを、指摘して置きたい。幕府の大名にたいする軍役賦課が表高を規準にしたことは、前述のごとくであるが、注目すべきは、大名がこの軍役を所領内の農民に転嫁するときの規準も、また表高であった、という事実である。史料23は、姫路酒井家(下馬将軍忠清の家)の前橋時代の陣立書の一部分である。これは酒井家が、全藩をあげて出陣するときの動員態勢の計画書であり、表題のように九部隊の編成を示し、各隊は指揮官(家老)、将校(馬上)、兵(足軽)および輸送隊(人夫・馬)から成っている。このように農村から徴発する人馬を含めて一藩の全陣容がわかるという点で、これはきわめて貴重な史料なのであるが、問題はその賦課の方法である。すなわち、この藩では一七五九人の人足と五七三匹の夫馬とを農村から徴発する計画が立てられており、その所領内での配分は、数字に示したとおりである。このうち人足については誤写が甚だしく確認できないので、馬についてのみ指摘すると、その配分は表高によって按分されている。しかも、近江の所領については、「遠方故、割除く」とあり、この配分があくまでも現実の馬の徴収を前提としたものであることが示されている。もちろん、これ以上の各村への具体的な配分は、実際の有高によらなければ不可能であることはいうまでもない。にもかかわらず、たてまえとして配分規準が表高によっていることは、幕府―大名―農民の軍役動員が、単純に大名が所領を領有しているという事実からは説明できず、何らかの国家的支配権を、大名が分有していることを前提にしなければ理解しがたいことを意味しているのではないであろうか。

すなわち、近世社会においては、領主的土地所有に基づく農民支配と国家的な人民支配とが分かちがたくからみ合っており、大名の所領支配にも、領主としての側面のほかに、国奉行と同様に国家の支配・行政機構の一部として国政を担当し、人民を支配するという側面があったのではないだろうか。史料26は、以上との関連で、大名領における職人使役が、国役と呼ばれたことを示す史料の一つとして提示した。

## 三 今後の展望

以上においては、国役と石高制の関連を検討した結果、領主的土地所有からは一応別個の国家的支配の体系である国役の制度が、近世社会においては、領主的土地所有の体系である石高制に組み込まれて、領主制維持を本質とする近世国家の制度としての役割を果たしていることを述べた。いいかえれば、領主的土地所有が、社会的な体制となる過程において、既成の伝統的な国家の枠組を利用し、自己に適合的なものに作り替える過程が不可欠であり、その過程を経て、封建領主は年貢負担農民の中核的部分を百姓として支配し得たのではないか、ということである。

より具体的には、秀吉・家康の朝廷および宗教政策の問題がある。これらの分野については、秀吉の禁教令が土地所有との関連で、あるいは大仏建立が刀狩りとの関連で、史料の文面が直接示すかぎりの範囲において、たしかに体制との関連が議論されてきた。しかし全体としては、これらの分野の問題は、せいぜい幕府と対大名あるいは対秀頼との問題として取り扱われてきたのが、研究史上の事実ではないであろうか。しかし、以上の筋道にのせて考えると、この期の朝幕関係・宗教統制、あるいは利用の問題は、いかにして全国の人民を国家的支配の下で動員体制に置くことにより、領主的支配を実現するか、という観点から見直さるべきではないだろうか。

例えば、慶長期の秀頼の大仏再建をはじめとする社寺の造営や祈禱の依頼などは、これまでは、秀頼の財力を殺ぐという家康・秀頼間の、いいかえれば領主内部の問題として、説明されてきている。しかし、大仏再建には中井正清が全面的に参与し、その過程で家康の先進地域にたいする分業編成掌握が深化し、その結果が、先に見たような大坂の陣となって現われたとすれば、これらの過程に、太閤の遺児秀頼を表面に立てることによって、国家的キャンペーンとして、家康の手によって国役体系を動かし、そのことで全人民の身分編成をより現実化し、百姓支配を強固にしようとする家康の意図を、われわれは窺うべきなのではあるまいか。

（1）拙稿「幕藩初期の国奉行制について」（『歴史学研究』四三一号、一九七六年）。
（2）中村孝也『徳川家康文書の研究』下之一、学術振興会、一九六〇年、六九八頁。
（3）安岡重明「日本封建経済政策史論」有斐閣、一九五九年、朝尾直弘『近世封建社会の基礎構造』御茶の水書房、一九六七年、佐々木潤之介『幕藩権力の基礎構造』御茶の水書房、一九六四年、原昭午「近世美濃における国役普請について」（『歴史学研究』三〇二、一九六五年）、鎌田道隆『近世都市・京都』角川書店、一九七六年。
（4）『斑鳩町史』三五三頁、一九七九年。「中井家と中井家文書」（『中井家文書の研究』一、一九七六年、中央公論美術出版）。
（5）注1に同じ。
（6）徳川林政史研究所、一九五九年。
（7）「石高制と封建制」（『幕藩体制論』山川出版、一九七二年）。
（8）なお、この時の福岡黒田藩の石高決定の事情については、松下志朗氏「太閤検地と福岡藩初期の石高」（九大経済学会『経済学研究』四一―一、一九七六年）を参照。

〔**後記**〕 1 寛永十二年亥九月の端裏書をもつ写が、『天理市史』史料編二、一九七七年、一〇三頁、『斑鳩町史』史料編、一九七九年、三九三頁に収載されている。
2 「町人は国役を免除されていた」と述べたのは、吉田伸之「公儀と町人身分」（『歴史学研究別冊（一九八七年度）』）が指摘するまでもなく誤りである。

3　秋沢繁「天正十九年豊臣政権による御前帳徴収について」(『中世の窓』同人『論集　中世の窓』吉川弘文館、一九七七年)。

# 第Ⅴ章　近世の身分と兵農分離

## はじめに

峯岸賢太郎氏は、身分論について独自の見解を提唱しているが、最近の論稿「近世身分論」では日本近世の身分論に関する動向を批判的に紹介し、朝尾直弘氏とともに筆者の理解を俎上にのせている。(1) すなわち、

近世身分成立についての研究は、幕藩国家の役賦課に規定されて諸身分が成立したとする高木昭作氏の見解(「幕藩初期の身分と国役」)と、百姓・町人が「地縁的・職業的身分共同体」を形成することによってその身分が成立したとする朝尾直弘氏の見解(「近世の身分制と賤民」)とに、代表されているかのごとく整理されている(『講座日本歴史』五の諸論文)。(中略)しかし、両説は平面的に対比しうるものではなくなっており、また両説ともに方法的には疑問が多く、これを研究の出発点にすえるのには問題点がある。

そこで両説を、まず、通説(石母田説)の継承・批判という観点から検討しよう。本来の高木説は、身分論としては、役と身分の間に対応関係があるとの指摘を出るものではない。私は近世の身分の基本は土地関係・検地をもって論定すべきものと考えるが、役と身分との対応については私もそれ以前に、「かわた」編成の問題として指摘したところである。そして役はあくまでも負担であって身分の存立条件や基礎ではなく、したがって賤民である「かわた」の役編成が職人に対するそれと同一であるという事態も生じ、また「かわた」

に百姓役が課されるという事例も生じてくる(「幕藩制的賤民身分の成立」など)。ところで通説は、階級関係を国家が政治的秩序として維持するのが身分制であるとするのであるから、単なる対応論にとどまる高木説は、理論的には石母田説以前なのである。役＝身分説は、一方で国家と役を結びつけ、他方で国家と身分を結びつけ、両者を接合するものであるが、後者については身分は国家から発するものとの漠然とした観念があるにしかすぎないのである。役によって身分が規定されているとするならば、それが近世の身分制をいかに特質づけ構造化しているのか、またいかなる歴史過程の所産であるのか、等々が本来の課題とされねばならない。そして高木氏のみならず国家＝役論者は、封建領主制をもって階級を、国家をもって身分を位置づける理論を想定しているはずであるから、まずもってこれを理論として、あるいは見取り図として提示すべきなのである。(以下略)

やや長い引用になったが、筆者なりに要約すると、①近世身分成立についての近来の研究は高木と朝尾氏に代表されるとみなされている、②しかしそれは誤りである、③高木の説は役と身分の対応関係の存在を指摘するだけであり、身分論として通説(石母田説)以前である、④それが身分論たりうるためには、「役」が近世の身分制を「いかに特質づけ」「構造化」し、「いかなる歴史過程の所産」なのか、の三点が提示されていなければならない、というところである。

右の四点についてとりあえず簡単にコメントを加えれば、①については、高木・朝尾の身分形成論は安良城盛昭氏の太閤検地論、すなわち領主・農奴間の関係を身分的に確定することによって近世が成立したとする学説を基礎とするものであることの指摘がかけている。②については、朝尾氏の説が筆者とまったく対立するかのように一般にうけとられているのは事実としても、朝尾氏の論稿(2)をよく読めば氏は「役編成のみによる身分形成」説に反対しているのであって、近世の身分形成における役の意義を否定しているのではない。他方で筆者も、誤解を招いたとすればその責任はあるにせよ、これまでもしばしば触れてきたように「役編成のみ」によって近世の身分を理解しようとしているのではない。したがって、筆者と朝尾氏の差は同じ次元の議論によって詰められる性質のものと判断しており、以下この稿では朝尾氏の所説については触れないことにする。次に③については、当時の筆者は歴史学研究会の大会報告で、ごく常識的な身分理解にもとづいて対応関係があると述べたのに過ぎないことは、たしかである。しかし、④については、その後の論稿において筆者は、「役」が近世の身分制を「いかに特質づけ」「構造化」し、「いかなる歴史過程の所産」なのか、について不十分ながら事実上は述べてきたつもりである。

すなわち私見は、秀吉による諸大名の軍隊の創設とその統合完成をもって近世国家の完成と見なすものであるが、それは、その過程が中世の胎内に発生した領主・農奴の関係を軍事的編成を通じて国家の基軸にすえると同時に、戦国期に存在した諸身分を国家の軍隊の要員に「構造」的に位置づけることを通じて近世の身分に編成する過程であったと見なすからに他ならない。また国家に統合されることで諸身分は一定の変質をこうむることになったのは事実であるが、しかし本来の性質は依然として残しており、そこに近世を通じて国家的な身分規制と社会的な身分観の間に絶え間のない葛藤が生じる理由があったことも、筆者は指摘してきたつもりである。(3)

にもかかわらず峯岸氏は、「していない」という。こうなると、氏と筆者には身分を理解する方法(筆者の場合は方法というよりも正確には方向という程度のものであるが)をめぐって重大かつ深刻な相違があると思わざるをえないことになる。しかし筆者は、その後も依然として常識的な身分理解しかもちあわせていないので、以下はしばらく氏の提示した身分に関する理論(4)の検討を中心に議論を進めることとしたい。

身分を「社会関係の一表現としての地位関係が身分関係の形態をとって存在しているもとでの、地位のとる形態」と定義する氏の身分論の特徴は、ある社会の身分制の総体を、個々の人間の間の身分関係から出発して、身分序列・身分体系の論理序列で把握しようとするところにある。まず身分関係とは「広義の人身的従属関係」であり、人身にたいする直接的支配・被支配の関係すべてを包括する概念である。身分序列とは、身分関係の連鎖がひとつの閉鎖的なユニットを形成している身分結合体内部における上下の序列である。たとえば、大名を頂点とする家臣団には、給人(家老・中老・番頭・物頭・組士など)・徒士・足軽などの身分序列があるということである。また給人はその内部に彼自身を頂点とする若党・中間・小者といった奉公人の身分序列からなる身分結合体を有しているが、ここまでを視野にいれると大名を頂点とする身分体系ということになる。すなわち身分体系とは、ひとつの社会ないし国家において諸身分結合体が君主を頂点として上下の層序性をなして体系的に編成されたものである。

まず身分をこのように広く定義することについては、筆者としても異議はない。どのように身分を定義するにせよ、最終的にはある社会の個々の支配・被支配の関係をその定義との関係で説明しなければならないだろうからである。しかし、右の理論の総体については、筆者は以下のような感想をもっている。それはこの理論は、さしあたってある完成され安定した国家ないしは社会の身分制をごく概念的に理解し、他の国家・社会のそれと比較するには有効であろうが、その有効性はそれだけのものであろう、という感想である。ひとつは、「私の家臣の家臣は私の家臣ではない」という言葉を生んだヨーロッパ中世と異なり、どちらかといえば大名・家臣、大名・百姓の関係が中央権力によってあらかじめ定められた上で大名権力が成立した日本近世においては、個々の身分関係が体系全体の規制をよりストレートに受けざるをえないという固有の事情は、このように個々の身分関係の連鎖によって総体の関係を考えるというこの理論の適用にあたってどう配慮されるのかという疑問である。いまひとつは、こうした体系に組み込めない関係の問題である。実は筆者は、この理論に接したとき反射的に旧帝国軍隊を思い浮かべた。つまり、身分関係としては直属上官と部下(たとえば小隊長と班長、班長と兵士)の関係を、身分序列としては「兵隊の位」を、身分体系としては大元帥の下の帝国軍隊を、である。これは何も氏の理論を戯画化しようというのではなく、内務班の存在を考えるからである。階級よりも軍隊の年期がものをいう内務班の世界は、表向きにはないことになっていた世界であるが、それが実際には帝国軍隊の秩序を末端で支えていたことは周知の事実である。氏の理論では、体系からはみだし体系からは否定されながらも体系とある関係に立っていたこのような秩序はどのように位置づけられるのだろうか。少なくも氏の理論を現実の歴史過程に適用するには、身分体系からはみ出した身分関係が現実の社会には常に存在するという配慮を怠らない必要があろう。そして、このような配慮は、ある既存の確立した身分体系の中に新たな身分関係が発生し、それが既存の体系を破って新たな体系をつくる時期を考察する場合はいっそう重要になるであろう。

たとえば兵農分離を考察する場合がそれにあたるが、氏の兵農分離理解には筆者の見るところでは、こうした配慮はまったく払われていない。これには、氏が右の理論と一体のものとして提示している隷農・奴隷に関する独特の理論も関係していると思われる。氏の隷農とは、土地の事実上の所有者が人身的隷属関係、つまり身分関係によって地代を搾取されている場合すべてを包括する概念であり、その内部に奴隷的関係が内包されているか否かに関心を払うことを敢えて拒否するところに、氏の隷農規定の実質的な独自性があるといえよう。その結果として、氏においては兵農分離は単なる「百姓＝隷農に対する支配転換[5]」に過ぎないことになるのであるが、はたして現実の兵農分離はこのようなものに過ぎなかったのであろうか。筆者はかつて戦国大名後北条氏軍隊の編成原理を分析して、その軍隊が氏のいう隷農をその中核に編成することにより、それが内包する奴隷制的原理を軍事力として組織するものであったことを指摘した。また、近世の軍隊がそうした奴隷制的原理を否定することによって成り立つものであることも同時に指摘したつもりである(6)。氏の理論は、こうした変換が最初から目に入らないような枠組として構成されているのである。

兵農分離に関連して氏はまた次のようにもいう。氏は太閤検地以降近世初頭における「作合」否定政策が農村内部に新たな領主・農奴関係が展開する余地をはばんだことに関する評価を否定し、「幕藩制期の農民剰余にもとづく百姓の分化は、百姓内の分化にとどまっていて、それが百姓の領主化や領主層内部のヒエラルヒーの変動を引き起こさないということのうちに、兵農分離の規定性が存するからである(7)」としている。つまり氏は、検地と刀狩りによって百姓の属性が身分的に確定されたことをもって、百姓が現実にも秀吉の期待したような存在になったと想定しているようであるが、はたして手放しでそういえるのだろうか。このような見地からは、関が原や大坂の陣に際して各地で起きたいわゆる土豪一揆はどのように説明されるのだろうか。また土豪的農民が、在地では依然として近辺の小百姓を支配し、山野川海の紛争に際し小百姓を軍隊に編成し武装して戦おうとした多くの例をどのように説明するのだろうか。検地と刀狩りにもかかわらず、身分体系を維持するために権力はたえずイデオロギーを含むあらゆる手段を動員していたというのが、近世を通じて指摘できる現実だったのではないか。

次に氏は、兵農分離に必然的にともなう新たな特質的形態として、権力による「百姓と土地との結合を安定的に維持する(8)」ために必要な保障として個別的百姓支配の否定、百姓土地所持権の保障、それとうらはらのものとして百姓の土地緊縛をあげている。しかし、「百姓とは全く異なる再生産関係にある武士が、百姓からの剰余労働の搾取を実現するためには、百姓をいかなる経営形態をとるものであれ、農業生産者として安定的に維持していかなければならない」(9)のであれば、それが戦国期の隷農にはなぜ必要でなく、近世の隷農には必要なのか、理解に苦しむところである。氏によれば、戦国期の武士も隷農である名主・百姓をその経営の外部から搾取していたはずであり、その点では武士が農村に住もうが、あるいはその従者を含めて城下町に集住しようが、搾取の形態に変わりはないはずだからである。ついでながら、氏には何故に武士が「その従者を含めて農業生産から離脱」(10)し、しかもそれが城下町へ集住という形態をとらざるをえなかったのか、という関心はまったく見られない。かりに氏がいうように城下町への武士の集住が、農業生産からの離脱であったとしても(ただし、これにはそれ以前の武士が農業経営の主体であったことが条件となるが、このこと自体、氏の隷農論にとっては重大な自家撞着と思われる)一般的にいって離脱はかならずしも城下町への集住という形態をとる必要はなく、農村に散在したまま離脱するという道もありうるからである。

このように、ある事柄からその本質と考えられるものを引き出すことで満足し、それがなぜそのような形態をとって現象したのかということにはほとんど無関心であることも、氏の方法に見られる特徴である。たとえば、氏が百姓身分の属性として重視する土地緊縛についても同様なことが指摘できる。土地緊縛を論じるにあたって、氏は、天正一四(一五八六)年三月二一日付の秀吉朱印状の「他郷へ罷越百姓あらハ、其身之事ハ不及申、相拘候地下人共可為曲言事」(11)という文言と、天正一九年のいわゆる「身分法令」を引用するが、前者が単なる百姓移動の禁止であり、後者が「人返し」令であることには、あまり関心がないようである。しかし筆者の立場からすれば、この種の土地緊縛令が秀吉権力の展開に従って、百姓のみならず奉公人の移動禁止の措置を含む大名相互間の「人返し」令として全国法令として公布されること、同時にその過程が秀吉による統一的軍役強制の下での諸大名軍事力の近世化の過程に他ならなかったことを重視するのである。

以下ではしばらく、すでに旧稿で述べたことと重複するところもあるが、この過程をあとづけることにより、百姓の土地緊縛を確定した兵農分離の過程が近世的軍事力の編成過程と分離しがたいものであることを、確認したい。その前に、右の朱印状の二か月前の天正一四年正月一九日付の秀吉朱印状から以下の二か条[12]を引用しておく。

一諸奉公人、侍事不及申、中間・小者・あらしこに至迄、其主ニ暇を不乞出事、曲言に候之間、相拘へからす、但、前之主に相届、慥ニ合点有之者、不及是非事、

一百姓年貢をはばみ夫役以下不仕候而、隣郷他郷へ相越へからす、若隠置輩におゐてハ、其身事ハ不及申、其在所中可為曲言事、

一其国其在所給人、百姓等迷惑せさる様ニ令分別、年貢をも金《(ママ)》とり候様に可申付候、(下略)

この前年に秀吉は関白となり、その権威をふりかざして島津氏に対して九州における惣無事を下令していた。この「定」においても、それは「其国其在所」という少なくも数か国の分国を統括する立場に秀吉があることを示す言葉にも表現されている。また「諸奉公人」すなわち武士の従者である侍(若党)・仲間・小者以下の移動の禁止もすでにこの時期に発令されている。しかし、この禁止は、後年のそれと比較すると、主のもとから逃亡した奉公人を召し抱えることを禁止しているだけで、積極的に「人返し」を規定しているのではない。百姓の移動禁止についても同様である。この規定は「年貢をはばみ、夫役以下を仕らざる」百姓の移動禁止であり、その意味では中世のそれとまだ同一水準にとどまるものであるが、そのような百姓を在所にかくまうことを禁止しているという点では、奉公人にたいする規制と同じなのである。以上の点を確認したうえで、天正一八年、全国統一

以後の秀吉の百姓にたいする土地緊縛令の考察に移りたい。

## 一　天正一八年八月一二日付秀吉朱印状をめぐって

以下に紹介するのは、太閤検地についての秀吉の決意を示すものとして高校教科書においても著名な史料(13)である。

猶以、此趣其口へ相働候衆、不残念を入可申候、返事同然ニ可申上候也、
態被仰遣候、

一去九日至于会津被移御座、御置目等被仰付、其上検地之儀、会津者中納言、白川同近辺之儀者備前宰相ニ被仰付候事、

一其許検地之儀、一昨日如被仰出候、斗代等之儀、任御朱印旨、何も所々いかにも念を入可申付候、若そさうニ仕候ハヽ、各可為越度候事、

一山形出羽守幷政宗妻子早京都へ差上候、右両人之外、国人妻子事、何も京都へ進上申族者、一廉最も可被思召候、無左ものハ、会津へ可差越由、可申付事、

一被仰出候趣、国人幷百姓共ニ合点行候様ニ、能々可申聞候、自然不相届覚悟之輩於在之者、城主にて候ハヽ、其もの城へ追入、各相談、一人も不残置なてきりニ可申付候、百姓以下ニ至るまで、不相届ニ付てハ、一郷も二郷も悉なてきり可仕候、六十余州堅被仰付、出羽奥州迄そさうニさせらる間敷候、たとへ亡所ニ成候ても不苦候間、可得其意候、山のおく、海ハろかいのつゝき候迄可入念事専一候、自然各於退屈

者、関白殿御自身被成御座候ても、可被仰付候、急与此返事可然候也、

八月十二日(秀吉朱印)

浅野弾正少弼とのへ

この文書は、同年七月に後北条氏を滅ぼして奥羽地方の「仕置」のために会津に進駐した秀吉が、奥羽仕置を分担させた浅野長政にたいして四か条にわたって仕置の方針を指示したものであるが、従来は「なてきり」「山のおく、海ハろかいのつゝき候まて」という語句に関連して太閤検地にたいする秀吉の意気ごみのほどを示す史料と考えられてきた。しかし、このような解釈がなりたつためには、これらの語句が検地担当者を叱咤激励する一種の大言壮語であること、この語句を含む第四条冒頭の「仰せ出され候趣」がもっぱら検地のことを指していることが条件となる。

現在のわれわれは、「撫で切り」という言葉から「無人の野を草を撫で切る如く」に「あい届かざる覚悟の輩」を片はしから成敗するという語感をうけるが、いうまでもなく右の解釈はその上に成り立っているのである。ところが、この秀吉の奥羽仕置にたいする直接の反抗として同年から翌年にかけて起きた大崎・葛西一揆の鎮圧軍に参加した二人の武士は、後年に庄内(鶴岡)酒井家に仕官するために提出した軍功書の中で、この一揆鎮圧においては以下のような意味での撫で切りが実施されたことを述べている。[14]

①覚　花山内記

一大崎の内新沼と申城せめの時、我等拾九の年、壱はんのりの衆ニ罷成候得共、うちすての法度にて候間、くびハ取不申候、是ハ君袋能登被存候事、

②高名之覚　其頃年廿七　村岡六郎左衛門

一木村之伊勢守ニ奉公仕、奥州佐沼と申城に籠り、十月十六日ゟ三十八日間、十七日ニ七度切て出、其内くひ二つ取申候、為褒美脇差給、但のし付、其後伊勢守下知ニハ、くひとらすニ切捨候へよし候間、三十日皆々此通ニ候、(下略)

一其次之年、一揆共左沼堅固ニ持申候を、六月廿四日、政宗軍をもよをし取懸候時、和泉田安芸守手ニ我等有候而廿五日ニ内ゟ切て出申、くひ壱つ取申候、其後なてきりニ而切捨ニ計仕候、八千余皆々切すて、手柄共かくれ無之候、

①では天正一八年に一揆勢がたて籠った新沼城攻めに際して一揆勢の首を取らなかったが、これは討ち捨ての法度が出されていたためであること、②では、天正一八年一揆蜂起後のある時期まで首を取ったが、その後は切り捨てにしたこと、それは伊勢守の下知(命令)によるものであったこと、翌年も「なてきりニて切り捨てにばかり仕」ったことが、記されている(なお、政宗の左沼城攻めの記述は、同年七月一二日付南部信直書状[15]が「伊達殿、大崎さぬませめおとされ候て、一揆五六千切られ候、其以前ニ宮崎の城落とし候、両所にて一万ばかりなで切り候」と報じていることからも傍証される)。

「撫で切り」とは大言壮語ではなく、「首を取らずに討ち捨てにする」という行為をともなう具体的な意味をもつものだったのであり、大崎・葛西の一揆においては、そのことが秀吉が命令した言葉のとおりに一揆にたいして実行されたのであった。してみれば、「山の奥、海は櫓・櫂の続き候迄」も大言壮語ではなく、文字どおりの意味に使われているのではないだろうか。すなわち、これが大言壮語となるのは、現実には田畑の存在しえない場所に検地を施行すると解釈するところにあるのだから、これを文字どおりの意味で理解するためには、検地以外の事柄との関連で考えてみる必要が生じるであろう。秀吉は「山の奥、海は櫓・櫂の続き候迄」何について「念

を入」れよと命じているのであろうか。

その意味でこの条冒頭の「仰せ出され候趣」の意味を吟味すると、これが検地だけを指すものでないことは、朱印状全体を一読すれば明白であろう。すなわち、第一条は「御置目など仰せ付けられ、その上検地之儀……ニ仰せ付けられ候」とのべ、秀吉は「御置目」について指示した上で検地については秀次などに地域別に分担させたと言っているのである。また第三条は最上義光(山形出羽守)・伊達政宗などの他にも国人妻子の上京について指示しており、「仰せ出され候趣」がこのことを含むのは間違いないと思われる。ここで国人といわれるのは、右の政宗・義光よりは小規模の所領をもつ領主が想定され、岩城・戸沢・小野寺・本堂・仁賀保などの諸氏のように、この前後に秀吉の許に出頭して所領を安堵された者の他に、所領を没収されて後に大名家臣になった者や「仰せ出され候趣」に反抗して「撫で切り」にあった「城主」など多数の存在が想定される。したがって、この文書には「仰せ出され候趣」の全貌が示されていない以上、少なくもその一部と判断される検地と妻子上京が奥羽の大名と国人にどのようなものとして秀吉から提示されたかを、別に確認する作業が必要となる。

藤木久志氏の明らかにされたところによれば、妻子上京は、秀吉が全国制覇の論理として構想した「惣無事」令の一環であった(16)。「惣無事」令とは、全国すべての地域の領主にたいして所領の紛争を武力の発動によって解決することを禁止し、これを秀吉の裁定に委ねるよう求める命令である。そして全国の大名や国人は、これを受け入れた証しとして上京し、秀吉に御目見えして服属の儀礼を行うことが要請された。これを行わなかった大名・国人は所領を没収され、秀吉指揮下の公儀の軍隊による征伐の対象とされた(17)。また、村落間の紛争を実力で解決することを禁止する「喧嘩停止」も、すでにこの頃には大名・国人にたいする「惣無事」と並んで秀吉の政策として確立していたものと思われる。

事実の経過からいうと、秀吉の会津進駐を可能にした小田原の後北条氏の征伐は、同氏が「惣無事」令を受け入れず上京を遂げないことを大義名分としており、それに引き続いて行われた奥州「御出征」の目的も当然に「惣無事」の施行を離れてはあり得なかったと考えられる。実際にも、出頭することと引き換えに所領を安堵した大名・国人にたいして秀吉は朱印状を与え、領内の仕置について具体的に指示しているが、その指示が彼らにとってどのような意味をもったかについて、南部信直に南部七郡を安堵した朱印状(18)を中心に考えてみよう。

覚

一南部内七郡事、大膳大夫可任覚悟事、
一信直妻子定在京可仕事、
一知行方令検地、台所入丈夫ニ召置、在京之賄相続候様ニ可申付候事、
一家中之者共相拘諸城悉令破却、則妻子三戸江引寄可召置事、
一右条々及異儀者在之者、今般可被加御成敗候条、堅可申付事、
以上、
天正十八年七月廿七日　朱印
南部大膳大夫殿

右の朱印状は、第二条で信直妻子上京を指示していること、第三条で検地にふれていることの二点から、前掲の長政あて朱印状のまさに「仰せ出され候趣」にかかわるものであることが、まず確認される。また、第四条では「異儀に及ぶ者」は秀吉から「御成敗」することが述べられており、これも、長政あて朱印状の「相届かざる覚悟の輩」を「撫で切り」にということと対応している。つまり右の朱印状は長政あて指示の南部版と理解でき

るのである。その南部版における秀吉の指示は、㈠南部七郡を信直に与える、㈡信直妻子を在京させる、㈢領内を検地し、信直の蔵入地を確立させる、㈣家中の城を破却し(城破り)、その妻子を城下町に集める、㈤「異儀に及ぶ者」の処置、というものであった。渡辺信夫氏の指摘によれば、同じ時期に常陸の佐竹氏に与えられた朱印状には「佐竹当知行分」とあるのに対して信直のそれには「南部内七郡」とあるだけなのは、これらの地域にまだ信直の支配が未確立であったことの反映であるという。事実、信直がこの地域に大名支配権を確立させるには、翌一九年の九戸氏の反乱の鎮圧など幾多の紆余曲折が必要であった。「㈢㈣の諸指示・命令は直に実施されなかった。給人の『知行方』を検地し、蔵入地を拡大し、さらに領内の城を破却するだけの大名権がまだ南部氏のもとに確立していなかったからである。これらの政策は、仕置軍(=秀吉の軍隊=引用者)が天正十八年に稗貫・和賀両郡に進駐し、さらに翌年に九戸氏の乱を平定したのちにはじめて現実のものとなったのである[19]」。すなわち、秀吉は「惣無事」令にもとづいて、まだ信直に服属していない者の多かった南部七郡の国人たちの所領を没収して信直に一括して与え、信直が彼らを家臣団に組織して秀吉の要求にあった軍団を編成するよう、中央の軍事力によりバック・アップしたのである。近世大名南部氏は、秀吉を頂点とした平和ないし秩序維持の機関として、秀吉の強力によって創設されたものに他ならない。

㈢と㈣、とくに検地はそのための基礎的な手段であった。七郡内の国人の所領は検地奉行浅野長政によって検地され、服属した者には新たに知行地としてその一部が軍役奉仕と引き換えに恩給され、さもなければ没収されて蔵入地とされた。ただし、別稿[20]で指摘したように、太閤検地は田畑の「検地」のみにとどまるものではなかった。それは、同時に山野河海の「検地」をも伴っており、田畑の石高と並んで山野河海の用益の代償である小物成をも定めるものであった。この作業は当然ながら山野河海は秀吉のものであるという主張と、国郡から村落レベルにいたる山野河海の境界と用益の決定権は秀吉にあるという主張を前提としておこなわれたものである。

南部七郡においても検地とはこのようなものであったはずであり、国人やその下の土豪クラスの存在にとっては、それは所領の没収だけでなく、それまで自分たちが中心となって維持してきた山野河海の用益をめぐる秩序の破壊であったに違いない。後年のことになるが、会津地方においては越後との国境のまれにしか人の行かない場所についても「あの峰からこの峰を結ぶ線」といったとらえ方で自分たちの「領分」「領内」という意識があり、その侵犯にたいして土豪的農民たちは弓・鑓・鉄砲で武装した一四〇〇—一五〇〇人からなる軍隊ともいうべき部隊で対抗している。(21)他方で、山本幸俊氏によれば、会津地方は近郷間の仲裁・鉄火裁判など紛争を実力によらないで解決する慣行が発達した地域でもあった。(22)このような「領分」意識とその範囲における自力による秩序維持の慣行、この上に突如として秀吉は、山野河海は自分のものという立場から喧嘩停止を中心とした秩序を押しつけたばかりか、その秩序にたいする代償として年貢諸役を徴収しようとしたのである。「山の奥、海は櫓櫂の続き候迄」という言葉はまさにこの意味で捉えられなければならない。こうした秩序の下では、所領内における大名知行権も秀吉の与えたものだけに限定された。たとえば、鉱山の支配権は原則として大名には付与されなかったが、以下の信直書状(23)は、そうした体制下の大名のあり方をよく物語っている。

尚々、金山御役相済候て可然存候、定而下々は何かと可申、葛西等輩中之ありさま御覧候はゞ分別あるべく候、以上、

金山之御役、相済候て、砂金六文め返し申候、近日御奉行御上候、急度御済、於我等満足仕候、天下何れも山河両領主之物に無之候、不及是非候、筑前殿御国も、越中の金山御奉行相付申、佐渡・甲斐・信濃、何も〳〵其分ニ候間、我等手前計ニ不限候、少も如在不存候、御分別尤候、恐々謹言、

十月八日　　　　　　　　南太　信直　判

江刺殿

江刺氏は、天正一八年以降に新たに信直の家臣となったのであるが、この書状で信直は「山河ふたつながら領主の物にこれ無」くなった「天下」の動向を説明し、江刺氏に「金山之御役」(金山運上)を完納するように説得している。所領内の金山を自由にできないことについて「定めて下々は何かというであろうが、反抗すればどうなるかは大崎・葛西の一揆勢の運命を見ればわかるはず」というのである。長政あて朱印状の「仰せ出され候趣、国人ならびに百姓どもニ合点行き候様ニ、よく〳〵申聞かせ可く候」の、これも南部版といえるのではあるまいか。

以上では、検地と大名・国人の妻子上京に関連づけられる限りにおいても、「仰せ出され候趣」が、山野河海にわたる「惣無事」令の施行を意味するものであったことを述べたつもりである。

## 二　いわゆる「身分法令」をめぐって

実は検地を前提としなければ不可能と思われる、奥羽における諸政策の施行を指示した別の内容の秀吉朱印状が数通(条数、内容に出入はあるが)、長政あてのそれと前後して発行されているのである。紙幅の関係で、やはり奥羽仕置を分担する立場にあった石田三成あての一通[(24)]だけを示すと、

定

①一今度以御検地之上、被作相定年貢米銭之外、対百姓臨時非分之儀一切不可申付事、

②一盗人儀、堅御成敗之上者、其郷其在所中として聞立、有様ニ可申上之旨、百姓以連判致誓紙可上之、若見隠聞かくすニ付而者、其一在所可為曲事、

③一人を売買儀、一切可停止之、然者去天正十六年以来ニ売買族被作棄破之条、元のことく可返付、於向後人を売ものゝ事者不及申、買もの共ニ曲事候間、聞立可申上之、可被加御褒美事、

④一諸奉公人者、面々以給恩其役をつとむへし、百姓ハ田畠開作を専に可仕事、

⑤一日本六十余州在々百姓、刀・わきさし・弓・鑓・鉄砲、一切武具類持候事、御停止ニ付而、悉被召上候、然者、今度出羽・奥州両国之儀、同前ニ被仰付候条、自今以後、自然所持候百姓於在之者、其ものゝ事ハ不及申、其郷共ニ可為同罪事、

⑥一在々百姓他郷へ相越儀在之者、其領主へ相届可召返、若不罷帰付而ハ、相拘候もの共ニ、可為曲事、

⑦一永楽銭事、金子壱枚ニ弐拾貫文あて、ひた銭ニハ永楽一銭ニ可為三銭立事、

右条々、若於違犯之輩者、可被加御成敗者也、

天正十八年八月十日(秀吉朱印)

石田治部少輔とのへ

まず、この朱印状が奥羽を対象としていることを、第五条の「今度出羽・奥州両国の儀」という文言によって確認しておきたい。次に、この朱印状が総体として検地を前提としていることは、第一条に「今度御検地の上」とあること、またその他の条に検地によって確定される「百姓」の語が散見することからも明らかである。したがって、この朱印状の内容が「仰せ出され候趣」に含まれるかどうかはしばらく措くとしても、密接な関係にあることは間違いないといえよう。全体としての印象からいえば、長政あてのそれが国土のすみずみにまで行きわ

たらせ、その上に秀吉の統制に従う大名—家臣団を創設する方針を述べているのにたいして、三成あてのそれは、それにしたがって施行された検地の結果をどのようにして大名—家臣団の編成・維持に結びつけるかという観点からの指示といえるであろうか。また、南部信直あての朱印状が先の渡辺氏の指摘のように南部七郡の特殊性に応じた内容であったのに対し、これは充所の石田三成の立場からも、またほぼ同じ内容のものが下野宇都宮の宇都宮国綱に与えられていることからも、より一般的にすべての大名領に共通する指示であったように見うけられる。

以上を前提に各条を読むと、第七条を別として、総体として検地施行を前提に㈠百姓と奉公人を区別した上で、㈡百姓の仕置についての諸指示を述べたもの、と要約することができる。

まず㈠については、第四条の「諸奉公人」とは、大名の家臣に所属する従者のことである。用例をあげると、前記宇都宮国綱あて朱印状に「諸奉公人事、侍儀者不及申、中間・小者・下男至る迄、其主人ニ暇を不乞他所へ罷出族有之者、慥使者を以三度迄可相届、其上扶持を不放付てハ、則可成敗事、付、相抱候者、他領ニ不可置、面々知行之者を召使、其領内ニ可置候、但知行不召置以前ニ相抱者ハ、不可及召返事[25]」とある。すなわち、「諸奉公人」とは侍(若党)・中間・小者・下男(あらしこ)などの、いわゆる又者のことであった。その又者は、給恩(扶持)によってそれぞれの役(職能に応じた奉公)を果たすべきであり、これに対し百姓は農耕を専らにすべきであるとされるのであり、土地から離れて城下町に定住し大名の軍団の一員としていつでもどこにでも出動すべき奉公人と、土地に緊縛されて農耕に専念する百姓とが、ここに区別されているのである。そしてその百姓は、「あい定めなさるゝ年貢米銭の外」は「非分の儀」を申しかけられない保障を与えられ(第一条)、同時に「農具さへ持ち、耕作を専につかまつり候へば子々孫々まで長久に候」ものとして(「刀狩令」)武器を奪われ(第五条)、「盗人」については秀吉として成敗するので注進すべきこと（これは自検断の否定につらなる内容と考えられるが、このとおり連判が提出されたという事実は、まだ報告されていないようである）が強制され（第二条）、かつ、「他郷にあい越す」ことが禁止された。第三条の「人売買」の禁とあわせて、近世における百姓にたいする主要な規制事項がここで出揃っているといえよう。

特徴的なことは、以上の規制が武家奉公人と百姓を区別した上で指令されていることであり、このことを上記信直あての朱印状との関係で位置づけるなら、信直あてのそれが山野河海を対象とした、広い意味での検地と、その成果を信直に統括される軍団の建設に結びつけるべきことを指令しながらも、その間の手段については何も述べていないのにたいして、この三成あてのそれは、その空白を埋めるものと言えるであろう。

以上のように考えると、三成あて朱印状の内容を、長政あてのそれの「仰せ出され候趣」に結び付けるだけの直接の証拠はないにせよ、日付の近いこともあり、論理的には両者は一体のものとして理解しなければならないのではないだろうか。つまり秀吉の意図は、自分のものである国土に平和の秩序を敷き、同時にそれを保障する軍隊を創設することにあり、奉公人と百姓を区別し、それぞれのあり方を規制することは、そのための手段だったのである。百姓の土地緊縛はその一環であった。

右のことは、翌天正一九年のいわゆる「身分法令」[26]を読めばいっそう明らかになると思われる。

一奉公人、侍・中間・小者・あらしこに至るまて、去七月奥州へ御出勢より以後、新儀ニ町人・百姓ニ成候者有之者、其町中・地下人として相改、一切をくへからす、若かくし置に付而ハ、其一町・一在所可被加御成敗事、

一在々百姓等、田畠を打捨、或あきなひ或賃仕事ニ罷出輩有之者、其ものゝ事ハ不及申、地下中可為御成敗、

并奉公をも不仕、田畠をもつくらさるもの、代官・給人としてかたく相改、をくへからす、若於無其沙汰者、給人くわたいにハ其在所めしあけらるへし、為町人・百姓於隠置者、其一郷・同一町可為曲言事、
一侍・小者によらす、其主にいとまを不乞罷出輩、一切かゝへへからす、能々相改、請人をたて可置事、但右者主人有之而於相届者、互事候条、からめとり前の主之所へ相わたすへし、若此法度を相背、自然其ものにがし候ニ付てハ、其一人の代ニ三人首をきらせ、彼相手之所へわたさせらるへし、三人の代不申付ニをひてハ、不被及是非候之条、其主人を可被加御成敗事、
右条々所被定置如件、
天正十九年八月廿一日(秀吉朱印)

右の三条が三成あて朱印状の主旨をこの時点ではじめて全国に及ぼしたものであることは、一読で明白であろう。すなわち、この法令全体を構造的に読むと、それは奉公人と百姓を区別することを骨格とするものであることがわかる。この法令は、奉公人と百姓を峻別した上でそれぞれの移動の自由を否定している点で、三成あて朱印状の全国版といえるのである。また第一条には「去七月奥州へ御出勢より以後」とあるが、奉公人規制と百姓の規制が対をなしている全体の構造からすれば、これを奉公人の移動の禁止だけにかけるのでなく、この法令全体にかけて解釈するのが妥当であろう。事実の問題としても先に触れたように百姓の移動禁止は三成あてのものが初見であるが、それは史料上でたまたまそうであるのではなく、奉公人にたいする規制と対をなすものとして天正一八年にはじめて公布されたものであること、すなわち「奥州御出勢」による全国統一の完成によって、奉公人・百姓の規制の本格的開始が秀吉にとってもはじめて可能になったことが窺われるのである。すなわち、この規制は逃亡した百姓・奉公人を「あい抱える」者にたいする「人返し」など代官・給人などの領主にたいする

規制として定められているのであり、その完全な貫徹は全国規模の措置によってしか保障されないからである。たとえば石田三成は右の法令を承けて文禄五(一五九六)年、「当村の百姓の内、さんぬる小田原御陣の後、奉公人・町人・職人になり、よそへまいり候ハヽ、返し候へと御はつと二候」と近江の所領に触れながらも、続けて「但し、家中に候ハヽ、くるしからず候、余の家中には置き申すまじき事」としている。個別領主にとっては百姓が「よそ」(他領)へ行くことが問題だったのであり、それが「家中」であれば容認できるものであったことが示されている。同時に秀吉の側近としてその政策を全国に推進する立場にあった三成も、いわゆる「身分法令」が天正一八年以降の個別領主の所領を越えて移動した百姓・奉公人の「人返し」を主眼とすると解釈していたことが、ここには示されている。

特に重要なことは、この規制の全国化が「唐入」(朝鮮出兵)を契機におこなわれた、ということである(別稿[27]で指摘したように、この年の暮に関白となった秀次は「唐入に就いて御在陣中、侍・中間・こもの・あらし子・人夫以下に至る迄、かけおち仕輩有之者、(中略)御成敗に及ばるべき事」としている)。秀吉麾下の当時の大名の軍隊は、武士だけでなく、足軽(鉄砲足軽・弓足軽・鑓足軽など、これらの足軽隊の本格的編成には台所入、すなわち大名蔵入地の本格的創出が前提となる。また兵粮自弁が原則であった中世の軍隊と異なり、近世においては兵粮は動員する側で準備したので、そのためにも蔵入地は必要であった)や武士の奉公人、百姓から徴発された陣夫と駄馬から成る小荷駄隊(動員する側が準備した弾薬・兵粮の運搬)から構成されており、これらの足軽以下のいわゆる雑兵のあり方の差が、戦国大名と近世大名の軍事力の質的な差を分ける重要なポイントであることは、別稿[28]で指摘したとおりである。すなわち、これらの要員を確保することで近世大名の軍隊は秀吉の陣触れ次第、いつでもどこへでも領国を離れて長期の作戦に従うことができる機動性を獲得した(この点を指して安国寺恵瓊は「上衆(秀吉の軍勢)の儀ハ人数、手がら、手はやき事、米銭、御一味中之武略之仕懸、彼是掌ニ持候、此方(毛利氏)ハ、御人数少、御手がらハ不存、手にぶき事、米銭無之事(下略)」と述べている)。秀吉がそれぞれの石高に応じて諸大名に割り当てた軍役「人数」は、奉公人・陣夫をふくむ数字であり(この点でも武器と戦闘員だけについて規定した戦国大名の軍役と秀吉以降の軍役は相違している)、それを受けて大名は、それぞれの家臣に引率すべき奉公人の数を割り当てると同時に領内の百姓を陣夫として動員した(唐入の場合も前掲秀次の法度には「御陣へめしつれ候百姓の田畠の事、その郷中として作毛つかまつり遣わすべし、もし荒し置くにいたらば、その郷中御成敗なさるべき旨に候事」とある)。いわゆる「身分統制令」は、「唐入り」を控えてこのような軍隊を諸大名が編成し、維持するために必要な方策として、個別の大名の所領を超える全国法令として発布されたのである。[29]

もちろん百姓や職人が動員されたのは、このような戦時だけではない。近世を通じて彼らが平時においても城や用水の普請、大仏の作事などに動員されたのは、周知の事柄である。こうした「国役」への百姓・町人・職人の動員は、中世における「国役」の慣行を受け継いだ側面を見逃すことはできないが、しかし、それを役として強制する仕組は、以上のような意味での大名の軍隊を創設・維持する過程で――「山の奥、海は櫓・櫂の続き候迄」の国土にたいする「惣無事」の強制と広い意味での検地に始まり、その上に作られた大名の軍隊による朝鮮・中国への「惣無事」の輸出――基本的に作られ、それが近世の平和な時期にも基本的に支配の骨組として維持されたのである(筆者が近世国家を兵営国家と評したのも、この点に着目するからである)。

このように見てくると、百姓が単に検地帳に登録されて年貢を負担し、土地に緊縛されただけの存在ではなかったこと、また「単に個別領主と百姓の間に身分関係がある」[30]のではないことは、もはや明らかであろう。個別領主と百姓の間の関係は、個別領主の地位によってそれこそ個別的であり、それらは近世全般を通じて全体制によって規制されるものであったからである。たとえば、領主には所領から小物成を徴収できるもの(大名と旗本の一部)とできないもの(旗本の一部と大部分の大名家臣)があったのは先に指摘した通りである。[31]少なくとも後者は、個別領主と百姓の山野河海をめぐる関係が(ちなみに山野河海を用益できるかどうかは、一戸前の百姓であるかどうかの重要な徴表である)将軍(または秀吉)の存在、すなわち将軍(秀吉)と百姓との国土をめぐる関係を抜きにしては理解できないことを意味しているのではないだろうか。また、個別領主は検地帳に登録された所領内のすべての者を軍陣に陣夫として動員できたかというと、けっしてそうではない。たとえば、大工などの職人は職人としての役をはたしているかぎり、その持高は百姓としての「国役」免除の対象になったのであって、個別領主はこれに百姓役を賦課することはできなかった。すくなくとも畿内・近国の場合は、職人は個別領主による以外の別のルートで軍陣に徴発され、公儀の大工頭の下に編成されて独自の役をつとめたのである。この仕組は、実際上は職人の実労働による役の納入が意味を失い、それが代銀納化された後も維持され、大工無役高の所持は近世を通じて大工身分の徴表であり続けた。個別領主が検地帳被登録者を百姓として支配できるかどうかは、これらの地域では個別領主が決定できたのではなく、職役賦課を目的とした将軍(秀吉)による職人編成の「杣・大鋸引の事、当年所役あい勤むる輩者、杣・大鋸引たるべき事」という信長以来の論理とうらはらの関係で個別領主以外によって決定されていたのである。*さらに、周知のように、百姓の国役は個別領主の頭ごしに幕府から直接に命じられ、個別領主に関係なく編成される場合があった。たとえば、将軍日光社参の人馬は幕府の関東郡代から直接に関東の旗本領にも触れ渡され、郡代役所の指示によって編成された。近畿地方においてもことは同様であり、上掲の書上も大工に免除される役として「御伝馬の事」をあげている。

＊峯岸氏は、役賦課の差が百姓・職人・えたを区別する基準にならないことの証拠として、〈高市光男「夫役賦課と部落差別」(『愛

媛近代史研究』二九)が、村の用水普請労働にえたも加わっていることを明らかにした[32]という例をあげる。しかし、用水普請など村の維持にかかわる役は、すでに別稿[33]でも指摘したように大工も農業に従事している以上は負担しているのであり、反証にはなりえない。すなわち、寛永一二(一六三五)年に大工仲間が幕府に国役免除の再確認をもとめた際の書上によれば、「百姓なみニ勤め申す役義の分」として「大工・杣・木挽居在所の井掘・溝掘、田地の川かけ・永荒れ、大工・杣・木挽居在所の池・川の樋・枠・杭切削役[34]」をあげている。また、個別領主は幕府による国役免除にもかかわらず彼らに役を賦課しようとする傾向にあり、だからこそ、職人がこのように免除特権の再確認を求めているのであるから、職人やえたに国役を個別領主が賦課している例をあげても反証にはなりえないのである。

以上では、近世においては、個別領主とその所領内の百姓との関係は、それだけを単独にとりあげて論じることの不可能なものであり、それは兵農分離の時期に最終的には「唐入り」の軍隊を編成する目的で全国的に一挙に定められた諸関係の中でしか考察できないものであることを述べた。土地緊縛という農奴としての百姓の重要な属性も、この時に諸大名の軍隊を創設・維持する方策の一環としてはじめて定められたのが、歴史的事実なのである。これを領主・農奴間の一般的関係にひきなおしていいかえるなら、日本においては農奴をめぐる個別領主間の矛盾が以上の過程によってはじめて調整されたということであろう。

峯岸氏は、天正一八年の三成あての朱印状といわゆる「身分法令」とが、領主間の百姓・奉公人「人返し」を主眼として成立したものであることに無頓着であり、これを単に百姓移動の禁止とみなしているようである。氏は前掲三成の近江所領内の触れを引用しながらも、「百姓の主取りは石田の『家中』であるかぎりは容認されていた」と指摘した後、続けて「領主階級は一方では百姓を百姓として維持・固定しなければならず、他方では百姓を奉公人化しなければならないという矛盾」に言及するのみだからである[35]。たしかにこのような「矛盾」は近世期を通じて存在するのであるが、この三成の触れは、右で指摘したように他家に奉公した百姓の「人返し」について、秀吉の朱印状をうしろ楯に規定しているのであって、百姓の田畠耕作と奉公人の「矛盾」の処理について規定しているのではない。

## おわりに

思うに、この点についての認識の有無が、氏と筆者との見解をわける最大のポイントなのではあるまいか。すなわち第一に、百姓移動の禁止は一般的可能性としては、領主間協定という形態でまず地域的に成立した後に、国家による規制に発展するものであること、すなわち領主連合の国家への発展という形態にともなって全国化するものであることが想定されるが、日本近世においては、それが惣無事と密接に関連した秀吉による上からの大名権力の創設の過程で全国法令として確立し、三成の触れに見られるように、個々の領主間の「人返し」はそれに支えられて存在しているという認識の有無である。そしてこのような認識の有無は、第二には、こうした事情が先に触れたように個別の身分関係にも大きく影響しているという認識の有無にもつながって来るのではあるまいか。

たとえば、いわゆる歌舞伎者の問題がある。(36) 歌舞伎者は、近世の軍隊に不可欠の要員として兵農分離によって大量に創出されながらも(この意味では歌舞伎者を、戦国の名残りとする通説は正しくない)、幕府や諸藩の百姓・奉公人規制からはみ出して江戸や城下町に滞留したいわゆる「一季者」であるが、独自の風俗のもとに党を結ぶことによって自らを他と区別される身分的存在であることを主張した彼らの存在は、氏の身分体系ではどのように位置づけられるのであろうか。もちろん、彼らが党を結んだことについては直接的証拠に乏しいし、また彼らの風俗については時どきの流行ですますことも、とりあえずは可能であろう。しかし彼らを以下のように自己の屋敷の中に庇護する旗本や大名家臣の存在についてはどうであろうか。

一、今年金沢・高岡にかぶきものと名付、あふれもの多し、両所に六十三人捕へて悉斬罪せらるる、此棟梁御小姓長田牛之助並長田乙部と云者也、牛之助は神尾図書宅にて切腹、（「菅家見聞集」）

三壺記に云、慶長十五年の頃、中納言利長卿越中高岡に在城し給ひ、小姓組長田牛之助方に尾張牢人石原手筋之助と云者を抱へ置けるよし聞召され、彼者早々取て出せと牛之助へ仰せ渡されける、牛之助左様の牢人は手前に居申さず、其上抱置ても、捕て出すと申す武士は有間敷と取合ず、彼手筋之助には路銀をとらせ上方へおとしけり、[37]（「金沢古蹟志」）

歌舞伎者は、こうした武士の屋敷にたいする観念に支えられて存在したのであり（屋敷内部における強固な身分結合体の存続）、この中世以来の武士の屋敷にたいする観念は惣無事以降は体制によって否定されながらも、近世を通じて事実の上で存在しつづけたものであった。したがって歌舞伎者の問題は、兵農分離がたとえば大名・家臣の身分関係を基本的には規定しながらも、実はそれ以前の武士のあり方を完全に包摂して大名・家臣関係に編成しきっているのではなく、現実の武士が編成前と編成後のふたつの原理によって規制される矛盾にみちた存在であったことを示しているのである。

以上、峯岸氏の主張に即しながら、筆者の見解を再度述べてきた。氏の御意見をうかがいたい。

（1）　峯岸賢太郎「近世身分論」（『日本史の新視点』吉川弘文館、一九八六年）一五八頁。

（2）　朝尾直弘「近世の身分制と賤民」（『部落問題研究』六八、一九八一年）、同「太閤検地と幕藩体制」（『日本経済史を学ぶ』下、有斐閣、一九八一年）。ただし、この点については筆者も峯岸氏と同様の誤解をしていたが、朝尾氏の指摘により訂正する。

(3)　高木昭作「幕藩初期の国奉行制について」(『歴史学研究』四三一、一九七六年)、同「幕藩初期の身分と国役」(一九七六年度歴史学研究会大会報告別冊)、同「「公儀」権力の確立」(『講座日本近世史』1、有斐閣、一九八一年)、同「最近の身分制論について」(『歴史評論』四〇四、一九八三年)、同「「秀吉の平和」と武士の変質」(『思想』七二一、一九八四年)、同「所謂「身分法令」と「一季居」禁令」(尾藤正英先生還暦記念会編『日本近世史論叢』上、吉川弘文館、一九八四年)、同「「惣無事」令について」(一九八五年度歴史学研究会大会報告別冊)。
(4)　峯岸賢太郎「兵農分離と身分制」(『講座日本近世史』3、有斐閣、一九八〇年)。
(5)　同前、二七頁。
(6)　高木、前掲注3「「公儀」権力の確立」。なお『栃木県史』通史編3、一九八四年、第三章、参照。
(7)　峯岸賢太郎、注4論文、三〇頁。
(8)　同前、三七頁。
(9)　同前、三五頁。
(10)　同前、三二頁。
(11)　宮川満『太閤検地論』Ⅲ、御茶の水書房、一九六三年、三六七頁。
(12)　同前。
(13)　『浅野家文書』(『大日本古文書』)六一号。
(14)　『大日本史料』第十二編之五〇、二六・三四頁。
(15)　『岩手県史』3、一九六一年、八四六頁。
(16)　『豊臣平和令と戦国社会』東京大学出版会、一九八五年。なお「妻子上京」については、山口啓二『幕藩制成立史の研究』(校倉書房、一九七四年)七九頁以下を参照。
(17)　藤木久志、前掲注16書、七五・七六頁。
(18)　『岩手県史』3、六九二頁。
(19)　渡辺信夫「天正十八年の奥羽仕置令について」(『日本文化研究所研究報告』別集一九、一九八二年)。
(20)　高木、前掲注3「「惣無事」令について」。

(21) 同前。
(22) 山本幸俊「近世初期の論所と裁許」(『近世の支配体制と社会構造』吉川弘文館、一九八四年)。
(23) 『盛岡市史』中世期、一八四頁。
(24) 藤木、前掲注16書、一八九頁。
(25) 『栃木県史』史料編中世2。
(26) 『浅野家文書』(『大日本古文書』)二五八号。
(27) 高木、前掲注3「所謂「身分法令」と「一季居」禁令」。
(28) 同前。
(29) 『毛利家文書』(『大日本古文書』)八六〇号。
(30) 「シンポジウム『近世身分制の研究状況と課題』」(『部落問題研究』八八、一九八六年)における峯岸氏の発言(三四頁下段)。
(31) 早く『新修世田谷区史』上(一九六二年)の指摘がある(四七一・七三七頁)。
(32) 峯岸賢太郎「身分論覚書」(『歴史評論』三六四、一九八〇年)、二〇頁下段。
(33) 高木、前掲注3「幕藩初期の国奉行制について」(『歴史学研究』四三一、一九七四年)。
(34) 高木、前掲注3「幕藩初期の身分と国役」。
(35) 峯岸賢太郎、前掲注4論文、四二頁。
(36) 歌舞伎者については北島正元「かぶき者」(『近世史の群像』吉川弘文館、一九七七年)を参照。
(37) 『加賀藩史料』慶長十五年是歳の条。

〔**後記**〕 本稿に対する峯岸賢太郎氏の反論は『歴史評論』四五九号(一九八八年)に掲載されている。

# 第Ⅵ章　「出頭」および「出頭人」

## 一

天正一八(一五八〇)年、後北条氏の滅亡をさかいに、関東、東北地方も豊臣秀吉の版図に加えられ、その統一的政策のもとに支配されることとなった。この地方に検地を施行し、新たに配置された、あるいは旧領を安堵された諸大名を各自の領地にありつかせ、(1)新たな体制を築き上げるという草創期の困難な役割を果たした一人に、浅野長政があったことは、例の「山のおく、海ハろかいのつゝき候迄」という著名な秀吉朱印状(2)を想起するまでもなく周知のことであろう。

とくに下野国との関連からすれば、次の文禄二(一五九三)年一一月二〇日付豊臣秀吉領知判物(3)が示すように、長政は天正一八年から慶長三(一五九八)年秀吉の死までの少なくとも一時期、伊達政宗、南部信直、宇都宮国綱、那須資晴、成田氏長など現東北線沿線の諸大名を「与力」として預かる立場にあり、実際、文禄二年朝鮮の役の豊臣秀吉の陣立書(4)にも彼らは「釜山浦ニ在之普請衆」として浅野長政とともに滞陣すべきものとされているのである。

甲斐国之事、令扶助訖、全可領知候、但此内壱万石、為御蔵入令執沙汰、可運上候、幷羽柴大崎侍従・南部大膳大夫・宇都宮弥三郎・那須太郎、同那須衆・成田下総守事、為与力被仰付候之条、成其意、可取次候也

文禄弐
十一月廿日　（秀吉花押）
浅野弾正少弼とのへ
浅野左京大夫とのへ

右のうちで「与力」ということについては、先に触れたように、戦陣の際にはその指揮下に入る（こともあった）という常識的な解釈に当面は従っておくとして、「取り次ぐ可く候」というのは、いったい何を意味しているのだろうか。比較的に史料の残っている伊達政宗の書状を挙げれば、

（イ）⑤
追啓、委細者両人可被申越候、以上
登之儀相聞得候ニ付而、木弥へ・宗兵自両人飛脚被相越候、于今其表ニ御在陣之由、失手ヲ候、因之ニ、甲州阜中ニ一両日令滞留、御本陣江被打帰事可待入候、兼日之御首尾と云、殿下江披露之儀、以余人申事、夢々有間敷候、可御心安候、扨々不存隔意候条、以自筆申述候、恐々謹言
五月廿四日　政宗（花押）
浅野弾正少弼殿

（ロ）⑥
尚々長井相違仕候へ者、家中之者第一ニ迷惑仕事ニ候（中略）御懇之衆へ御状をも御のほせ可給候、此方

にてハ貴殿任御理、富田左近殿頼申候、又薬院も別而御懇に候、是も貴殿御才覚故ニ候、弓矢八幡毎日共ニ貴殿御事存知忘たる事無御座候、さて〳〵約束申候せんべい者、はや参候や、御きにあい申候や、御ゆかしく候〳〵〳〵、以上

二月廿五日　　政宗(花押)

浅弾正様

人々

追而申入候、今般葛西大崎被下候、過分之至候、此為替地と本領之内会津拘近所ヲ、五六郡進上候へ由、内々御諚ニ候、未御地分者無御座候、(中略)、自然在所長井抔へ被入御手候てハ、進退相果分ニ候、殊屋敷被下、半普請ニくハたち申候刻、若在所なと移申ニ付而者、萬可為迷惑候、以御分別御心得御最ニ候、恐々謹言

(八)(7)

為書札申入候、直談御物語如申候、今度も上様御芳恩を以、身上無相違、結句ニ御懇之御諚候、是非可申上様無御座候、我等一代ニ御恩共可送申分別無之候間、唯今拙者知行之通、皆以致進上、御小性なミニ被召遣候様ニ被仰上可被下候、心中之通直ニ申候条、不能細筆候、恐惶謹言

以上

十月四日　　羽柴大崎侍従

正宗(花押)

浅弾正様

（二）[8]

覚

一 今度御音信、殊内々承儀共、一段満足之事

一 当国会津へうち入候様躰之事、付口上

一 上洛之事

一 至向後、別而可申合之事

一 隣国より、自然表裏等為申候登候者、其元御壱人任入之事　以上

七月十三日　　（政宗朱印）

以上に提示した天正一八―文禄二年にかけての四通の文書に示される諸事件に関しては、『宮城県史』や『寛政重修諸家譜』などでその背景を一覧していただき、ここでは「殿下へ披露の儀、余人をもつて申す事、ゆめゆめ有るまじく候」（イ）、「此方にては貴殿の御理りに任かせ……是も貴殿の御才覚故に候……」（ロ）、「御小性なミニ召遣われ候様ニ仰上げられ下さるべく候」（ハ）、「隣国より自然表裏等申候ため登候わば、其元御壱人に任せ入る事」（ニ）などとあるように、長政が、中央政権と政宗との間のまさに取次ぎの役割を果たしていたことに注目したい。（なお、同様な例は「伊達家文書」にも多数見出される。）そもそも、この「取次ぎ」という行為は、当時の権力体系の中での長政の地位・役割とどのような関係にあったのであろうか。もちろん最終的には、この問題は、個々の具体的情況における体制全般の動向と、その中で長政が果たした役割を具体的に解明して、はじめて明らかにできることである。例えば長政に関するものでは、古く桑田忠親氏「豊臣氏五奉行制度に関する考察」[9]など

があり、そこでは長政もその一員であった五奉行制に関し、起源・沿革・職掌・内容などが論じられている。本稿ではしかし、このような制度史的な考察はわざと避け、「取次ぎ」をめぐる政治慣習的背景といったようなものについて考えてみたい。

## 二

文禄四(一五九五)年から慶長元(一五九六)年にかけて、長政父子には秀吉の勘気を蒙っていた期間があった。例の秀次事件に連座したのだといわれているが、具体的な事情・正確な期間については不明である。(10)彼の蟄居についての事実を直接に伝える文書としては、次に掲げた伊達正宗の書状案(11)があるに過ぎない。

内々如此存分、とくにも雖可申入候、貴殿御事上様御言葉もかゝらす、御息左京殿も御折檻之内、此儀申出候者、御両人御前悪候ニ付何をかなと存申様ニ人々取沙汰如何敷存、延引仕候処、目出度貴殿御仕合もよく、近日御出頭、剰左京殿御身上相済候条、我等今日迄御首尾相届、これまてと存、年来存含候旨趣、今度申披候、誰人をも頼入、口上にて具申度候得共、頼申かた自然会釈も候てハ、無其曲存、一々以書付如此申事候

一一両年以前、我等知行故なく上意江進上可申由、御意見候間、貴殿御事ハ御指南と申、万事頼入候条、何様之事なりと、御意見不可相背候へ共、(以下略)

羽柴越前守

八月十四日　　正宗判

浅野弾正少弼殿
人々御中

右の案文と若干の字句の異同はあるが内容的にはほぼ同じ文書の写しが浅野家側(12)にもある。伊達家側の案文を、後年に浅野家側で写す機会があったとはまず考えられないので、ほぼこの内容の文書が政宗から長政に届けられたことは、確かであろう。ここで重要なのは、長政が勘気をうけている状態を「上様御言葉もかゝらず」と、勘気が解けた状態を「貴殿御仕合もよく、近日御出頭」と表現している点にある。つまり「御言葉もかゝらず」の反対が「出頭」なのであり、長政がもとの政治的地位に復した状態が「出頭」という言葉で表現されていると云える。それでは「出頭」とは、当時どのような意味を持っていたのだろうか。当時の用例に則して考えると、まず次の二例を挙げることができる。(13)(14)

今度此表依被成御打出、至于平田遂出頭之処、種々御懇情之段忝候、然者、我々内証之儀共不残心底申上候之処、被聞召入、有御納得、成御一通被下候、誠御内意不浅忝儀候、殊更拙者事、奉対芸州於数度抽粉骨候処少も無御忘脚旨、濃々と被仰聞候、(以下略)

三刀屋弾正
久扶(花押)

天正三年卯月廿四日

元春様
元永様
進上

慶長十五年庚戌年三月、利直公江戸へ御参勤之上、直に駿府へ御老中本多佐渡守と御同道にて駿河江参上仕、

家康公へ御目見申上、蒙御懇命、時々依上意、奥州之馬鷹之御雑話を被為召、逗留申、度々申上之（中略）

以上

御飛札拝見仕候、

一大御所様関東へ御鷹野可被成御座との儀ニ付、乍御迎本佐殿御同道候而御出候処、関東に鶴・雁当年就無之、従三島還御、然間、佐渡殿と駿府へ御越、即御出頭候処、御鷹之初雁御料理被成、御仕合、其後御座所にて御茶被進、又度々御料理之由、御仕合珍重に存候、

十一月廿七日　　　　　　　　　　幸長

南信濃守様

御報

一読して明らかな如く、右の場合の「出頭」は、「本人自らある場所に出ること」（『広辞苑』）という意味から、さほど遠からぬものとして差し支えないと思われる。すなわち、前者は出雲の三刀屋久扶の吉川元春・元氶父子にあてた起請文の一部であるが、もし「出頭」の二字が虫損などで読めなかったとしても「平田までお伺いしましたところ」という意味の言葉以外には入り得ないからである。後者は南部家記録からの引用であるが、この浅野幸長の文書中の「出頭」は、南部家記録の編者が訳しているように「御目見え」という意味以外にはあり得まい。さらに両者ともに、主君に対する対面である点に注意したい。普通、家来同士、又は同格者同士の対面の場合は、「参を以て」「貴面を遂げ」「面を以て」などが通例で、「出頭」という用語はまず絶対に使われていないのであるから、右の場合の「出頭」は「御目見え」「伺候」を遂げ「濃々（こまごま）」と言葉をかけられること、として置きたい。

次に他の意味の用例として次の三例がある。

（イ）[15]

所司代替候て以来、弥出頭無寸暇躰候間、返々御校量違候者、以外不可然候、（以下略）

好便之由候条令啓達候（中略）

一菟角民法御入魂候ハてハ不可然候、此前之儀をハ被捨之、頼思召との事候者、如元入魂候やうニ随分我等可致才覚候、西洞院も如油断御座候、何篇、其段我等へ可被任候者、能様ニ可申談候、かしく

十一月七日（文禄四）　如□（花押）

三木公

人々御中

（ロ）[16]

（前略）

一稲葉丹後殿御奉行被仰付、御出頭上り申ニ付而、右之屋敷之儀も可申上と存、（以下略）

亥ノ（元和九）　柴田覚衛門

極月十七日　□□（花押）

岩崎又右衛門殿

（ハ）[17]
一本上野殿佐野一職ニ拝領ニ而候、出仕日々無懈怠候、出頭モ不相替候

これらの三例の「出頭」を「御目見え」というような一回かぎりの行為と解釈することは、まったく不可能ではないとしても、かなりに困難である。（イ）は、聖護院道澄から三木（参議）近衛信輔にあてた文書で、この時信輔は秀吉の勘気を受け薩摩国に流謫の身の上であった。[18]道澄は流謫から逃れるためには民法、すなわち民部卿法印前田玄以と昵懇にすべきことを勧め、玄以は所司代（正確には京都奉行）になって以来[19]「出頭寸暇なき儀」であるから、そこのところを能々心得るようにと説いているのである。この文脈からすれば、「出頭無寸暇」という句は「政治的力量がある」とか「権勢多大である」という意味をもっていることになろう。この場合でも「出頭」という語そのものは「御前に出る」と解釈し、「出頭無寸暇」は「しげしげと御前に出る」→「君側に常侍している」とすることも、もちろん可能である。しかし踵を接して、常に君側にあることが何故に「権勢多大」を意味するのか、という疑問が生じる。

（ハ）は金地院崇伝が肥後の細川忠利に宛てて江戸の近況を知らせた書状の一条である。本多正純が父正信の所領佐野二万二〇〇〇石を与えられたこと、[20]毎日怠らず登城していること、そして「出頭も相替わらず」と述べているのであるが、この場合は次のような事情を想起しなければならない。どの大名もそうであったが、中でも細川氏はとくに中央の動向に神経を張りめぐらせ、それに従って身を処することの敏であったことは、「部分御旧記」[21]や「細川家史料」[22]を一読すれば明らかであり、また金地院崇伝が細川氏の有力な情報源の一つであったことも、「本光国師日記」を読めば、これまた明らかな事実である。このような大きな文脈から見れば、右は本多正

信の幕府内での政治的地位についての情報を示すものであり、したがって(イ)と同様に、「出頭」＝御目見え→権勢というように解すべきであろう。

(ロ)は土佐の山内氏の江戸家老から国家老に宛てた文書で、山内氏が密かに拝領を望んでいた江戸の空屋敷に関するものである。藩主忠義の義理の甥[23]にあたる稲葉正勝が奉行職につき加判の位置(後の老中)になったので[24]、正勝に頼って屋敷拝領を実現しようとしたもので、「出頭上り申」とある以上、御目見えという一回限りの行為を意味するものとは絶対に解釈できず、幕府での政治的地位を表現するものと考えなければならない。

## 三

次に、関連する言葉に「出頭人」「出頭衆」がある。

(イ)[25]

かく馬鹿なる大将の下にて、奉公人上中下共に様子を見聞くに、前代よりの家老には能人《ヨキ》はあれ共、当時の出頭人に若しや支られやせんとて、よきことを存じ出し候てあれ共、物いはず(中略)殊に大名の馬鹿成は、其下にて出頭仕る衆戯《(たわけ)》なり、(中略)、其者ども其家にては、健人《(賢)》・分別者成、利発人などゝ云て誉る子細は、先其大将をよく云とては、必出頭人をほむる。出頭人を誉れば、出頭人目利の者どもをも、各々誉てまはる、

(ロ)(26)

台徳公より駿府に使を遣はされし事ありし時、神君、右使の者を召されて、将軍の法(マヽ)用心易く思はるゝものと見えたり、此度使者を勤るは一段の事也、貴賤共主の気に入るは成り難き物也、夫に付き家老同然の其方心入大事なり、(中略)、諸士共将軍に思ひ付く様にするも亦恨み・不足に思ふ様にするも、近臣等が心持に有る事也、第一、主の気に入ると我知らず奢出で来る者也、能く気をつくべし、大臣・寵臣身命を破るは皆奢りより起る也、次第に出頭するに随て弥慎み、且依怙贔負の心なく(中略)、然るに出頭人一人にて権を取り、一人万事を執行也、

(イ)(ロ)ともに、成立年代不明であり、ことに(ロ)は近世後半期の成立と考えざるを得ないが、それはともかく「出頭人」というのは「主の気に入る」「家老同然」「近臣」「大臣」「寵臣」「権をとる」などの語句で説明さるべき言葉であり、「出頭する」は、そのような状態になる、という意味をもっていることは明瞭であろう。

それでは、具体的にはどのような人物が「出頭人」といわれたのか。近世初期に例をとると、

然ると中処に、御旗奉行之衆、御鑓ぶぎやう衆を下めに見て、何事おも御眼りきおもつて御旗を我等に仰被付けるとて、物ごとだんかう(談合)おもせず、御鑓ぶぎやう衆ハ、おか敷事申者共哉、出豆人を取むけて有バこそ、彼等に御旗おバ仰被付たり(中略)、又えこ(依怙)をして彼等を取立ンとしたる衆、本多上野其外之衆のどうぼねをもよくしりたり(中略)、と云ける、(27)

右は、大坂夏の陣で槍奉行を勤めた大久保彦左衛門の旗奉行に対する批評であるが、ここでの彼の真意は、時の出頭人攻撃にあり、それは続いて出ているとおり、また「三河物語」全体の脈絡の上からも、本多上野のこと

なのである。いうまでもなく本多上野は父親の佐渡とともに、後年の大老・老中に比すべき幕府きっての実力者であった。このような存在は、まず間違いなく「出頭人」(28)と呼ばれたのである。

また、史料的には、若干問題があるが、次の例がある。

家康公御代之事

出頭衆　本多佐渡守　井伊兵部少輔　大江大和守　後藤庄三郎　亀屋栄仁　茶屋四郎次郎　十四屋宗左衛門

これらの人物のうちに、本多佐渡や井伊兵部はわかるとしても亀屋や茶屋のような、いわゆる豪商が入っているのは奇異に感じられるかも知れない。この場合、茶屋は初代から三代までの可能性があるが、かりに三代目の清次であったとすれば、彼は若年のときは長谷川藤広の養子分として長崎で活躍し、大坂の陣では赤頭巾に赤母袋という姿で「本多上野守《マヽ》殿之次ニ騎馬ニ而御供仕候」という所伝の持主であった。家康の死因は、清次が鯛の天婦羅を勧めたことから発病したという説もあり、要するに彼は家康の側近の一人だったのである。また大江大和守は中井大和守の誤りであろうが、そうだとすると次のような評言がある(29)。

東照君平生の上意に、人ハ只心の届たる者、必念を入る者也、(中略)、聖賢ならてハ内外相応の人有ましきと宣ふ、右の御奥意をしらさる者ハ、御所様にハ無口なる人か御意に入かと取沙汰するハ安藤帯刀を見て也、唯軽口なる人ハ御意に叶と申ハ、成瀬隼人を見て也、又気性麁き無骨にして物毎に飾なく有体に云人が御意に入と評するハ、本多作左衛門、米津清右衛門を見て也、大酒を飲大口をいひのゝ(しる)者出頭すと云ハ、大工の中井大和を見て也、

右においては、中井正清が出頭人であったことの他に、「出頭」の要件が主君の意に叶うことであることが指摘されている。

# 四

以上、「出頭」「出頭人」の語義について、用例を挙げて考えた結果、「御前に出る」→「権勢を揮う」までの意味があることを見た。それでは、この言葉が、どうしてそのような意味に使われるのか。すなわち「御前に出る」ことが何故に「権勢を揮う」ゆえんになるのであろうか。

家康公御役人御撰ニ付土井大炊頭へ上意の事

家康公或時御旗本役人を可被仰付と思召て、土井大炊頭を召、何某事ハ人柄如何様成者そと御尋被成、大炊頭奉り、其者ハ常に私かたへ心安く出入不仕候故、如何様に御座候もしかと不奉存と御請申上る、家康公御機嫌悪くて被仰けるハ、(中略)、左様之者と不知して年若けれとも一器量ある者と見違へ、年寄共に相続き我口真似をさする事、返々目金違とおもふそ、此段能々分別み候へ、惣して武道に志深く意地を立る侍ハ、家老・出頭人なとへハむさと諂ひ追従ハせぬもの成ゆへ、其方に不限家老共方へも出入をせぬ者共の中に能者可有(中略)、と上意に有けると也。(30)

以上では「出頭人」である土井大炊の性格が、家康の「口真似」をする存在として描かれている点に留意されたい。「口真似」という言葉は、土井大炊の発言はすべて家康の発言であるという前提がなければ、意味をなさないであろう。つまり、それがかりに土井大炊の「一器量」に基づく決定ではあっても、たてまえの上では家康の意思に基づくものと見做す、という了解が成立していたのだ、と考えなければならない。そうだとすれば、「出頭人」の権威は、実はその人の「一器量」にあったのではなく、背後に控えた主人にあったということになる。「出頭人」は自ら光を発するのではなく、主人の光を受けて輝く存在に過ぎなかったのである。

以上は、時代的にはやや降る史料によって述べて来たので、少し古い例として次の二つを挙げておきたい。

三人老中へ申聞候事、其方達の出頭人いてき不申様ニ心得かんようニて候、左様ニ候ハヽみくるしき事ニて可在之候由申渡候、組中之者用ハ組頭ヲ以可申旨可申渡由申聞候、御尤ト申候事(31)

右では池田光政が老《おとな》たちに対して、「出頭人を作らず組中の者の用は組頭を経て聞くように」と命令しているのだから、この場合の出頭人は、家老と組士の間の取り次ぎ人を意味している。次の例の「当出頭之人」とは織田信長を指すのであるが、この場合も主君の権威を背景として取り次ぎを行うという意味を前提としてこそ、信長が足利義昭を擁して専横に及んでいるという批難の主旨が十分に理解されるであろう。

条目(32)(前後の条を略す)

一 自当出頭之人対隣国之諸士書状之認様、上意御下知之由候、就之存分雇口上之事

卯月十日(元亀元)

法性院

信玄判

一色式部少輔殿

このようにして、浅野長政の「取り次ぎ」の意味も、もはや明らかになったことと思う。彼も出頭人の一人として、秀吉の恩寵を背後に、その意思を取り次ぐという形式によって、政宗以下の諸大名を「指南」したのであった。

(1) 大日本古文書『浅野家文書』五五号。

(2) 同右五九号。
(3) 同右三二一号。
(4) 同右二六三号。
(5) 同右二六号。
(6) 同右六五号。
(7) 同右六号。
(8) 同右一〇四号。
(9) 『史学雑誌』四六―九、一九三五年。
(10) 幕末に編纂された浅野家の家史「済美録」(同家蔵)もこの事件については見るべき史料を殆ど掲げていない。
(11) 大日本古文書『伊達家文書』二、六七五号。
(12) 「済美録」。
(13) 大日本古文書『吉川家文書』一、六一一号。
(14) 「南部家記録」六(史料編纂所蔵)。
(15) 「斎藤文蔵氏所蔵文書」。
(16) 「山内文書」二(史料編纂所蔵)。
(17) 「本光国師日記」二一、元和二年七月。
(18) 『史料綜覧』慶長元年五月二九日、一〇月一五日。
(19) 同右では、玄以を所司代としている。
(20) 『大日本史料』第一二編、元和二年五月二一日の条。
(21) 『熊本県史料』近世編所収。
(22) 大日本近世史料『細川家文書』。
(23) 『寛政重修諸家譜』六〇八、八二六巻。
(24) 『史料綜覧』元和八年一二月五日。

(25)『甲陽軍鑑』。
(26)『明良洪範』(国書刊行会)一三九頁。
(27)『三河物語』三。
(28)『落穂雑談一言集』九。
(29)『故老諸談』上。
(30)『岩渕夜話別集』。
(31)『池田光政日記』寛永一九年七月二九日。
(32)「榊原家所蔵文書」二。なお、奥野高広「織田信長文書の研究」上を参照。

〔**付記**〕本稿で浅野長政を本多正純と同じタイプの出頭人としたのは、『栃木県史研究』に掲載ということにこだわったあまりの、いささか無理なコジツケであったと反省している。長政も秀吉に対する取り次ぎ機能をもったことは事実としても、正信・正純のように常時君側にある取り次ぎとは区別すべきであると、現在では考えている。

# 第Ⅶ章　出頭人本多正純の改易

## 一

本多正純(一五六五―一六三七)が、家康の出頭第一の側近であり、父の正信とともにいわゆる家康の大御所時代に権勢を揮った人物であることは、すでに周知のところである。しかし「皇帝の顧問会議の議長」(1)と言われた彼の権勢も、家康の死と同時に凋落の道を辿るのは、この期の出頭人の常で止むを得ないことであった。

その模様を、これも家康の側近の一人であった金地院崇伝は、外様大名の細川忠興に次のように報じている。

一、本上野殿、佐野一職ニ拝領ニ而候、出仕日々無懈怠候、出頭も不相替候。(2)(元和二年五月二一日付崇伝書状案)

一、土井大炊殿出頭相増候。其段ハ不及申候。

一、本上ヲ貴さまさしおかせられ候様ニさた聞召候由、御書中承候。爰元ニて左様之さたハ夢々不存候、今はだれもかれも大炊殿へ頼入躰と相見へ申候。上州ハ此中左州之服旁出仕なく候。如御紙面、今からハ本上州之口入にて、大炊殿へ弥御入魂、御尤之儀ニて候。(3)(同年七月六日付崇伝書状案)

一、土井大炊殿、弥御出頭ニ而候、拙老も節々参会申、別而得御意申候、我等旅宿へも御出候而、しミ〴〵と放(話)申候、両御所様御見立之仁ニ候間、不及申事ニ候、今ハ出頭一人之様ニ相見へ申候。(4)(同年九月七日付崇伝書状案)

元和二(一六一六)年四月一七日の家康の死後、半年も経ない間に、家康の出頭人本上州(本多上野介正純)を、新しい政権主の側近大炊助利勝が凌駕していったのであった。なお、利勝は七歳のとき天正七(一五七九)年秀忠の誕生と同時に家康によって秀忠に附属させられた、いわば秀忠子飼いの腹心といってもよい経歴の持主である。(5)

もっとも、右の様な交代が、いま残っている史料のすべての表面に、あからさまに現われたというわけではない。現に、正純は、元和五年に下野小山三万三〇〇〇石から同宇都宮一五万石に加増されているし、(6)また幕府老臣の連署状でも、土井大炊をさしおいて酒井忠世に次ぐ第二の位置に彼の署名はあり、表向きには彼の地位は決してさがってはいなかったのである。(7)

さらに翌元和八年には、八月二一日に幕府から改易の処分を受けた最上家五七万石の城地接収の最高責任者として、山形におもむき、伊達・上杉・佐竹などの軍隊を指揮して事にあたっている。この時の模様は、これら各藩の史料によりかなり詳しく知ることができるが、中でも「梅津政景日記」は、著者の政景が主君佐竹義宣の命令で、この時山形に派遣されていただけに、山形での正純について詳細かつ確実な知見を我々に提供している。それによれば、義宣、政景の正純に対する気の遣いようもさることながら、この時に正純と同じ立場の上使として山形に在った永井直勝の正純への気兼ねにも、相当なものがあったことがわかる。例えば、九月一二日に政景の同僚の梅津半右衛門が正純の許へ「銀弐百枚・小袖十・樽三荷・生鮭二十」(8)を義宣からの音物として持参したところ、正純は「何かたより之御音信物をも御返しなされ候よし」という理由で、受けとらなかった。(9)次に「銀子五十枚・小袖十・樽二荷・生鮭十」を直勝の許へ持参したところ、直勝は上野殿の様子を尋ねた上で、上野にならって音物を返した。ただし、上野殿の方は、音物の目録も半右衛門に返したが、直勝は目録は受け取ったと記されている。

そのような彼が、領地の宇都宮一五万石の城と家臣団から遠く隔てられた山形のいわば旅先で、一〇月一日、突如城地没収・油利へ配流の処分を受けたのである。「梅津政景日記」のこの日の条は、正純改易の事実とそれに伴う直勝の指示とを淡々と記しているだけであるが、翌二日の条には、改易の理由として次のような記事がある。(10)

一、上野殿御身上相果てられ候御重目(マヽ)ハ、福嶋太輔(正則)殿御事、宇津宮御拝領之事、同御城普請不被成候事、

そして、これより他に正純改易の理由が、少なくとも最近までは一般に知られていず、そのためにこの事件は、この年四月のいわゆる宇都宮釣天井事件と重なりあって、歴史というよりも稗史・実録の対象となってきたのであった。ところが、近年刊行された熊本細川家の史料集「部分御旧記」に収められている細川忠利の書状群は、正純改易の理由と前後の諸事情を詳細かつ的確に伝えており、これによって我々は、正純謀叛を話の核心とする右の実録の類いにも、ある意味での真実が含まれていることを、知り得るのである。

「部分御旧記」は、熊本細川藩が天保の頃に藩士に命じて、寛永の頃までの家伝史料を書写、編纂させたもので、原本は永青文庫(熊本大学寄託)にあり、昭和四〇年以降『熊本県史料』近世編として刊行中(11)である。「部分」というのは、「公用部」「献上并音信部」「嘉礼部」などのように内容によって史料を各部に分けて編纂されているからであり、なかでも二代忠興・三代忠利父子の往復書状群を主として集録している「御書付并御書部」は、以下に紹介するように、単に細川家だけでなく元和・寛永期の幕政の動向を知る上でも、極めて価値の高い史料集となっている。なお、永青文庫には右に収められた往復書簡群の原本の一部が現存しているが(現在、東大史料編纂所から「大日本近世史料」細川家史料として刊行中)、いま両者を対校しても、「御旧記」は極めて忠実な写しであることがわかる。

順序として「釣天井事件」について見れば、「釣天井事件」とは、元和八年四月家康の七回忌法要のために日光東照社に赴いた秀忠を暗殺するために、途中の宿舎となる宇都宮城内にしかけ(釣天井)を施した建物を造ったが、秀忠に気づかれて失敗した、というものであるが、このような話は新井白石の「藩翰譜」(一七〇一年成立)にも出ており[12]、比較的早くに流布していたようである。これより少し早く成立した「譜牒余録後編」は、旗本の石谷貞清が「元和八年壬戌四月、台徳院(秀忠)様日光より還御のとき、野州宇津宮より御急遊ばされ、直に江戸迄還御之節、歩行ニて供奉つかまつり候」としており、『寛政重修諸家譜』には、建部昌興、志村資只、三木近綱の三人について、同様な事跡が書かれている。これらの話そのものの真偽はともかくとして、この時の秀忠日光社参の帰途には、往路に比してあわただしいものがあったことは、確かなようである。

すなわち秀忠は、四月一三日江戸を発って[13]一六日に日光に着き[14]、一七・八・九と同地で法要を営み、二〇日に日光を発って二一日の夜半には江戸城に入っている[15]。往きに四日かかったところを、帰りは二日ですましているのである。秀忠が日光を発ったのは辰の刻(午前八時頃)と伝えられており[16]、したがって一五〇キロメートルを三六時間くらいで帰ったことになるが、これは平時の将軍の道中としては異常な早さというべきであろう[17]。これは、御台所(秀忠夫人浅井氏)の病の報が日光に達したためであるという説があるが(「東武実録」など)[18]、あまり信用できない。何故なら、この頃、浅井氏が病に罹ったという記事が、他に一つも見られないし、第一これが事実であったなら、この異例の強行軍の説明として前掲の記録のどれかに記されているはずだからである。果して「部分御旧記」中の忠興に宛てた四月一三日および二四日付の忠利書状は、この社参について次のように報じている。

一、公方様、四月十三日ニ日光へ被成御座候、御人数弐万ばかり程御供ニ候、事之外道すがら御用心と申候[19]

(以上四月一三日付)

一、公方様日光江四月十三日ニ被成御発足、同廿一日ニ還御ニて御座候、日光にても事之外御用心ニて山をも二重・三重ニとりまはし、御番被仰付候つる由申候、御供之人数も御宮之役人かけて五六万も可在之由申候事、[20]（以上四月二四日付）

道中においても、また日光においても、「事之外（ことのほか）」の警戒ぶりであったこと、つまりこの社参が異様な軍事的緊張の中で強行されたことは、事実だったのである。しかし、この緊張を直ちに宇都宮の正純に結びつけるのは、いかにも早計であり、その意味の考察は、次節で行うこととし、次に正純改易の理由に移りたい。

まず一〇月六日付の忠利書状は、[21]

一、本上州、先書ニ申上る如く最上へ御仕置のため遣わされ候、いまだ罷り帰られざる内、昨日仰せ出され候ハ、駿河ニ居られ候時より、公方様御意に入らざる事共多く候へ共、佐渡御奉公申し上げられ、其上、相国様（家康）御側ニも召仕われ候条、御知行之御加増も仰付けられ、心をも直され候哉と御懇ニ召仕われ候処、今に御奉公ぶり然るべからず候間、佐野・宇都宮召上げられ候通仰せ出され候、

と報じている。これによれば、秀忠は、家康の生前から正純を心良く思っていなかったこと、しかし、父正信の功績と家康の側近であったことを考慮して、家康の死後も加増を与えるなどして懇ろに召しつかって来たことがわかる。要するに人間的な好悪の感情が正純改易事件の根底にあり、家康への遠慮から秀忠はしばらくそれを表にあらわさなかっただけだというのである。

さらに、一〇月二一日付の書状は、[22]酒井雅楽頭（忠世）・土井大炊から知らされた改易の具体的理由を、以下のように報じている。

一、雅楽殿、大炊殿を以て、上州不届の儀仰聞かされ候段々、上州之儀日ごろ御奉公あしく御座候事

一、福島殿御法度を違われ、普請仕られ候通、両度御耳ニ立候処ニ、弥聞し召され不届儀候条、急度仰せ出さるべきと上州ニ仰せ聞され候処、尤との御請け申され、四五日過候て又申し上げられ候ハ、福嶋御果シ候ハヾ、諸大名之内十人ばかり頭をそり引籠り申すべき之由、上州聞かれ候間、先ず差し延べられ、城を御わり成され然るべき之由申され候内、大夫(正則)殿江戸へ御下り候間、江戸へ参られ候上ハ先ず城をわられ候様ニと仰せ出され候処ニ、城之割様そさうなる由、又御耳ニ立候間、御上洛なされ御聞届け候処ニ、弥不届大夫申し付けらる様に候間、たとへ十人も組候へ、急度仰せ付けらるべきと思し召され、俄ニ伏見より大夫所へも御使者を遣わされ、城を御受取候事、

一、右之仕合ニ仰せ付けられ候処ニ、上州申し上げられ候十人の組手も見へ申さず候故、御尋ねなされ候処、証拠もなき儀ニ候、扨ハ上様をおどし申候様ニ申し上げられ候事、

一、右之ことく不届の儀、上州申され候間、御果しなさるべき処ニ、相国様御側ニ召し仕われ、其上佐渡末後まで御奉公申され候仁ニ候間、結句御懇ニなされ召仕われ候バ覚悟も直るべきかと、知行御加増、其上宇津宮之城を遣わさるべき由上州へ御尋なされ候処、忝之由御返事被申候て拝領仕られ、はや数年ニ罷成候ニ、当年八月十六日直訴仕られ、宇津宮ハ上州ニ似合不申候由候て上られ候、最前下され候時も御尋候て下され候ニ、又か様ニ直訴、不届の仕合之事、

一、か様ニ不届人ニ御知行下され、心も直され候哉と思召候へハ、弥不届の儀重り候、今迄御勘忍候ハヽ、尚々咎積り申すべく候、其時ハ御成敗なくてハなるまじく候間、左様ニ候へハ佐渡御奉公も、相国様御側近く召し仕われ候仁ニ而候条、命を助られたく思し召し、遠国へ遣さるる之由仰せ出され候、此外万事御奉公ぶり以下不届儀多く候へども、仰せ出さるるに及ばざる由、御使ニ候事、

この報告は、先の一〇月六日付とほぼ同じ内容の基調を繰り返しながら、改易の具体的理由として、元和五年の福島正則改易に際して正純が秀忠を脅したこと、宇都宮上知を直訴したこと、の二点を挙げているが、これは先掲の「梅津政景日記」が挙げる三点のうちの二点と符合しているのである。おそらくは、幕府としても、細川忠利に対しては酒井・土井の二人の上使を派遣したように、さまざまの手段で、改易の公式的理由を積極的に宣伝したのであろうことが推測できよう。そして、このことは、正純改易が秀忠にとっても自己の政権の命運を賭けた重大な事件であったことを意味しているのである。この点に関連して、一一月八日付の書状[23]は、

一、本上州儀、弥不届の儀共御耳ニ立、御腹立之由に候、何となりゆき申すべくも未だ落着申さざる躰ニ候、其上、上州と等閑無きハ、おそばニ居申候も人々御預けなされ候、只今ハ事之外参り物など、どくの御用心きびしく御座候由申し候、上州之儀も何やう乃不届の儀御耳ニ立候哉、今之分ニては、あるまじき躰ニ申候、

と、伝聞、または推測としてではあるが、江戸城内の様子を伝えている。すなわち、秀忠の側近であっても正純と懇意であったものは御前をしりぞけられて御預け人として幽閉されていること、秀忠が毒殺をおそれていることの二点の伝聞の上に立って、正純の処罰が、いっそう重いものになるだろうことを推測しているのである。

江戸城内において秀忠が暗殺の危険にさらされていた、という右の報告には、「元和偃武」という言葉で江戸時代を考えがちな我々には、いかに前代の権勢第一の正純改易に端を発することとはいえ、にわかには受け入れがたいものがあるかも知れない。しかし、「部分御旧記」を主としながら、元和八年という年の全情勢を考えてみると、この報告は、いかにもありそうなことと思えて来るのである。

# 二

まず元和二(一六一六)年家康の死によって成立した秀忠政権にとって、元和八年は、家光への将軍移譲・大御所政治の開始の前年にあたることが、前提として想起されなければならない。したがって、元和八年は、政権の一層の安定化が秀忠の課題となるべき年だったのであるが、しかし(あるいは、それ故に)、この年は政情不安の中に明け暮れている。正純改易もさることながら、松平忠直の参勤問題があったからである。松平忠直は、家康の次男(秀忠は家康の三男)で天正一八(一五九〇)年秀吉の命令で結城家を継いだために徳川家を継ぐことのできなかった結城秀康の、長男である。元和八年には二八歳で越前北荘(福井)城主、六二万石。その彼の参勤問題というのは、「美作津山松平家譜」(24)の記すところによれば、次のように、まことに単純な事件であった。

元和七年辛酉、公二十有七歳

公頃年疾アリテ、朝覲セス、是春、疾少シク癒ルニ因テ、江戸ニ趣カントシテ発途シ、今荘駅ニ至リ、滞在数日、又関ケ原駅ニ至リ、疾ヲ護シテ逗留連月、意ニ進ンテ東スル事能ハズ、使者ヲ立テ、之ヲ江戸ニ報シ、駕ヲ旋シテ、北荘ニ帰ル、(以下略)

元和八年壬戌、公二十有八歳、

春、公、又疾ヲ勉テ東覲セントシ、出テ関ケ原ニ至リ、滞留数月、復東スル事能ハス、秋、遂ニ北荘ニ還ル、

右の経過――忠直が出府のため北荘を出発しながら、関が原に滞留した後、再び北荘に引き返したこと、および その理由となった彼の病気(精神病)は事実であったこと――については、この年に成立した多くの文書によっ

て確認できることであるが、事件そのものは小説「忠直卿行状記」などによって周知の事柄であるので、今は触れない。ただ、この忠直が病気を称して出府しない、というだけの単純な事件が、当時どのように受けとられていたかを確認しておけば、当時江戸に滞在していた出羽久保田(秋田)城主佐竹義宣は、二月一〇日国元に以下のような書状を送っている。(25)

今時分御暇も下さるべきかと推量候処に、当月中なとに御暇下さるべき躰ニハこれ無く候、御城之御普請二月朔日ゟ有る由、年内ハ沙汰候か、今に御手付もこれ無く候、はや人足ハ集り候へ共、御普請ハなく候、越前宰相(忠直)殿御煩気ニ候とて、御下りなく候、これにより御使者も遣わされ候、四五日以前御使者も帰られ候、何と御挨拶候か、一円沙汰もなく候へ共、御普請御手付なく候間、町せつ(説)色〱ニ取さた候、此儀議定に於いてハ、御暇も暫ハ出でまじく候、

義宣は前年の二月以来の江戸滞在で、(26)この頃は「何ニもかもハず、たゞ下りたきばかりの念願ニて候」(27)という状態であったが、その念願の御暇が出るかどうかを、この書状では忠直の動向によって判断しようとしているのである。文中の「御城之御普請」とは二月一八日に着手された江戸城本丸の普請を指している。(28)その普請がすでに準備が完了しながら、二月一〇日現在まだ着工にいたらないのは、忠直の不参の故であり、そのために種々の巷説が飛んでおり、それらの噂がもし真実であれば、しばらくは下国の暇は出ないであろうというのが、推測の内容である。

ただし噂の内容は、幕府を憚ってか右の書状には具体的には示されていない。しかし、このことは同時に、その噂が、右の情報――忠直の不参と義宣の在府延期――の限りで、受け手に容易に了解できるものであったことを物語っているといえるだろう。つまり現在の我々の常識からいえば、参勤不履行は謀叛であり、その対策とし

ての諸大名への在府強制である。そして右の常識に従って義宣の文書を読むことの妥当性は、以下の五月二二日付の細川忠利書状(29)が支持している。

一、此方相易事無之候、公方(秀忠)様去十九日ニ西丸へ御移りなされ、御本丸御普請仰せ付けられ候、然る上は、越前之儀も御内証相済み候哉と取沙汰申し候、

次に、この年に在府を命じられたのは、右の義宣だけではなく、夏から秋にかけて全国の大名が参府を要求される事実があったことを指摘しておきたい。

一、島津殿(家久)之儀、当年は国ニ御くつろぎ候様ニとの上意ニより、忝とて同名下野(島津久元・江戸家老)を以て五月御礼御申上候処ニ、弥在国致すべき之由仰せ出され候、然る処ニ一昨日、本上野殿より島津殿留守居を呼び、筑紫衆ハ残らず江戸へ参られ候、三斎(細川忠興)様の儀は我等(忠利)此方ニ罷在候間おそく御下り候儀もこれあるべく候、島津殿之儀は早ヽ御下り候て然るべく候、九月上旬ニ江戸御著候ほどに御越候て然るべしと、上州申され候、島津殿留守居之申候ハ、最前ゆる〳〵と在国致すべき由仰せ出され候ニハかわり申候条、上野殿ゟ御状遣わされ候様ニと申候へハ、御状ニハ及ばず候、留守居ゟ申し遣わすべき由御申し候、何たる儀ニてこれあるべきやと、我等所へも尋ねられ候へ共、少も推量に及ばず候へ共、自然越前之儀など仰せ出され候儀も候哉と申候、(下略)

一、備前宮内殿(池田忠雄・岡山城主)・松平武蔵殿子息(池田光政・因幡鳥取城主)なども、十月時分御下り候様ニと、内ヽ年寄衆申され候へ共、是も早ヽ御下り候様ニとの儀ニて、はや七月初此方へ参られ候、松阿波守殿子息(蜂須賀忠英・阿波徳島城主)も目を煩われ候へとも少しよく候て、八月ハ必ず下られ候様ニとの儀ニ候、

一、東衆一人も御暇出で申さず候、
一、大名衆御暇も出でず、其上在国之衆も集められ候故、下々でハ御国替、又ハ越前之儀たるへきとのさたニて候、(30)

この七月九日付の忠利書状に挙がっている他にも、別個の史料から、立花宗茂(筑後柳川)、徳川頼宣(紀伊和歌山)、同義直(尾張名古屋)などが参府又は参府しようとしていたことが知られるが、(31)この忠利書状が述べているのは、そうした個々の大名の動静ではなく、東衆(佐竹義宣・伊達政宗・上杉景勝など東北の諸大名)以下の当時在府中の諸大名に対して一切下国の暇が下りず、また在国の大名も江戸に呼び集められていること、すなわち全国の大名がこの年の夏から秋にかけて江戸に集結させられようとしているという、全国的情勢の報告である。(このように全国的情勢把握にすぐれているのが、「部分御旧記」の一つの特徴である。)これらのうちで、島津氏に発せられた出府命令は、とくに奇異の感を人々に与えたものであった。忠利が報じているように家久は、この年の正月に暇を得て江戸を発し、下国したばかりであり、五月には、当年はゆるゆると在国するようにとの上意を幕府年寄から伝えられていたからである。(32)この前言を翻しての出府命令を、忠利も、忠直の不参と結びつけて解釈し、「越前之儀など仰せ出され候儀も候哉」すなわち忠直の改易・越前への出兵という推測を行っている。

以上で、元和八年の春・夏には、忠直の動向をめぐって緊迫した情勢が存在したことは、十分に明らかとなったと考える。しかし、この情勢に正純はどのように関わっていたのであろうか。もちろん、十月一日の改易の直前において世上不穏の原因を正純に結びつけた史料は、あり得ようはずがない。とは云え、後世の眼を以てすれば、あるいはと思われる事件も、また存在するのである。

その一つは、秀忠世子の家光が七月二五日に川越城へ移り、八月二九日に江戸へ帰っている事実である。(33)なるほど、江戸城本丸普請の間、秀忠が西丸に移り家光は西丸を出て江戸を離れるというのは、前年からの予定ではあった(34)。そして江戸を離れるとなれば、元和二年以来家光の傅であった酒井忠利(35)(子の忠勝も三〇〇〇石で家光の直臣であった)の守る川越城に入るのも、極く自然のことであろう。実際には家光は、四月二〇日頃に本多忠政の江戸邸(36)に移った後に、七月二五日に川越に出発したのだが、家光が江戸に帰った八月二九日は、最上領接収のために、正純が江戸を離れた後であり(37)、その後一一月一〇日まで家光は江戸城に入ってはいないのである。しかも、この間次に見るように少なくとも九月中旬までは、忠直は関ケ原を動かなかったのであるから、この川越入城は、忠直というよりも正純の動向と関係があったのではあるまいか。

第二は、忠直が関ケ原を発って北荘に引き返した日と、正純改易の日とが、極めて接近している点である。前者の日付は今のところ必ずしも明らかではないが、九月二二日付の忠利書状(38)によれば、同月二〇日頃はまだ彼は関ケ原に滞在していた模様である。ところが一〇月二一日付の同書状(39)では、この時すでに忠直は北荘に在城していることが明らかである。しかもその内容は、以下のように北荘での彼の行状に関わるものであるので、それが江戸幕府に達し、さらに忠利の許に達する時間を考慮すれば、一〇月初旬には忠直は北荘に帰着していなければならない。

一、越前之儀御心違ニ相定り、此中ハ越前へ御引篭候而、御姫様などへつき候衆も男女二三人御きり候由に候、其外数もなき成敗之由申候、もはや江戸へ御越候儀は中〱有るまじく候、内衆も面〻申し合わせ、かたまり候て幾与(組)も御坐候て、宰相殿御よび候へ共、不参候もの多御坐候、越前之儀ハ中〱是非もなき様子と聞へ申候、御兄弟衆御物語りニて候間、うそニてハ御坐有るまじく候、何と成り行き申すべきも知れ申さず候事、(前後略)

第三は、一〇月五日に伊達政宗と佐竹義宣が、九日には上杉景勝が幕府に暇を与えられて帰国していることである。(40)これらの事実を前掲一〇月二一日の忠利書状は「東衆いずれも御暇にて帰国候」と一括して報じているが、このことは、彼らの在府がこの年の前半に観測されたように必ずしも忠直の不参だけによるものではなかったことを、示しているのではあるまいか。彼らの在府には、正純対策の意味も多分に含まれており、彼らの下国は、東北に流された正純への警戒の意味が考えられるのではないか。

以上は後世の推測に過ぎないとしても、少なくとも、幕府の側にそのような意図があり、そして諸大名の側にその点についての忖度が無かったとしたら、一〇月以降に発生した次のような事実と噂とを、我々はどのように評価すれば良いであろうか。

まず事実としては、幕府の軍事的警戒が厳しくなったことを示す次のような史料がある。

一、去十日之書状も披見候、本上州之儀、度〻申し越され候、其意を得候事、

一、今切・箱根道具改きつく御座候由、其意を得候事、

右は一一月二一日付で細川忠利に宛てた同忠興の書状(41)の一部で、忠利が送った情報に対する忠興の返事である。この頃忠興は出府の途中で京都に滞在中であり、以後の道中の参考のために、今切・箱根両関で道具、すなわち、武器の検査が厳しい旨を、忠利が江戸から報じたものである。したがって検査が厳しくなったのは、この両関だけでなく全ての関所についても同様である、と言い得るのではあるまいか。

次に巷説の部類を紹介すれば、霜月一一日付で島津久元が、これも出府の途中にあった島津家久に送った以下のような報告がある。(42)

越前宰相殿(忠直)御煩気之由に候へども、其儀に無く、御気任ニ御座候て、御差出なく候、紀伊国中納言様

（徳川頼宣）御煩気は必定に候、御薬など参らざる由、金地院・寺沢殿御物語に候、右御煩ニ付、公方様（秀忠）の御使板倉内膳正殿・大納言殿様（家光）より御使井上清兵衛殿、是に御対面なされ候、紛れざる御不例之躰にて、小性へ手をひかれ御差出之由、即宗院（島津家と関係の深い京都東福寺即宗院住職顕宗竜如か）[43]の物語り、承り候、

先に触れたように、頼宣は尾張の義利と前後して出府の予定であったが、九月頃に大病にかかったので、その出府は不可能となった。右の書状は、その頼宣の病気が紛れもない事実であることを最終的には確認しているのであるが、そのことは同時に、頼宣仮病説が世上に流布していたことを示すものでもある。頼宣の不参から、それは仮病であり故に頼宣も反秀忠であるという推測が流布する素地が、当時あったのである。なお、これと関連して、右の書状は次のような報告をも伝えている。

下ゝ種ゝ私言など先日より申し候、今にも相止まず其分に候、又は町にて兵具之類あいこしらえ候由、伝承候間、立聞申候へば、御奉行衆両人、其外歴ゝ、兼日之御用意のために候哉、相調えられ候由に候、別帋書記し進入せしめ候、

表面的に記されていることは、幕府の奉行衆（後の老中に相当）・歴々の大名が、かねての用意のために、武具を作らせているという、何の変哲もない事実である。しかし、その変哲もない事実が、わざわざ別紙によって報告されるという事態は、この武具購入が実は戦争の蓋然性と結びつけて評価されていることを、明らかに示しているといえよう。前掲頼宣の不参も、そのような情況の一つの構成要素だったのである。

最後に、リチャード・コックスが一六二二年一二月三一日（日本暦元和八年一一月一九日）に平戸からイギリス東印度会社に送った報告を引用して置きたい。この報告は、諸種のブロード・クロス（幅広の羅紗）の売れ行きが

良好であることを述べたのち、その理由として戦争の可能性が強いことを挙げ、次のように説明している。(44)八ないし九人の日本で最大最強の諸侯による、皇帝である将軍その人に対する大規模な陰謀が発覚している。他の多くの諸侯もそれに手をかしており、その中には将軍の兄弟や近親も含まれ、また当地の王(松浦氏)も加担の疑いがあると考えられている。これらの反対派が余りにも強力であるので、将軍は敢えて彼らに手出しせず、事態に対して見て見ぬふりをし、彼らと妥協して行くものと推量される。

この報告は、軍需品の売れ行きに依って戦争の可能性を考える点で、先の久元書状と同じ型に属するといえる。異なる点は、久元書状ではその可能性は暗示されるだけに止まっていたのに対し、コックス書状では忌憚なく具体的に述べられている点であるが、これは、久元とコックスの立場の差(とくに後者の報告が海外に発送されたものであること)に基づくものと考えられる。してみれば、この類いの噂——将軍に対する諸大名の一味徒党——が、久元の書状の背景にも存在し、それに基づいて久元が行動していたと考えることは、十分に妥当であろう。

この緊張は翌元和九年にも持ち越されていたようで、細川忠利は正月三日と一〇日に国許の老臣に次のように指示している。

一、越前之儀何共らちたゝざる儀ニ候、自然御陣(陣)なども候ハん哉と思う事ニ候、か様ニ申し遣し候とて、事ゝしき用意これ無き様ニ心得申つけべく候事、(45)(正月三日)

一、越前之儀、今に済まず候間、色ゝニ申すべく候、さう(左右)、四月ハ知れ申すべく候、遠国のためニ候間、陣(陣)用意などこれ無き様ニ仕るべき事、肝要ニ候、馬など取候やうなる儀ハ、人ゝニより苦しからざる儀ニ候、去りながら九州之人数ハ参るまじく候事、(46)(正月一〇日)

しかし実際には、二月一〇日忠直は幕命に服して隠居し、それとともに不穏の噂も姿を消して五月の秀忠上洛、七月家光の将軍襲職と、事態は表面上は平穏に推移していったかのように見える。そのためか、この元和八年が、これほど緊張に満ちた年であったことは、後年ほとんど忘れ去られているのであるが、このような不安定な状態を乗り越えてはじめて、政権が次の安定した状態に向かっていったという推移を、我々はどのように考えれば良いのであろうか。

史料的に明らかになったのは、忠直の参府をめぐって不穏な噂があったこと、とくに彼が北荘に引き返した冬にはクーデタの噂にまでそれが発展していたこと、その噂に諸大名が真剣に対処していたこと、四月の日光社参および一〇月の正純改易直後における秀忠身辺の異例な警戒ぶり、などの諸事実である。しかし残念ながら、これらの諸事実の関連、例えば忠直不参と正純改易に事実の上で何らかのつながりがあったかどうかの問題は、いまのところは推測に止めざるを得ない状態である。さらに考えれば、忠直なり正純なりに本来謀叛の意思があったのかどうか、またなかったとしても彼らを擁して叛乱を企てる大名がいたのかどうか、あるいは元和八年の不穏な情勢は、幕府の一方的な演出に過ぎなかったのではないか、といった点についても史料は何も語っていない。

ただ確実に言えることは、かりに以上の経過が幕府の演出であったとしても、それが真実味を帯びて流布し、それに基づいて諸大名が行動する素地が、当時一般的にあったということであろう。それは、忠直、頼宣も秀忠や家光を排除して将軍になる資格を有すると当時は考えられていたこと、正純と秀忠――主君と老臣――の関係は、好悪の感情によって左右されるのを当然とする了解があったことを意味するだろう。歴史的には、このような事件は、寛永九(一六三二)年秀忠の死の九か月後に行われた家光による弟忠長の改易、同年の黒田騒動に見られる藩主黒田忠之と栗山大膳の対立などを境として姿を消し、主従関係を規制する新しい原理として家格制が発生して古い了解に付加されるに至る。この変化を具体的に述べるのは別な課題として、この稿では元和八年の事態が、この変化の以前の主従関係の典型的な例であることを指摘するに止めておきたい。

(1) President van den Rade van sijne Majesteyt(「和蘭東印度商会史」＝『大日本史料』第十二編之八、六一六頁)。
(2) 『本光国師日記』四、二三頁。
(3) 同右四四頁。
(4) 同右六六頁。
(5) 進士慶幹「酒井忠世と土井利勝」(北島正元編『江戸幕府』上、人物往来社、一九六四年)。
(6) 『大日本史料』第十二編之三二、二八四頁以下。
(7) 例えば八月五日(元和七年)付金地院宛連署奉書(『大日本史料』第十二編之三八、二二七頁)など。なお注33を参照。
(8) 『大日本古記録　梅津政景日記』五、二一三頁。
(9) 正純が音信物を受けとらなかったという話は、「ビスカイノ金銀島探検報告」(『異国叢書』所収)にもある。
(10) 五、二二七頁。
(11) 『熊本県史料』近世編一～三。現在、財政上の理由で刊行が事実上停止となっているのは残念である。
(12) 『大日本史料』第十二編之四四、三五一頁。
(13)(14) 同右三〇〇頁。
(15) 同右三三〇・三三一頁。
(16) 「慈眼大師伝記」(同右三二六頁)。
(17) 日光東照宮社務所編『徳川家光公伝』第十章「日光社参」を参照。
(18) 『大日本史料』第十二編之四四、三三一頁。
(19) 『熊本県史料』近世編一、三九〇頁。
(20) 同右一、三九六頁。
(21) 同右一、四〇二頁。
(22) 同右一、四〇三頁。
(23) 同右一、四〇四頁。

(24)『大日本史料』第十二編之四四、一四九頁。
(25)同右四四、一四七頁。
(26)同右三七、一三七頁。
(27)正月二十日付義宣書状(同右四四、一六三頁)。
(28)同右四四、一六一頁。
(29)『熊本県史料』近世編二、一七〇頁。
(30)同右一、三九七頁。
(31)「竹腰文書抄」「立花文書」。
(32)『大日本史料』第十二編之四四、三六四頁。
(33)大納言様(家光)河越江御成之儀、当座御鷹野御同前之御事候間、彼地へ御見舞之儀何も御無用之由、両御所様御意に候間、其御心得なさるべく候、恐々謹言

七月廿五日

土井大炊助判
本多上野介判
酒井雅楽頭判

細川内記(忠利)殿

(『熊本県史料』近世編一、二八頁)

なお右と同文の奉書は、山内忠義(土佐高知)にも出されている(高知市山内神社宝物館所蔵『忠義公紀』)。この他にも、
一、大納言様も七月廿五日ニ川越江御成なされ候御事、(七月二十八日付忠利書状=『熊本県史料』近世編一、三九八頁)。
一、大納言様も河越より八月廿九日ニ還御なされ候事、(九月十一日付忠利書状=『熊本県史料』近世編一、四〇〇頁)。
また、この滞在が長期のものであったことについては『御当家記年録』(『大日本史料』第十二編之四四、一〇九頁)に触れるところがある。
(34)『本光国師日記』元和七年九月一五日(同右四四、一六一頁)。
(35)『寛政重修諸家譜』(新訂版)二一二一頁。
(36)『梅津政景日記』四月二二日(『大日本史料』第十二編之四四、三五七頁)。

(37)　八月二一日付伊達政宗書状(「伊達氏四代治記録」二九所収)は、正純が今明日のうちに江戸を発って九月八日頃山形に着くであろうと述べている。また九月一日付正純書状(同右所収)は、彼が宇都宮を十分に行軍の用意をしてから発ったこと、すなわち九月一日には彼は宇都宮と山形の途中にあったことを示している。なお彼が山形に着いたのは六日の昼頃である(『梅津政景日記』五、二〇九頁)。

(38)　越前宰相殿より四五日以前ニ公方様江使者参り、御煩ニ御心つまり候間、路次中鷹御遣い候て御下り有りたき由御申し下し候(中略)定て此上は御下りたるべきと存候、(『熊本県史料』近世編一、四〇一頁)。

(39)　同右一、四〇三頁。

(40)　『史料綜覧』十六。

(41)　『熊本県史料』近世編一、三〇八頁。

(42)　「薩藩旧記増補」七。

(43)　今枝愛真教授の御教示による。

(44)　Diary of Richard Cocks. vol. 2. p. 337

The Hollanders have this yeare sould greate store of broad cloth, stamettes, blackes, and other cullars, non being left to sell, and at 20 *tais* and some above per *tattamy*, and have written for more to Jaccatra to be sent in the next shipp which cometh ; as I have donne the like to the precedent, yf any be there to send it. The reason of venting broadcloth is the rumor of warrs very likely to have ensued in Japon, and God knoweth what will com of it ; for, since the writing of my last, there is a greate conspirasie discoverd aginst the person of the Emperour Shonga Samma by 8 or 9 of the greatest and powrfullest princes in Japon, and is thought many others have a hand in it, and his owne bretheren and nearest kinsmen amongst the rest, and the king of this place not free. Soe that it is thought the adverse partie is soe stronge that themperour dare not meddell with them, but will wink at the matter and make peace with them.

(45)　『熊本県史料』近世編二、一七〇頁。

(46)　同右二、一八五頁。

〔後記〕　本稿で使用した史料の主要なものは、すべて『大日本史料』第十二編の元和八年各条に収載されている。

# 第Ⅷ章 「公儀」権力の確立

## はじめに

幕藩体制の成立の基盤が、中世社会における小経営の展開とそれを基礎とした領主制の発展にあることは、いうまでもない。しかし、それは、領主制の展開がヒエラルヒーの形成となって統一権力の形成に結果するという、直線的なコースによるものでは、必ずしもなかった。逆に、領主制が一定度展開した畿内近国を掌握し天皇の権威を手中にすることで成立した公儀権力が、全国を軍事的に制覇して文字どおり上からヒエラルヒーを作り上げ、その規制を通じて生産諸力を統一的に編成・運用して、やがて全国的に小経営が満面開花する条件を準備した。

このような歴史的役割をもった公儀権力の全国制覇の過程は、同時に全国土と人民の公儀の軍隊への編成過程であったところに、その特質が求められる。公儀権力は戦国の大名や国人・土豪の争乱を、公儀の名によって「私戦」として停止を命じ、これに従わぬ者は「征伐」し、服属する者は新たに軍団の内部に組み入れた。こうして拡大される軍団は、公儀に対する義務として徴発された百姓を非戦闘員として含んでいる点で、戦国大名のそれとは異なっていた。百姓は、検地によって確定された身分に伴う「役」として、こうした義務を負担させられたのであった。同じ時期に、それぞれの身分に伴う「国役」「公役」を負担して、軍団の維持・再生産に参加するものとして、職人・町人の身分が決定された。戦闘への武士の参加も、この軍団においては、武士身分に伴う公儀への「軍役」奉仕という位置づけを与えられることになった。

すなわち、「私戦」を停止して国土に平和をもたらすことを名分に成立しているこの軍団では、公儀の許可を経ない戦闘行為は当然のことながら禁止されており、それは個々の武士の間の平時における喧嘩にまで及んでいたからである。ともに武装した戦闘者でありながら、中世の侍と比較すると、公儀権力下の武士は、紛争を自力で解決する能力を私的に発揮することを禁じられたのであった。これに対して、農・工・商の身分は、たてまえ上は武器をもたない存在とされ、事実の上でも武器を紛争解決の手段とすることは、厳しく禁じられていた。農以下の公儀権力下の被支配身分は、自力によって紛争を解決する能力そのものを、奪われていたのである。農・工・商の被支配身分は、このようにして本来的に政治的能力を欠くものとして公儀権力によって設定され、幕藩体制はこの身分関係によって政治的に維持・再生産された。

秀吉が、全国統一後は朝鮮侵略へと絶えず国民を戦争に駆りたてたのは、公儀の軍団への国民の動員がすなわち体制の確定・強化という意味をもったからに他ならない。次に公儀権力を掌握した家康も、独特の大名配置やその他の手段によって軍事的緊張を国内に持続させ、公儀の軍団の名目を維持することに成功した。こうして近世の国家は、国の安寧秩序に責任をもつ支配身分と政治的能力を欠くが故に天下のことに口を出してはならない被支配身分とで構成され続けることになったのである。

〔付記〕　とはいえ現実には、従卒を従えた戦闘者としての武士も、被支配者としての百姓およびその自生的団体である共同体も、中世以来の本来的な属性を脈々として生かし続けており、したがって現実の国家と社会は、右のような公儀権力の枠組みと、構成諸要素の本来的属性との対抗関係として理解する必要がある。

本稿は、右の展望の一部に関連する諸事実を紹介して、問題提起とするものである。

## 一　近世的軍団の編成

姫路酒井家の史料を蒐めた「姫陽秘鑑」[1]三三に、「古御備之事」と題して、同家前橋時代の陣立書二点が収められている。一つは一七世紀末—一八世紀初のものであり、一つは一八世紀四〇年頃に属するが[2]、以下では後者を参考としながら、前者について同家陣立の全容を概観し、その特質を明らかにすることとしたい。

まず前者は「御備割九備之人馬幷小屋之寄」と題されており、このことは、この陣立書作製の最終の関心が、酒井氏が総力を挙げて出陣する時の人・馬・小屋の総計を把握することにあったことを示している。この点を念頭に内容を見ると、それは次のA、B(①—⑨)、C、Dから構成されている。

A御先江参候御役人

B①高須隼人備

②松平内記備

③松平左忠備

④本多民部左衛門備

⑤内藤半左衛門備

⑥酒井頼母備

⑦酒井弾正備

⑧若殿様備

⑨御旗本備

C総計

D前橋残人覚

右のうちDは、後述するように籠城を夢にも考えない平和な時期の陣立書である本書においては、城代、町奉行、代官、町足軽といった日常行政に必要な人数しか残されておらず、この陣立のいわば枠外に置かれているので本稿でも考察の対象から外すこととし、まずAからその内容を紹介すると、

御先江参候御役人

一　人数百廿六人

内

三人　騎馬（内壱人御勘定奉行前橋ゟ　同弐人御修復奉行右同断）

壱人　御中小性

七人　組外（内壱人御普請方江戸ゟ　同弐人御勘定人前橋ゟ）

拾人　大工　　拾人　御足軽

拾人　御中間　　壱人　御借人

拾八人　又者（内拾六人前橋者）

拾人　夫馬口取　　五拾人　人足

一　馬拾三疋

内

弐疋 御家中馬　同壱疋 御借馬
同拾疋 夫馬
右之小屋四拾八間半 内四間夫馬并口取歩行夫之小屋

となっている。

以上の部分でまず注目されるのは、ここに配属された一二六人という人数が(内訳には脱落があるが)、戦闘を直接目的としていない、ということであろう。一一人の侍のうち六人が勘定奉行、修復奉行、普請方、勘定人などであり、鉄砲・弓・鎗などの足軽隊も、この部分には配属されていず、代わりに一〇人の大工や五〇人の人足が目立っている。ここで、一七四〇年代の陣立書を見ると、その冒頭にもこれと同様な部分があり、「先江相越、扶持方以下小屋等可申付役人」と題されている。これから考えれば、この部分は、本隊より先に陣場に到着して陣小屋を作ることを任務として編成されたものと推定されよう。このように戦闘部隊を伴わない部分が単独で先行するのは、戦時には考えられないことであろうが、元和偃武以降の時世においては、たとえば次のような場合があった(3)。

松平伊豆守信綱の長子甲斐守輝綱家督の後、陣小屋切組を拵へ置き申すべく旨申渡ける時、物頭役の者申けるは、太平の陣小屋には混紙(4)有れば相済む事也と云。甲斐守云けるは、混紙の事尤なれども、御当地は他国と違ひ火事も多く、また御上洛・日光参詣・鷹野御成り等の節、御供の将士切組たる小屋を用る時は、火の用心もよく見分もよし(中略)。寛文年間日光御参詣有し時、鉢石の固め酒井忠直の所、俄に病気に付急に松平甲斐守輝綱に代りを仰付らる。早速なる事故、輝綱昼夜の差別も無く急ぎ行(中略)直に小屋を切組、建られし故(中略)常の心掛けの程人々感じけると也。

右のような将軍供奉の際の小屋掛の個別例としては、寛永期に家光の上洛に供奉した立花宗茂の例[5]などを挙げることができるが、この酒井家の先行部隊も、こうした場合を念頭に編成されたのであろう。してみれば、このような部隊をその冒頭に配置するというこの酒井家の陣立書は、太平の世の譜代大名の家にふさわしい性格を有つと言えるであろう。

次にB①は、以下のとおりである。

　　高須隼人備
一　人数五百八拾人
　内
四拾三人　騎馬　　同壱人　但百石取 御旗奉行
内壱人　組頭　　同壱人　但百石取 御長柄奉行
同弐人　御鉄砲頭
同弐拾五人　幷（並）騎馬
　内壱人　御使番
同壱人　御番頭　　同拾人　与力
同壱人　御弓頭　　同壱人　但百石取 小荷駄奉行
三人　組外 内弐人貝太鼓役 同壱人御賄奉行
壱人　御歩行目附 江戸者　　壱人　下目付
八拾五人御足軽

内六拾人　御鉄砲組　同弐人　小頭
　同六人　手替　同弐人　宰領
同拾九人　御弓組　同壱人　小頭
　同弐人　手替　同壱人　宰領
同四人　小荷駄奉行手附　同弐人　御賄方
三拾壱人　郷長柄者
内壱人　小頭　同四人　手替
同壱人　宰領
拾六人　御旗指
内壱人　小頭　同拾弐人　御旗并団居馬印持
同三人牀几持
八人　御中間
内三人　貝太鞁持　同五人　御賄方
弐人　御借人
弐百拾七人　又者
　内三拾人　与力之分
百弐拾八人　人足　四拾五人　夫馬
一
馬九拾二疋

内

三拾疋　御家中馬

拾七疋　御借馬

　内拾疋　与力之分

四拾五疋　夫馬

右之小屋百八拾五間　内拾七間 夫馬幷口取 歩行夫小屋

これら騎馬の士、鉄砲・弓・鎗の足軽隊を中心とする五八〇人の備＝戦闘集団が、具体的にどのように関連し合って、戦闘力を構成したのかは、以上の限りでは必ずしも明らかではない。しかし一七四〇（元文五）年頃の陣立書は、以下のように、各備の中の人的結合関係を示している。例として本多民部左衛門備をとると、まず最初に旗奉行が指揮する一団がある。

一　旗奉行　指物（絵省略）紺地、銀剣カタハミ、出シ思々、

　三百七拾石本多三郎右衛門　上下六人 乗馬壱疋 小屋三間

　旗三本 旗指九人 小頭壱人 牀几持三人　壱本三人掛り

　組外壱人　小幡甚五左衛門 小屋壱間

　地白、黒剣カタハミ　マネキ白

　（旗の絵省略）

　自分之纒・馬印共ニ弐本

　　指手六人　床几持弐人

（馬印の絵省略）地白、黒自分之紋

旗指合拾六人　長柄之者 内壱人小頭

床几持合五人　中間

外諸道具持人足　四人

夫馬壱疋　口取壱人

此小屋五間

以上が本多三郎右衛門の指揮する一つのまとまりであることは、形式の上では同じ一つ書のうちにあること、内容的には旗を扱う人数から成っていることによって明らかであろう。このまとまりの中で、三郎右衛門は「上下六人」で、すなわち、五人の従者を率いて出陣し、一六人の「長柄の者」(足軽と中間との間の身分か)などを指揮したのである。

次に鉄砲頭の指揮する一団がある。

一　鉄砲頭弐人　指物旗奉行同断

三百五拾石　宇野久太夫　上下六人 乗馬壱疋 小屋四間

鉄砲三拾挺

足軽三拾六人内 壱人小頭 四人手代り 壱人宰領

玉薬箱　壱荷　持人足弐人

具足皮籠　六　持人足六人

外小道具　持人足三人

夫馬弐疋　口取弐人

此小屋八間
三百石　西松与一左衛門　上下五人乗馬壱疋小屋四間
鉄砲三拾挺
足軽三拾六人内壱人小頭 四人手代り 壱人宰領
玉薬箱　壱荷　持人足弐人
具足皮籠　六　持人足六人
外小道具　持人足三人
此小屋八間
夫馬弐疋　口取弐人

以上は、鉄砲三〇挺を扱う鉄砲足軽三六人と玉薬箱などを運搬する人足一一人・夫馬二匹・夫馬の口取り人足二人から成る鉄砲足軽隊二隊を、宇野・西松の両名が指揮する編成である。なお、この二人は、それぞれ五人と四人の従者を率いている。

次は長柄隊である。

一　長柄奉行　指物旗奉行同断
百六拾石　原田九郎兵衛　上下三人乗馬壱疋小屋三間
長柄弐拾五本
長柄之者三拾人内壱人小頭 三人手代り 壱人宰領
外諸道具　持人足三人

夫馬弐疋　口取弐人

此小屋六間半

以上については、鉄砲足軽と同様である。次に「騎士」の一隊がある。

一　騎士弐拾弐騎

対指物(絵省略)紺地、金剣カタハミ、ソキ継白、出シ思々

五百六拾石　児島源右衛門　上下拾人　乗馬壱疋 小屋三間半

弐百五拾石　本多平十郎　上下五人　乗馬壱疋 小屋三間

(十三人省略)

百弐拾石　松崎権之進　上下三人　乗馬壱疋 小屋三間

百石　上原源五左衛門　上下三人 内壱人かし人　貸馬壱疋 小屋三間

百石　権大夫　上下三人 内壱人かし人　貸馬壱疋 小屋三間

百石　和田郷内　上下三人 内壱人かし人　貸馬壱疋 小屋三間

(三人略)

以上は馬上で闘う騎士の集団であるが、ここでは、旗奉行や鉄砲頭などと同様に騎士とその従者からなる上下の人数を単位として陣小屋が割り当てられていること、また一〇〇石取りに「かし人」「貸馬」が存在すること、の二点に注意して置きたい。

次は「軍監」および「目付」である。

一　軍監弐人　指物(絵省略)白地、金剣カタバミ、出シ思々

一　歩行目付　壱人　夏目理左衛門

百七拾石　使番、目付兼　波多野喜平次　上下四人　乗馬壱疋　小屋三間

百石　横目　長沢平一郎　上下三人　貸馬壱疋　小屋三間

此小屋壱間

次は、太鼓と貝を預る徒士である。

一　太鼓　壱ッ　組外壱人　荻原小一右衛門

一　貝　壱ッ　組外壱人　有馬織右衛門

右持者　三人　夫馬壱疋　口取壱人

此小屋弐間

次に「士大将」本多民部左衛門が登場する。

一　士大将　指物（絵省略）シナイ、白地、上金剣カタハミ、下黒自分紋（立葵）

弐千石　本多民部左衛門　上下三拾八人　内五人かし人　乗馬壱疋　小屋拾三間　夫馬四疋　口取四人

小馬印、銀之剣、樋朱、金銀短尺付

（絵省略）

役鉄砲三挺内　弐挺自分筒　壱挺組之筒

内弓弐張自分弓

右では、この一つの備を指揮する本多民部の石高が二〇〇〇石であり、その従者が三七人である点に留意したい。

次には、「殿弓頭」に指揮される弓隊が置かれている。

一　殿弓頭　指物旗奉行同断
三百石　新美甚左衛門　上下五人 乗馬壱疋 小屋四間
弓拾五張
足軽拾九人内 壱人小頭 弐人手代り 壱人宰領
箭箱壱荷　持人足　弐人
外諸道具　持人足　三人
夫馬壱疋　口取壱人
此小屋五間

以上の弓隊の内部編成は鉄砲隊などと同様である。本多民部の備の戦闘力となるのは、以上までであり、最後に小荷駄隊が続いている。

(絵省略)民部左衛門備小荷駄印、白地下黒、黒三星
一　小荷駄奉行　対指物
百石　竹下与一右衛門　上下三人 内壱人かし人 貸馬壱疋 小屋三間
足軽四人 小荷駄奉行手付 右小荷駄奉行小屋ニ一ツ居
鉄砲頭・殿弓頭・旗奉行・長柄奉行之荷物者、其組渡り之夫馬江一所ニ可付、
児嶋源右衛門
松崎権之進 夫馬壱疋 口取壱人
橋本久平

（三人・夫馬壱疋・口取壱人宛の七組省略）

小笠原助之進
福島郷八　夫弐人

夫馬弐拾五貫目付積、歩行夫四貫目持積、

合夫馬弐拾壱疋 口取弐拾壱人此小屋弐拾壱間、但弐間梁

右では、民部主従および鉄砲組など道具を運ぶ必要上から小荷駄を配属されたもの以外の馬上および歩行の「士」に対して、夫馬とその口取り人足が割り当てられ、一隊を形成している点に注意したい。つまり、この小荷駄組は民部の「備」の最後に書かれているのであるが、このことは、この「備」の中の各組が陣押(行軍)の順に書き立てられていることを示しているであろう。

以上が民部左衛門の「備」のすべてであるが、末尾に以下のような集計が附されている。

人数合三百六拾弐人

内三拾壱人　馬上

内四人　士

内三百弐拾七人足軽已下　内弐百六拾三人足軽已下 拾三人かし人 弐人夫 廿八人人足 廿壱人夫馬口取

馬数合五拾四疋　内三拾三疋乗馬、内八疋かし馬、 弐拾壱疋夫馬

小屋合百六拾四間　内百四拾三間九尺梁 弐拾壱間弐間梁

これは、「備」内部の人的結合関係をバラバラにして、人については身分別に、馬については乗馬・夫馬別に集計し、かつ陣小屋の必要総数を付け加えたものである。このような、「備」の内容と集計との関係を念頭に、立ちかえってB①の高須隼人備を読むなら、そこに並んだ数字から「備」内部の人的結合関係を復原することは、ある程度は可能であろう。

すなわち、旗奉行─鉄砲頭─長柄奉行─騎士─軍監(使番)・目付─貝・太鼓─組頭(士大将)─弓頭─小荷駄奉行という内部編成であり、それぞれの内部では、たとえば鉄砲組であれば、

鉄砲頭(騎馬)─鉄砲足軽(小頭一人、鉄砲二五挺二五人、手替三人、宰領一人)

が二組といった編成である。しかし、それでは何故に、B①は、内部編成をバラバラにしてまでこのような書立て方式をとったのだろうか。また同じことであるが、何故に本多民部左衛門備の最後にはあのような集計が必要だったのだろうか。

以下B②─⑦は右とほぼ同様の編成であり、⑧・⑨についても編成内容は若干複雑となってはいるものの形式は①─⑦までと同様であるので省略し、この疑問を念頭に、Cを紹介することとする。

一　都合人数五千八百七拾六人

(但書略)

弐百九拾九人　騎馬

内七人　組頭

(但書略)

同拾九人　御鉄砲頭

内三人　御持筒頭
同拾壱人　御長柄奉行
内弐人　御持鑓奉行
内九人　百石取
同拾人　御旗奉行
内七人　百石取
同百八拾壱人　並騎馬
内五拾弐人　百石取
（中略）
八拾五人　御中小性
内九人　御小性　　　同六人　御納戸
（中略）
拾六人　小十人
五拾七人　組外
（中略）
七拾五人　御歩行
内拾壱人　御歩行目附　同五人　小頭
同五拾九人　御歩行之者

百三拾四人　御手廻り
拾壱人　前橋者下御目付
内九人　御賄方江可出
八百三拾壱人　御足軽
内五百五拾九人　御鉄砲組
内弐拾壱人　小頭
同五拾壱人　手替　同五拾人　宰領
（中略）
六人　古川八郎右衛門弟子
百五拾人　御長柄小人
（中略）
弐百拾七人　郷長柄之者
（中略）
百七拾人　御旗指
（中略）
七人　御役人
（中略）
八人　御医者、本道・外科共

（中略）

弐拾五人　御台所方

（中略）

七人　御春屋方

（中略）

七人　御蔵小人

拾六人　御馬屋方

三拾九人　職人

（中略）

百三拾四人　御中間

（中略）

百七人　御借人

千七百八人　又者（但書略）

千百八拾六人　人足

内五拾人　御先江参候小屋掛、道作

内九拾八人　箭箱・玉薬箱持

五百七拾三人　夫馬口取

一　都合馬数九百弐拾八疋

内弐疋　御馬　　同六疋　御乗替
同弐疋　御乗懸馬　同五疋　御小荷駄
同五疋　衣懸馬　　同百拾疋　御貸馬
同弐百弐拾五疋　御家中馬
同五百七拾三疋　夫馬

一　都合小屋千七百五拾八間（但書略）
内弐百六間　夫馬幷口取歩行夫之小屋

一　総人数五千八百六拾八人
外八人
是は御目付・町奉行残り番之者ゟ陣代出る付、百石取弐人分之人数除、
此扶持米百五拾四俵壱斗六升　但一日ニ壱人壱升積り
此味噌弐石九斗三升余　但小（ママ）人六拾人壱升積り
此塩弐石弐斗　八拾人ニ壱升積り

一　惣馬数九百弐拾七疋
外弐疋
是は町奉行・御目付残り之者ゟ陣代出ル付、百石取弐人分之御借馬除
此大豆拾八石五斗四升　但一日壱疋ニ弐升之積
此糠拾八石五斗四升　　右同断

右之積に而十日分

米千五百四拾四俵八升

味噌弐拾九石三斗三升

塩弐拾壱石九斗九升

大豆百八拾五石四斗

糠百八拾五石四斗

人足幷夫馬之割

高拾弐万五千石、外ニ五千石近江知行所遠方故割除

一 千七百五拾九人　郷人足幷夫馬之口取

但七拾壱石六斗六升余壱人宛之出人

内弐百八拾壱人　久留里領

同三拾人　葛西領　同四拾八人　三浦領

同千四百七人　前橋領

高拾弐万五千石、外五千石近江知行所遠方故割夫除（ママ）

一 五百七拾三疋　夫馬

但弐百拾八石壱斗五升余壱疋宛出馬

内九拾弐疋　久留里領

同九疋　葛西領　同拾六疋　三浦領

同四百五拾六疋　前橋領

以上の前半の各項目は、①―⑨の身分・役割によって書き立てられた人数をそれぞれの項目ごとに拾い上げて集計したものであり、結局は、五八六八人、九二九疋、一七五八間という数字を把握するところに、その目的があり、それは後半の扶持米、味噌、塩と人足、夫馬の割当の計算に結びついているのである。

ここで、扶持米、味噌、塩の計算のし方を見ると、まず一日分の計算に基づいて一〇日分の必要量が計算されているが、これは確かめるまでもなく一対一〇の関係になっている。つまり、それぞれの数字に写し違いはないと考えられるのであるが、このことを確認した上で扶持米一日分について但書によって計算すると、一俵＝三斗八升として一五四俵壱斗六升となり、数字は正確に一致する。次に味噌・塩について但書を参考として計算すると、それぞれ九斗七升八合、七斗三升三合となって史料の数値と三倍の開きが出る。これは、但書の誤写によると考えておきたい。次に馬の飼料については、計算の結果と史料の数値は一致する。

以上によって、酒井家では動員した軍団のすべての人馬に、少なくとも扶持米と飼料を支給する原則があったことが判明する。

次に人足および夫馬の割り方についてみると、まず人足については、一二万五〇〇〇石を一七五九人で割ると、一人に付き七一・〇三石となり但書と合わない。また久留里領などに割り当てられた人数を合計すると一七六六人となって最初の数字と合わない。しかし、史料の誤写の可能性もあるので、これ以上の検討は不可能である。これに対して、夫馬については、次の計算が成り立ち、史料の数字と一致する。

二一八・一五×五七三＝一二万四九九九・九　（一二万五〇〇〇）

〃　×　九二＝二万〇〇六九　（二万）　久留里

二一八・一五×　九＝一九六三　（二〇〇〇）　葛西
〃　×　一六＝三四九〇　（三五〇〇）　三浦
〃　×四五六＝九万九四七六　（九万九五〇〇）　前橋

すなわち、人足と夫馬は、近江知行所を除いた各領に按分比例によって割り当てられたのであるが、ここで二つの点を指摘したい。一つは、近江知行所が「遠方故」という理由で割当から除かれている点である。近江知行所とは、一六〇五(慶長一〇)年に忠世が与えられた在京料五〇〇〇石のことであり、この遠隔の飛地から現夫・馬を徴発するのは、実際的でないと判断されたのであろう。とするならば、この割当計画はたんなる太平の世の机上のプランなどでは決してなく、ある現実味をもって当事者によって作成されたといえるであろう。

第二の点は、この割当がいわゆる表高によっていることである。この頃の酒井氏の表高は一三万石、近江を除いて一二万五〇〇〇石であったが、各領の石高は不明である。(6)しかし右の計算の結果を参照すると、もしこれらの数字が内高であるとすれば、その合計がこのように精確に一二万五〇〇〇石になるのはありえないことであるから、これらはそれぞれの表高と考えざるをえない。同氏の表高に対する幕府の軍役人数は、慶安の軍役規定で計算すると二八〇〇人余であり、この陣立の総人数五八六八人は二倍強の過剰であるが、その人数が表高を基準に最終的には割り当てられていたのであった。ただし各村への実際の割当は、それぞれの現実の石高によらなければ不可能であることは、いうまでもない。したがってこのことは、第一に大名の農村に陣夫・馬を割り当てる大名酒井氏の権限が表高に起因していることを暗示しているであろう。第二には、この割当が実際の石高によるまでに具体化されていないということは、このプランが実際に発動されることはありえないという判断があったことを意味するであろう。

この判断は、先述の近江知行所を動員から除外したことに関して行った指摘と矛盾するように、少なくとも一見したところでは思われるし、何よりも、この陣立書が作成された目的に関わることと言わねばならない。つまり、国内的にも国外的にも戦争の可能性がほとんど皆無に等しかった近世中期において、全藩的に家中の士と農民とを動員するプランが、何故に必要だったのであろうか。

以下では、近世の軍制と戦国期のそれとの比較を通じて、この疑問の一半に答えていきたいが、その前に酒井家の陣立書のこれまでに見た特質と思われるところを列記しておくと、次の如くである。

(1) 最初に小屋懸けの要員が記されている点、近江の飛地が動員から除外されている点など、当時の現実にいかにも適合的な動員体制がとられていること。

(2) 一〇〇石取りの士には「貸し人」が行われている点からも明らかなように、藩が個々の士の従者について配慮する措置をとっていること。なおこの点は、個々の士が引率する従者が藩の軍団の中でバラバラに再編成されるのではなく、彼らの主人である士を中心としたそれぞれのまとまりは軍団編成の中でも終始保存されていることを意味している。

(3) 藩の軍団編成は、農民から取り立てる馬と人夫による小荷駄隊を編成することによってはじめて完結したこと。

(4) 陣立書の形式は、家中のすべての士を軍団のそれぞれの位置に配属することの他に、「士大将」(家老)から人夫にいたるまでの総人数を把握し、小屋の間数と扶持米の量を算出する必要によって規定されていること。すなわち、扶持米の支給が動員上の原則と見做されていたこと。

これらのうち、まず(2)、(3)の点について不十分ながらも他藩の例の若干を挙げれば、幕末海防問題での緊張下

において加賀藩主前田斎泰は、領国海岸の防備に関連して次のように述べている。(7)

先代被定置候軍制之儀は、他国遠境江軍を出し候節之儀、其基大坂之役によりて被定候儀、是三州軍制之基本なれば、是を根元と立置、減少之儀は時之差略により候儀に有之候。(中略)当節領国海防之儀は、兼而も申出置候通り、臨時之節は先不取敢、召仕候在人高迄に而一騎がけに出張可致儀に候。(中略)乍去領国迚も近海之儀は格別、能・越に至ては日数を不経しては難至候。然ば改作以来地方を離れ候諸士に候得ば、是に人夫を渡儀無之而は何分にも事調兼可申候。四分役定之通りに而は、百万石に人夫一万三千人に有之候。是は予而之高に候。然処安政元年人夫しらべ之節、礪波・射水二郡迄之高一万七千人余有之候。然ば人夫之儀は指支は有之間敷存候。将又改作以来は諸士地方を離れ候儀故、常々人馬持候儀難相成、実に軍役には難儀なる事に候。(中略)小身者は当時召仕候家来・若党・小者も皆一季居之者に而、主人に親みのなきもの、実に雇者同様の事に候。(中略)責而精誠召連候家来丈けは、小身に而も譜代に召仕候様、何とか仕向方も無之哉と存る事に候。(下略)

ここでは、①加賀藩の軍制は元和偃武以来幕末に到るまで基本的な改変がなかったことを前提にしながらも、②一七世紀中葉の改作法による地方知行の蔵米化以降、各々の士が召し連れる家来・若党・小者などは一季居の出替奉公人化していること、③「人夫」は藩が農民から徴発して各々の士に配分しなければならない、という事態が指摘されている。ただし一読したところでは、右の「人夫」は酒井家の陣立書の小荷駄の要員と同様のものであるとの印象を受けるが、実はそうではない。右の藩主の書翰に続けて出された「被仰出」によれば、(8)「御領国海防臨時之節は、(中略)御領国之儀に候へば、糧米幷炊出之雑具運送不及候付、夫馬は一切御渡無之、入用之人夫は於先々受取候儀不差支候間、臨時は当時人夫を以玉薬持、其外召連候給人具足持として、御定の騎馬数に応じ左之割合之通御渡被成候」「玉薬持人夫は四百五十石以上両人に一人、千石以上は千石に一人充之割合を以請取可申候」「召連候給人具足持人夫者、一騎に一人、二騎・三騎に二人、(中略)二十騎に十二人、余は可准之候」「兵糧・塩・秣等之儀は、於出張先御蔵米等所方人夫を以、一・両日分又は三日分を限り可相渡候条、兼而見合印鑑指出置、時々印章之小札を以可差出」とされている。つまり加賀藩でも兵糧支給の原則はあったのであるが、当面の動員は領国内でのことであるので、各々の士に小荷駄を渡すことはしないで、別な方法で兵糧を支給するというのであった。したがって各々の士に渡される「人夫」は、具足持などの本来は各々の士が各自の責任で動員・負担すべき者が含まれているのであり、加賀藩も、酒井家の「貸し人」と同様に、家士の従者確保についての配慮を行っていたのである。

次に初期の会津藩においても同様な事柄が確認できる。保科正之の入封以来、蔵米知行制であったこの藩の一六五一(慶安四)年に改定された軍役規定は、次のようなものであった(9)。

> 弐百石上下八人乗馬壱疋、弐百五拾石上下九人乗馬一疋、是江小荷駄壱疋宛夫丸弐人宛渡之、三百石上下拾人乗馬壱疋、三百五拾石上下拾壱人乗馬壱疋、是江小荷駄壱疋つゝ夫丸三人宛、(中略)壱万石上下百八拾八人乗馬三疋馬上拾騎、是へ小荷駄拾三疋夫丸拾五人、如此御定有之、且御家来惣騎馬三百四拾八騎、其外数鉄炮足軽小頭共ニ八百六拾九人、中間小頭共ニ百六拾四人、郷中間三百四拾壱人、(中略)医者七人、馬医五人、鍛冶弐人、大工拾人、忍之者弐拾人、黒脛巾之者三拾人、此人高弐千弐百七人江小荷駄八百八拾三疋・夫丸千三百三拾壱人渡(下略)、

以上においても、藩が各々の士に小荷駄用の馬と夫丸を割り渡す仕組が採用されており、それ故に最終的にはそれらの総数を把握する必要が藩にはあったのである。この夫丸が農村から役儀として徴発される者であったこ

とは、次の史料によって明らかである。[10]

御上京并御出陣等ニ、百姓共之内人柄を撰、人足ニ可被召仕と思召候（中略）、御上洛・御出陣等之時分ハ、兎角御役ニ御領中ゟ人夫差出可申、然者其内七八百人も人柄能者を其村々ニ而改之、名前を御代官・肝煎手前ニ記置候ハヽ、俄之事ニも無滞、又人柄も能可成と思召、内々被仰遣候事ニ候、

すなわち軍陣への百姓動員は、役儀の徴発として行われたのであった。[11]また、

夫・伝馬金御軍役ニ相備候ニ付、夫千百六拾壱人弐拾五万石ニ割、弐百五拾石之高ゟ壱人三両之積ニ而、惣高三千四百八拾三両、伝馬七百九拾六疋同断ニ割、三百拾四石之高ゟ壱疋五両之積ニ而惣高三千九百八拾両ニ候。（中略）免相之内を以心持いたし、壱ケ年ニ五六百両成とも四五百両つヽ成共、夫と不知様ニ取立可申付旨被仰出之、[12]

右の夫一一六一人・伝馬七九六疋は、先掲の改正軍役の末尾に「是迄在来候軍役之古帳江較、騎馬之増弐拾壱騎、夫丸之増百七拾人、小荷駄之増八拾七疋」とあることから、改正前の軍役によって規定されていた数であることが判る。この数を領内二五万石に割り当てて、夫・伝馬金として徴収しようというのであるから、夫・伝馬が本来的に役儀であったことが、この史料によって確認される。

各々の士が引率すべき従者については、平時の措置ではあるが、次の史料がある。[13]

近年年季居・一季居の奉公人少ク、御家中之者迷惑いたし候故、去頃相窺候上、江戸常詰并御近習・外様共番代りニ罷登候者へ郷中間を被貸渡候、給金ハ江戸常詰ニ壱年壱両弐分、番代りニ者壱両壱分ニ相定候処、存之外人数不入、只今迄ハ壱年中郷中間百六拾人程ニ而相済候、然処今程弥奉公人不足ニ相成、一統事欠候間、江戸江不罷登者ニも郷中間御貸被成候而者如何可在之哉、（中略）此趣郡奉行へ致相談候処、郷中間五百人

程差出候分ハ、さのミ百姓之痛・耕作之障ニも相成間敷由候間、御家中之ため被仰付可然旨致言上候処、(中略)先つ一年貸渡為召仕候様被仰出、望之者へ郷中間被貸渡之、

右では、家中の士の従者が、大勢として年季または一季の奉公人となっていることを前提として、郷中間の貸渡しの是非が検討されており、その際に「百姓之痛・耕作之障」の有無が点検されている。当然のことながらこの時期の同藩においても、他領に出た奉公人の引返しなど百姓数の維持・増大政策が一貫して採用されていたのであるが、(14) このような農村政策との関連で家中奉公人の問題が議論されているのであり、このことは家中の士の従者の問題が藩の政策の領域に包摂されていることを示すと考えられる。同じ頃に同藩が、数斗程度の高持の百姓は土地から切り離して城下町の奉公人とする政策を採用したのも、このような観点から評価すべきであり、家中の諸士は藩の政策的な配慮を前提としてはじめて従者を確保できたといえよう。

以上は蔵米知行制下の例であるが、地方知行制下のものとしては、峯岸賢太郎氏によって紹介された阿波藩の例がある。(15) 免決定権が幕末期においても給人にあった同藩では、給人の知行地を耕作する百姓とは別に、知行高一〇〇石に付き二五人の基準で「拝知百姓」すなわち知行付百姓が藩によって指定されており、給人はこの知行付百姓の中から適当な者を選んで軍帳に登録し、有事の際には軍陣に召し連れるべきものとされていた。また平時においても、知行付百姓は、常時給人の屋敷に詰奉公している者もあり、在村している者も必要に従って日役として屋敷の雑役に使役される他に、普請・参勤など給人の役負担の際にも動員され、こうした平時の接触を通じて給人は、有事に召し連れるものを選んで置くべきものとされたのである。

同論文はさらに松代藩、藤堂藩などの知行付百姓についても言及しているが、就中藤堂藩について引用されている史料からは、二つの点を確認することができる。第一は、次の法令から明らかなように、給人による知行付

百姓の軍陣への動員は、藩の法令によって保障されていたことである。(16)

一為御詮佽之陣等於有之は、百姓在次第罷出、相応之御用に立可申候、常々れんみんを加へ候義左様之時之用にて候間、給人・百姓とも油断仕間敷候事、

右では、百姓の軍陣への夫役供出の義務が、「御詮」すなわち幕令による出動に対するものであり、藩が百姓に常日頃「れんみん」を加えるのも、幕府の動員に応じるためであると述べられている。第二の点は、右の目的に最終的には規定されながらも、その範囲内において軍陣への百姓の動員がこの藩でも百姓の「耕作」との関連で論じられていることである。(17)

一懸り人之儀、千石に拾人宛当申候共、其人を御領内江かけ申候はゝ、耕作なりかね可申候間、此御談合より多くは人御出し候儀成申間敷候得共、当分之御用かんじんニ御座候間、此御書付ノごとく御出候はては不叶儀と思召候由、御尤存候、爰元も其通ニ御座候、

一右一つ書之通ハ、定而蔵物成取候衆の事と存候、所取候衆は面〳〵知行所之者御連可被参候、左候はゝ跡々耕作之事ニ御かまひなく入次第に召連可被参候、是は御老衆致相談、高百石に付何程と公儀より極候様に爰元も談合可仕旨存候、其元も左様御相談被成候、

以上は、島原の乱への動員を予想された一六三八(寛永一五)年正月の藩政当局者間の通信の一部であるが、前半では先の法令と同様に幕府の動員が領国内の「耕作」の事情に優先すること、後半では「所取衆」が無制限に知行付百姓を召連れることを予想して、その限定が必要なことが述べられている。いわゆる「恣意」による『恣意』の限定の一例であると同時に、(18)「恣意」の本質が農民の軍事的動員体制の維持にあることを示す一例といえよう。

この島原の乱で現実に百姓を動員した九州諸藩が一六三八年に凶作に見舞われたのは周知のこととして、そのうちの佐賀藩の動員の情況については中村質氏の近業がある。[19] それによれば、同藩が動員した軍団の二〇—二五%が夫であり、それには給人が知行付百姓を個々に動員した者の他に、藩勝手方が「三人間に夫一人宛」という一定の規準で各給人に配布した者が含まれていた。また、大工・木挽・昇指・舸子を問わず在陣中のすべての人数に対して五合—一升四合の飯米が、藩勝手方から支給されている。馬に対しては乗馬一匹に大豆二升、小荷駄一匹に同一升が支給された。さらに同氏は、乱後に熊本藩が銀七二貫六〇〇匁を、一六三八年正月朔日から三月一〇日まで六九日分の扶持方米七四五二石の代銀として幕府から受け取っている事実を指摘し、佐賀藩でも同様であったろうとしているが、支持される推論であろう。なお、熊本藩への幕府の支給規準は、一人一日五合であり、これから一日当りの支給人数を計算すると二万一六〇〇人となり、これを同藩の表高五四万石とつき合わせると一〇〇石に四人という綺麗な数字となることを指摘して置きたい。つまり、幕府の扶持米支給は表高が基準だったのである。

次に幕末の長州戦争における紀州藩の「在夫」について、古田耕次氏の報告[20]がある。在夫とは、「紀州藩が軍事的動員の際に、藩内郷村より徴発した人夫であり、その任務とするところは、武器軍需品の輸送および整理、陣地の築造の使役等に服する」存在で、町方から徴発される町夫に対する謂であった。この「在夫」は第二次長州戦争時には、日々六〇〇〇—八〇〇〇人が在陣させられたのであったが、注目すべきことに同藩の財政事情から「在夫賃銀之儀は御国役ニ付紀勢御領分割に取計候筈」と、「在夫」が「国役」であるという立場からその「賃銀」が領国内に高掛りで賦課されているのである。この「国役」がいわゆる国役と同じものであるとすれば、「在夫」動員は幕令による動員を受けて藩が百姓に割り付けたもの、という論理を読みとることが可能であろう。

最後に、初期幕府の軍役体系をめぐっては山口啓二氏の要約[21]があるが、本稿ではこれまで見て来た点との関連で、二つのことを指摘して置きたい。一つは、諸大名をも対象として包摂している一六三三(寛永一〇)年の幕府「軍役人数割」[22]が、各大名・旗本が動員すべき惣人数についての規定であり、したがって幕府が各大名・旗本に支給する扶持米の規定となっていることである。

一千石　二十三人　持鑓二本　弓一張　鉄炮一挺

一千百石　二十五人　持鑓三本　弓一張　鉄炮一挺

（中略）

一千七百石　三十七人　持鑓四本　弓一張　鉄炮二挺
一千八百石　三十九人　同前
一千九百石　四十一人　同前
一二千石　弓一張　鉄炮二挺　鑓五本
一三千石　馬上二騎　鉄炮三挺　弓二張　鑓五本

（中略）

一十万石　馬上百七十騎　鉄炮三百五十挺　弓六十張　鑓百五十本但長柄持鑓共、旗二十本

右の規定の一九〇〇石以下については、人数の下に武具の数が記されているが、いま武具一を一人が持つとすれば、人数と武具数の間には数人ずつの差ができる。これは、いわゆる「慶安の軍役人数割」[23]の「百石　五人　侍一人　甲冑持一人　鑓持一人　馬口取一人　小荷駄一人」「九百石　十九人　侍五人　甲冑持二人　立弓持一人　鉄炮一人　鑓持二人　草履取一人　馬口取二人　沓箱持一人　挟箱持二人　小荷駄二人」[24]という記述を参照して

理解すべきであろう。つまり馬口取から小荷駄までの、武具を持たない人数が右の数字には込められているのである。次に二〇〇〇石以上については、酒井家の陣立てなどを参照して理解すべきであると考える。ここで示されているのは武具の規定だけであるが、これが実質上は惣人数の規定でもあったことは、右の人数割と同時に月俸の制、すなわち扶持米の支給規定が制定されていることで明らかである。(25)

又月俸の制は、百石七人、百五十石、二百石は十人、二百五十石十一人、(中略)千百石廿五人、千二百石廿六人、(中略)千七百石三十一人、千八百石三十二人、千九百石三十三人、二千石三十四人、(中略)三千石四十五人、(中略)一万石百五十人、弐万石三百人、(中略)九万石千三百五十人、十万石千五百人たるべし、これは上洛幷に日光山御参の時の制なり、軍陣には一倍増して賜るべし、(下略)

右の末尾の文章によれば、この規定は将軍の上洛・日光社参に供奉する時の人数に関するものであり、それは軍陣の時の人数――すなわち先の軍役人数割――の半分である、というように読める。しかし右に引用した限りで両者を比較してみると、

| | 軍役 | 供奉 |
|---|---|---|
| 一一〇〇石 | 二五人 | 二五人 |
| 一七〇〇石 | 三七人 | 三一人 |
| 一八〇〇石 | 三九人 | 三二人 |
| 一九〇〇石 | 四一人 | 三三人 |
| 二〇〇〇石 | 四三人 | 三四人 |

となり、必ずしも半役の関係にはなっていない。この喰違いは、次の新井白石の意見(26)を基礎として理解すべきで

あろう。

元和九年・寛永三年、台徳院様・大猷院様御父子ともに御上洛の御時、供奉の面々人数御定并御扶持方御定の事、御軍役の本役にひきくらべ見候に、二千石以上は皆々半役にて、千石已下は或は四分が三、或は五分が四ばかりの御役に相当り候き、（以下割注）（此故を察し候に、二千石以上は御軍役の人数も多く候へば、半役の人引ぐし候ても猶人すくなからず候、千石以上[27]の面々もとより御軍役の人数も少く候に、半役に候てはあまりに人すくなくなり候故に、御役重くかゝり候事は少身の難儀とも申すべく候へども、事勢にゐてしからざる事を得べからず候歟。）

以上では白石がどのような資料によって本役と供奉の役とを比較しているのかは明らかでなく、また直後に一六三三（寛永一〇）年の供奉人数規定が議論の対象となっているのでもない。しかし白石の議論が、供奉の人数（＝扶持方規定）が軍役の本役を基礎として算定されることを前提としていることは、明らかであろう。白石のこの前提は、一六三二年のものとされる日光社参の供奉人員「覚」[28]にも、基本的には合致している。この「覚」には、三〇〇石から一九〇〇〇石までの供奉人数が、

一　高三百俵より四百五拾石迄拾人

　鑓一本一人　馬一匹二人　草履取一人　挟箱一人

　人足二人　台所賄人一人　若党二人

などと、列挙されており、その後尾に、二〇〇〇石以下はこの規定に応じた人数を召し連れること、二〇〇〇石以上については、たとえば一万九〇〇〇石までは「馬上・弓・鉄炮以下半役たるべきこと」などが定められているのである。

以上で幕府の軍役規定も、扶持米支給を前提として、その支給対象である総人数を定めるものであったことが、確認されたと考える。

最後に旗本がこれらの人数をどのようにして確保していたかについては、大身の旗本の知行所付百姓に関して一、二の報告がある。(29) しかし、大勢は比較的初期の頃から一季居・年季居の奉公人に依拠せざるをえなかったことは、これらの規制に関する法令が頻発されたこと、(30) とくに社参など大動員を控える年には出替りの期限が法令によって延長されていることなどから確認される。(31) すなわち、幕府の法令による措置がなければ、旗本が規定の人数を確保することは、きわめて困難だったのである。

## 二　後北条氏の軍団編成

この項では、以上の近世の軍団編成のあり方との比較において、後北条氏のそれについて見ることとする。

改定着到之事(32)

廿五貫文　　　　　八林之内屋敷分

此着到

一本　鑓、二間之中柄、具足・皮笠

一本　指物持　同理、

一騎　馬上、具足・甲大立物・手蓋・面膀、

以上三人

右着到、分国中何も等申付候　自今以後此書出之処、聊も不可有相違候　於違背者越度者可為如法度者也、
仍如件、

壬申
正月九日（虎朱印）
道祖土図書助殿

この壬申（一五七二〔元亀三〕年）の後北条氏著到定書を先の江戸幕府「軍役人数割」と比較すると、後者が武具持ちを含む惣人数についての規定であるのに対して、前者は馬上で出陣する軍役負担者本人と武器を扱う人数のみの規定であることである。いうまでもなく同じ形式の後北条氏の著到定書は多数残存して[33]おり、八貫文・二人（一騎・鑓一本）から、数百貫文・数十人を引率するものまでその規模と内容は多様であるが、右の特徴は、それらすべてについて妥当する。またこうした著到定書以外にも、軍役について言及した後北条氏の文書は多数見出されるが、そこに示されているのは著到定書に記された人数が携行すべき武器、あるいは彼らが着用すべき具足などについての関心であり、それ以外の人数については何ら触れるところがないのである。

それでは、後北条氏麾下の軍役負担者は著到定書に規定された人数だけで実際にも出陣したのであろうか。江戸から岩槻へ向かう北条氏政の供奉を命じた次の文書[34]によれば、決してそうではない。

一来十七昼以前、江戸へ打着、翌日十八辰刻可致出仕候、小者一人つゝにて中城へは参、召連候供衆をハ宿中ニ置、おり立、馬・得道具共をハ神田之坂之上ニ可置、自彼地馬ニ可乗候、神田之台迄ハ、かちにて御こし之さきへ可参、

（中略）

一召連者は、鑓持、其外中間・小者、又かせ者にても、五人も三人も見立能致、可召連候、但何も白衣の躰尤候、

右、背掟、至于無届之儀者、当方永可為改易者也、仍如件、

七月十日(朱印)

道祖土図書助殿

道祖土氏が引率する従者が、もし著到定書が規定するとおりであれば、鑓持、指物持の二人だけであったはずである。しかしここでは鑓持以外に、中間・小者または悴者を五人も三人も召連れるよう命じられている。したがって道祖土氏は、著到定書の規定以外にも若干の従者を引率して出陣したのであり、ただ著到定書にはその数が示されなかったのだ、と考えざるを得ないのである。

このように後北条氏の著到定書が惣人数を規定しなかったのは、同氏においては兵粮が軍役負担者の自弁であったことと、関係があると思われる。近世の幕府や大名は動員した惣人数に対して扶持米を支給するために、惣人数を把握する必要があったが、兵粮自弁を原則とする後北条氏には、その必要がなかったのである。後北条氏軍役における兵粮自弁の原則については、すでに池上裕子氏によって推定されているが[35]、ここでは直接にこの点を示す史料の若干を挙げると、

房州衆五六百騎ニて市川ニ陣取、岩付へ兵粮送候、(中略)此時打而取所由、江戸衆・高城以下数度申越間、明日五日自当地具足ニて、腰兵粮乗馬ニ付、各懸候、(中略)兵粮無調候者、当地ニて可借候、自元三日用意ニ候間、陣夫一人も不召連候、人数馳着次第、馬上ニて鑓を持、必々明日五日以前可打着候、一戦儀定間、中間・小者なり共、達者の者共不残可召連候、(中略)

正月四日　　　　　　　　　　氏康
秩父殿
西原殿

一五六四(永禄七)年と推定されるこの書状[36]で氏康は、短期間の出陣であることを理由に腰兵粮での出陣を命じ、その調達のできない者には「当地ニて可借」としている。兵粮は出陣する側の自弁だったのである。ついでながら、従者にも、戦闘に必要な中間・小者と、直接には必要でない陣夫との別があったことが判る。

次は一五八七(天正一五)年、秀吉の進攻が予想される状況の下での陣触[37]である。

陣触

一惣国之御人数、小田原へ被集候、正月十四日在所を立、十五日着苻可申候、(中略)

一天下御弓矢立の儀ニ候間、諸侍之嗜此時候、鑓・小旗を始、諸道具新敷きらひやかに可致事、

一著到之内、一人成共不足ニ付而者、可為曲事候、就鑓・小旗・弓・鉄炮著到之内之道具、一挺も無不足可持之事

(中略)

一御長陣不被知候、小荷駄の付はこひ之支度、肝要候事、

(中略)

丁亥十二月廿四日　来住野大炊助殿(他二名略)

小田原への参陣を命じたこの文書では、著到定書の人と武具の数に不足のないように、武具などの諸道具を、新しくきらびやかにすることを求めており、ここにも道具についての後北条氏の関心が示されている。その他に、

長陣となることを予想して「小荷駄の付はこひの支度」を要請しているが、これは「肝要候」という強い勧告を示す文言からすれば出陣者の側の負担であったと解釈できる。兵粮とそれを運ぶ馬と人夫は出陣者の自弁だったのである。

翌一五八八年の右と同様な状況の下で、次の史料がある。(38)

　六百文　　永楽銭

　　已上、

右、遠路之儀候間、兵粮従其地付送不可成候、此分永楽相調、早々篠窪遠江ニ可渡、然間当地ニ而兵粮調可渡之、仍如件

　子正月十七日(佐野氏忠朱印)

　　　高瀬紀伊守殿

佐野氏忠は北条氏康の四男で下野佐野氏を嗣ぎ、一五九〇(天正一八)年の陣では小田原の小峰に籠城した人物であった。八八年においても佐野以外の地の防備を担当したので「遠路之儀候間」となったのであろう。それはともかくとして、兵粮の運搬が困難であろうから永楽を上納すれば、それで兵粮を調達して渡すという以上は、兵粮は高瀬の自弁であったはずである。次に、

　　永代法度之事(39)

一当年改而申出候、いか様ニも兵粮之嗜、自然之籠城つゝき候やうニ可致覚悟、当意市町にてかい、其外く(マヽ)仕候儀かたく法度ニ候、兼て兵粮致支度、寄親之蔵へ入、可預置事、

北条氏邦のものと推定される右の印判状においても兵粮自弁の原則が確認されるが、重要な点は「寄親之蔵へ

入、可預置事」とあるように、それが寄子のレベルにおいてそうであったということであろう。このことは、寄子のような軍役体系の最末端の軍役負担者に、兵粮自弁の責任があったことを意味している。

以上のように、兵粮が軍役負担者の自弁であったという事情は、後北条氏が著到定書において武具のみに関心を持ち、惣人数については何の関心も示さなかったことの、一つの理由であったと考えられる。著到定書以外にも後北条氏の場合は、軍役負担者の従者に言及した史料は少なく、ましてや先に見た幕府や大名の場合のようにそれらの確保のための配慮を示すものは、管見の限りでは皆無である。つまり後北条氏の軍役負担者は、大名権力のバック・アップなしに従者を動員できたと推測され、これが著到定書が惣人数の規定でないことのより根本的な理由と考えられるのである。

それでは、軍役負担者たちはどのようにして自己の従者を動員していたのか。残念ながら直接この疑問に答える史料はほとんどないように思われる。また一口に軍役負担者といっても、その扶持または安堵された貫高には一〇貫程度から一〇〇〇貫以上までの開きがあり、それに従って存在形態は多様であったと考えられる。たとえば大身の給人であれば、著到定書に規定された武器の内容から見て、鉄炮足軽や悴者などそれ自体が直接戦闘力を構成するような人員の調達と給養の問題があり、また馬廻衆に典型的なように本領から離れて後北条氏の直轄領を与えられる場合は、本領におけるとは異なった軍役実現の方法が必要であったと推測される。しかし、周知のように後北条氏の家臣団編成の特質が衆編成にあり、「その衆が寄親―同心衆のいくつかの集合体」[40]から成っていたとするなら、せいぜい数十貫程度の、土地にして数町程度の規模を安堵または扶持された軍役負担者が、後北条氏の軍事力の中核であったと判断される。

先の道祖土氏もこのクラスに属するが、たとえば池上氏によれば元来彼らは山野・用水支配により村落支配をおこなう有力百姓であった(41)。後北条氏はこのような百姓を「大途の御被官」として馬上の軍役を課したのであるが、彼らが村落の有力者であったとすれば、その従者には、日常の農業経営における使役の延長として下人や名子的農民あるいは周辺の小百姓などが動員されたと考えざるをえないのである。著到定書その他の史料に軍役負担者の従者や小荷駄についての関心が示されていないのは、彼らがこのようにして動員されるものであったからに他ならない。

## 三 「惣無事」と支配体制

以上に見て来た戦国と近世との軍団編成方式上の差から見れば、秀吉のそれは当然のことながら近世に属する。秀吉が諸大名に宛行状の石高を規準として動員すべき人数を課したのは周知のことであるが、そうした人数の割当を受けて、たとえば島津氏は次のようにしてその責任を果たそうとした(42)。

一千二拾石ニ馬壱騎之賦、合九拾五騎、此人数三千弐百三拾人、但人躰壱人ニ付卅四人宛、
一五百拾石ニ馬壱騎之賦、合廿四騎、此人数四百八人、但人躰壱人ニ付拾七人宛、
一三百石ニ馬壱騎之賦、合百四十三騎、此人数千四百三十人、但人躰壱人ニ付拾人宛、
一かち小侍衆三百人、夫丸九百人、但人躰壱人ニ付夫丸三人宛、
一無足衆五百人、夫丸千人、但人躰壱人ニ付夫弐人宛、
一御道具衆六百六拾五人、
一御蔵入より可出夫丸弐千人、

一加子弐千人、

惣都合人数壱万弐千四百三拾三人、

右之人数、五ヶ月之兵粮壱万五百二十二石九斗、但、此内船頭・加子増分籠候、

一馬数弐百七拾弐疋、此飼大豆六（八）百拾六石、但、五ヶ月分、一日ニ弐升飼、

一米・大豆合壱万千百三拾八石九斗、

一右馬頭（島津以久）殿馬数九騎、此人数三百三十弐人、

一幸侃之馬数六十九騎、此人数弐千三百卅弐人、

惣已上馬数合三百五拾騎、

惣已上人数壱万千九十七人、

船配但、二度漕ニシテ一度之分

（中略）

馬配之船

（中略）

有船

一拾端帆　拾艘

（中略）

合六十五艘

作船

一九端帆　　四十五艘
但、舟壱艘ニ付六十五貫文ツヽ入目
（中略）
文五《文禄五年》
十二月五日

以上の一五九六（文禄五＝慶長元）年一二月五日付の覚書の写は、翌一五九七（慶長二）年の朝鮮再出兵にかかるものであり、敬語の使用法、また「有船」「作船」の別、とくに「作船」の入目が記されていることから、秀吉またはその奉行からの命令書ではなく、動員令を受けた島津家の実施計画を示すものと思われる。これによれば島津家は馬上の士とその従者、「御道具衆」（鉄砲足軽などを指すと思われる）、夫丸などを含めた惣人数とそれに要する五か月分の兵粮・馬糧を算出して秀吉の要請に応じようとしているのである（なお右馬頭と幸侃の人数と馬が右の計算の枠外となっているのは、両者が秀吉から直接に知行を受けていたからであろう）。

このような夫丸にいたるまでの動員と兵粮支給の態勢は、最終的には秀吉の権力によって支えられた。いわゆる「身分統制令」や「人掃令」をはじめとする一連の措置がそれに該当すると考えられる。

一五九一（天正一九）年八月二一日に発令された秀吉の三か条の条書(43)は、「武士は武士、百姓は百姓たるの身分」を確定するという意味で兵農分離の基礎的な法令と見做され(44)、それ故に「身分統制令」などと呼ばれて来ている。しかし素直に読むかぎり、この法令は予定された「唐入り」との関連で武士の従者や夫丸の確保を目的にしたものであって、直接に諸身分間の分離を規定しているのではない。すなわちこの第一条は「奉公人、侍・中間・あらしこに至るまで」つまり「侍」（これは侍分を指すと思われる）から「あらしこ」に至る武家奉公人が「去月奥州へ御出勢より以後、新儀ニ町人・百姓に成候」ことを禁じている。また第二条は、その冒頭で「在々百姓等」が「田畠を打捨或あきなひ或賃仕事ニ罷出」ることを禁じており、これだけを見れば農民の離郷一般が禁止されているように見える。しかし同条は続けて「奉公をも不仕、田畠をもつくらざるもの」を「代官・給人としてかたく相改」めるよう指示しており、この条が田畠を作る百姓と同時に武家奉公人の確保を主眼としていることがわかる。第三条は、「侍・小者」が主人に「いとま」を乞わずに他家に仕えることの防止策である。翌九二(天正二〇)年正月の秀次条書[45]も、「唐入に付而御在陣中、侍・中間・小者・あらし子・人夫以下に至る迄、かけ落仕輩於有之者(中略)可被加御成敗」と同様の関心を示しており、さらにこれを受けて作成されたと考えられる吉川家の起請文前書[46]も、前掲条書の主旨を繰り返した後に、「武士の奉公人、商売人・諸職人ニあひ紛来る事可在之、其段念を入相改申」すことを誓っている。次に、同年三月に「六十六ヶ国」を対象として施行された「人掃い」も、次のように同様の関心を示している[47]。

一家数人数男女老若共ニ一村切に可被書付事

付、奉公人ハ奉公人、町人ハ町人、百姓者百姓、一所ニ可書出事、但、書立案文別紙遣之候、

安芸厳島領内で「人掃い」を施行するに当ってその要領を示したと考えられる「口上覚」断簡[48]は、このように奉公人以下を書き分けることの目的を以下のように示している。

一在々村々より奉公人、侍・小者いか程相立、残人数いか程有之由、帳を作り可出候旨可申渡事、幷船人有之所へ右可為同前候事、

一在々田畠不荒様ニ念を入可申渡事、

これによれば「人掃い」の目的が、農村から徴発される武家奉公人の確保と同時に、「田畠不荒様」に農村の労

働力を確保することにあったことが明らかである。つまり唐入りの人数とともに、年貢、ひいては兵粮の確保が以上の一連の措置の目的だったのである。

次に兵粮については、先掲一五九二年正月の秀次条書は「夫飯米事、惣別雖為御諚、尚以給人其念を入可下行事」と規定し、「給人」の責任を明らかにしているが、先の島津氏の例に鑑みてこの「給人」には大名も含まれていると考えるべきであろう。また一五九三(文禄二)年[49]には、

各兵粮事多蓄候程可為手柄候、左候とて兵粮無之を所持候様ニ申成、下々迷惑させ候者相届間敷候、然者何迄之兵粮有之通、日限を指、人数も各如在にてハ有間敷候之間、当分軍役程無之候ても不苦候、有次第相改、出一札兵粮手前々々にて可請取事、

として、最終的には中央権力が兵粮の補給に責任をもつことを明確にしている。三鬼清一郎氏によれば[50]、文禄の出兵に際しては太閤蔵入地から兵粮米三〇万石が用意されていたと言われており、佐竹家臣大和田重清日記からは、それらが統一的に配分・運用される状況の一斑をうかがうことができる。

以上のように右の一連の措置は、先の島津氏のような軍団が必要とする人数と兵粮を確保するための、いいかえれば「六十六ヶ国」を挙げて唐入りの人的・物的な補給基地とするためのものであった。そして軍団を構成する武士と、武士に奉公人・夫丸および軍団の兵粮を供給する百姓との身分の差は検地によって確定しており(そうでなければ「人掃い」によって諸身分を書き分けることも不可能だったはずである)、それらを提供ないし確保する基準も石高によって定められていた。

それではどのようにして石高が、百姓を含むいわば国を挙げた軍隊を編成する基準となりえたのであろうか。私見によれば、そのさしあたっての理由は、検地が秀吉の国土征服に伴って施行され、その征服が以下のように

いわゆる全国「惣無事」の軍事的な実現過程として行われた点にあると思われる。

一五八五(天正一三)年七月に関白となった秀吉は、同年一〇月次のような直書[51]を島津氏に送って九州における交戦の停止を命じた。

就　勅定染筆候、仍関東奥州迄被任　倫命天下静謐処、九州事于今鉾楯儀、不可然候条、国郡境目相論互存分之儀被聞召届、追而可被　仰出候、先敵味方共双方可相止弓箭旨、叡慮候、可被得其意儀、尤候、自然不被専此旨候者、急度可被成御成敗候(後略)

後年に「諸国之干戈停止」令と記憶される[52]この直書の主旨は、国郡の支配権の根源が天皇にあるとの立場から、国郡の争奪を停止して関白である秀吉に任すことを求めたものであり、この主旨は九州平定後に秀吉が島津氏に与えた判物[53]においても繰り返されているところである。

日本六十余州之儀、改可進止之旨、被　仰出之条、不残申付候、然而九州国分儀去年相計処、背御下知依猥所行、為御誅罰、今度関白殿至薩州被成御動座、既可被討果剋、義久捨一命走入間、御赦免候、然上薩摩一国被充行訖、全令領知、自今以後、相守　叡慮、可抽忠功事専一候也、

秀吉の九州征伐は、天皇から与えられた「日本六十余州」の「進止」権に基づく「国分け」に島津氏が背いたことに対する「誅罰」であり、今回は赦免するから「叡慮」を守り「忠功」を抽きんぜよ、というのである。関東・奥羽の征服も右と同じ主旨の「惣無事」の強制として行われたことが、藤木久志氏の近業によって指摘されている[54]。それによれば秀吉は九州平定を終えた一五八七(天正一五)年の冬、奥羽・関東の諸大名、国人的領主に対して惣無事—交戦の停止を命令し、彼らの分領境目は秀吉が決定するものであることを通知した。同九〇(天正一八)年秀吉の後北条氏征伐も、同氏がこの命令に違反したことに対する誅罰であり、またそこにいたる過程

で、たとえば伊達政宗が芦名氏を滅ぼした事件に対する秀吉の論理に明らかなように、惣無事がたんなる和平の強制でなく、「諸大名の自由な戦闘行為がすべて『私之儀』として豊臣政権により禁圧される」という意味をもつものであったことが明確になった。これは幕府の制度的原則としてまた一般的な意識としても近世に受けつがれたという意味で重要な指摘と思われるので、やや詳しく紹介すれば、

芦名方事、連々御礼申上、御存知之仁ニ候、以私之儀被打果候段、御機色不可然候、以　天気一天下之儀被仰付、被任関白職之上者、相替前々、不経京儀候者、可為御越度候[55]

というのが、その論理であった。つまり「惣無事令」に服従しているものの間の紛争は、天気によってその権限を与えられた秀吉がその理非を裁定すべきであり、その裁定を経ないで軍隊を動かしてはならないというのである。中央権力の動員令によらない戦争は「私戦」として禁じられるに到ったのであった。

しかしながら、私見によれば、惣無事令はこのような大名相互間レベルでの私戦の停止に止まらず、百姓をもその射程内に置いたものであった。* 以下に見るように秀吉は、「惣無事」の一環である「国分け」を行うにあたり国郡を与えられた大名に対して、秀吉の統制下にその手足として働く軍隊を創設する義務を課しており、その軍隊には百姓が、従者ないしは陣夫として編成されたからである(職人・町人についても実質的には同様のことが言えるが本稿では触れない)。

秀吉が南部信直に「南部内七郡」を「国分け」した一五九〇(天正一八)年七月二七日付の朱印状は次のようなものであった[56]。

一南部内七郡事、大膳大夫(信直)可任覚悟事、

一信直妻子定在京可仕事、

一知行方令検地、台所入丈夫ニ召置、在京之賄相続候様ニ可申付事、
一家中之者共相拘諸城悉令破却、則妻子三戸江引寄可召置事、
一右条々及異儀者在之者、今般可被加御成敗候条、堅可申付事、

右の第一条は「国分け」そのものであり、第二条以下は信直が与えられた所領内の「無事」を維持しながら秀吉に服属する条件を創出する処置について述べている。第二条の信直妻子在京はもちろん人質の意味であろうが、第三条の在京の賄はそれを指しているようにも見える。しかし以降信直が定在京に近い状態で中央政権への奉仕を強要されている事実からすれば、この在京は信直自身のそれを指すと考えるのが自然であろう。そしてこの在京は、山口啓二氏が紹介された佐竹氏の例からすれば(57)、たんに秀吉に礼をして服属の意を示すことに止まらず、京都に屋敷を構えて妻子と軍勢を居住させ、やがては小者・夫(陣夫)を含む「御軍役弐千八百六十九人」の動員による名護屋在陣や「人数三千人」による伏見城普請役の奉仕へと連なって行くものであった。そのために検地を施行して「台所入」つまり蔵入地を丈夫に確保せよというのであるが、これは第三条の国人居城の城割とその妻子を人質として三戸に住まわせることと関連があり、領国内において信直の権力を確立させるための措置であったと考えられる。佐竹氏や島津氏(58)についてはすでに指摘されていることであるが、戦国大名の有力家臣に対する軍事的優位とそのための財政的基盤は、近世大名に比して脆弱であり、叛服常のない国人たちを中央権力の意志に服従する軍隊に大名を通じて編成するには、中央権力によるこのような措置が必要だったのである。検地も、こうした政策的意図の下に行われた。ただし検地の結果確定された百姓を陣夫として動員する意図を直接示す史料は、残念ながら存在しないようである。しかし畿内周辺においてはすでにこれ以前に百姓・職人の「国役」や「千石夫」の存在が検証され(59)、また秀吉麾下の大名徳川家康は一五八九(天正一七)年に分国内に発布した七か条

の定書[60]において「陣夫者弐百俵ニ壱疋壱人宛可出之(中略)、扶持米六合・馬大豆壱升宛地頭可出之」と規定している。したがってこの地域においても、検地によって決定される百姓からの陣夫徴発の意図が秀吉にあったことは、疑いのないところであろう。

一五九〇(天正一八)年八月一二日付の浅野長政充秀吉朱印状[61]は、秀吉が右のような内容の「国分け」を、全国土に施行する意図をもっていたことを示している。この朱印状の第一条は、同月九日に会津に到着した秀吉が「置目」等を申し付けたこと、また会津は三好秀次に白川は宇喜多秀家に検地奉行を申し付けたことを長政に報じている。ここで『史料綜覧』によれば同月九日に秀吉は、大崎、葛西、石川、白河の各氏の小田原陣不参を理由にその所領を没収して木村吉清父子と蒲生氏郷に与え、また片桐且元などに奥州の検地を命じており、先の「置目」はこれらのことに関連すると思われる。第二条は、長政が分担すべき地域の検地を入念に施行すべきことを命じ、第三条は最上・伊達両氏が妻子を上洛させたことを告げ、これにならって国人達にも妻子を上洛させるか会津へ越させるように長政に要請している。以上の三か条は、先の信直充朱印状とまったく同じ点を問題としており、信直充朱印状に示された「国分け」の方針が奥州全体に適用されたことを物語っている。長政充朱印状の第四条は、そのような「国分け」の方針を厳しく施行すべきことを以下のように長政に求めている。「被仰出候趣、国人并百姓共ニ合点行候様ニ能々可申聞候、自然不相届覚悟之輩於在之者、城主にて候ハヽ、其もの城へ追入、各相談、一人も不残なてきりニ可申付候、百姓以下ニ至るまて不相届ニ付てハ一郷も二郷も悉なてきり可仕候、六十余州堅被仰付、出羽・奥州迄そさうニハさせらる間敷候、たとへ亡所ニ成候ても不苦候間可得其意候、山のおく海ハろかいのつゝき候迄可入念事専一候(後略)」。ここでは、先に述べたような「国分け」の施行を意味する「被仰出候趣[62]」が、「六十余州」「山のおく海ハろかいのつゝき候迄」の範囲の城主から百姓・郷民に至る国民を対象とするものであることが語られている。事実、九戸政実の乱や大崎・葛西の一揆の鎮定にあたっては、文字どおり「撫で切り」の方策がとられた。

「惣無事令」の一側面である「国分け」がいわば国土と国民とを挙げて一つの軍隊に編成する意味をもったとすれば、その裏面である「私戦」の禁止にも大名間の交戦の停止以上の意味があったはずである。この場合「私戦」の禁止とは所領紛争の実力による解決の停止と、それの「京儀」への一任であった。この観点からすれば一五八八(天正一六)年の「刀狩令」もたんなる一揆の防止手段ではなく、実力による紛争解決の手段である武器を奪いその使用を禁じることにより、中世的な自力救済[63]の能力を百姓から剝奪し、そのことによって百姓をいわば政治的能力を欠いた被治者として位置づける意義をもったのではあるまいか。次の江戸幕府「覚」[64]はその間の関連を示している。

郷中ニ而百姓等、山問答水問答ニ付、弓鑓鉄炮にて互致喧嘩候者あらハ、其一郷可致成敗事、

こうした喧嘩の禁止と自力救済能力との関連を明らかに見てとれる好例が、『梅津政景日記』に記されている。[65] 佐竹氏から任命された院内銀山の奉行として住民相互間の打擲沙汰を裁いた政景は、「左様不届なる申事致者の法度を可申付ためニ我等を被差置候」と紛争の理非を裁くのが領主に任命された奉行の役割であることを述べた後に、「奉行なき様ニしよとう(所当)として徳右衛門あたまゟ血をたらし候事不届なり」という理由で過料を申し渡している。すなわち住民が自分で事の理非を判断し、いわばその自判の結論としての刑罰(所当)を実力で執行したことが、「不届」とされたのである。政景は続けて「刀で斬りつければ成敗すべきところであるが、打擲であるから過料ですます」と述べており、ここにも武器剝奪がたんなる一揆対策以上の意味を持ったことが示されている。

次に「刀狩令」は、その後半で「百姓は農具さへもち耕作専らに仕り候へば、子々孫々まで長久」なのであり、したがって刀狩は「国土安全万民快楽の基なり」と自讃しているが、この文章は寛永期農政の集約として愚民に教喩する口調で書かれた「慶安御触書」の末尾の「年貢さへすまし候得ハ百姓程心易きものハこれ無し」を彷彿させる。「赤子を育くむ」撫民の思想も、[66]「刀狩令」にさかのぼりうるのである。百姓の身分的属性上の重要な特質も、「惣無事令」の一つの帰結として理解できると思われる。

こうして秀吉にとっては叡慮による軍隊(江戸時代では天皇は事実上公儀の一分肢となるので、これは公儀の軍隊というべきであろう)を編成することが、同時に政治的支配体制の構築に他ならない意味を持った。統一完了後に秀吉が天皇の北京遷座を掲げて朝鮮侵略に乗り出さざるをえなかったのも、公儀の戦争への諸身分の動員が、支配体制の強化に連なったからに他ならない(事実、たとえば大名としての島津氏の権力はこの動員を経て格段に強化された)。[67]秀吉の死後、朝鮮侵略の失敗が明白になった時点で権力を引き継いだ家康は、戦争への動員によって秀吉が達成しようとしたものを、独特の大名配置などによって国内的な軍事的緊張を維持しながら、絶え間ない普請役への大名と人民の動員によって獲得する方針を採用した。この普請役は、大名に課せられた場合は軍役であり、農民の場合は国役であり、それらの規準が石高であった。

石高は、年貢搾取の規準としても多分にフィクションである一面を有したと思われるが、役賦課の規準としての石高は、検地の結果のたんなる集積ではなく、政治的なフィクションの産物であった。フィクションという意味は、それが政治的な操作を経た数量であったことの他に、御前帳に登録された高であったところにある。秀吉は早く一五八五(天正一三)年に御前帳作成の意図を明らかにしているが、[68]実際には唐入りを目前にした同九一年に御前帳と郡絵図とを全国から徴集し、[69]江戸幕府も四回にわたって御前帳(郷帳)と国絵図を作成している。郡絵図の作成基準はいまのところ不明であるが、国絵図は国郡・所領の境界を明らかにすることが作成上の一つのポイントとされており(70)、先の「国分け」の視覚化という意味を持っていたと思われる。また秀吉がこれらを徴集したのは「叡覧」に備えるという名目においてであり、これによって御前帳はこれまで見て来たような「惣無事令」の視覚化の意味を持ったと考えられる。こうして秀吉や幕府への軍役、国役の提供は、中世の「大田文」による「公役」のように国家的義務履行の色彩を帯びることとなった(71)。石高はそのような御前帳に登録されることによって、動員の基準としての性質を附与されたのである。

近世成立期において公儀の軍隊の編成が、以上のように支配体制の根幹にかかわる重要な意義を持ったとすれば、近世大名が太平の世に繰り返し分限帳を作成した理由も、もはや明白であろう。武器を奪われた被治者に対して、支配者としての武士の身分的属性は、分限帳に一定の位置を与えられた戦闘者であることに起因した。また、下人から年季奉公人へとその実質は大きく変化しても、従者を率いることは、支配身分としての武士の一つの象徴であり、「貸人」に見られるような従者確保のための藩の配慮は、戦闘力の確保に対する以上に、支配者としての武士の身分に対するものであった(72)。度々指摘されて来たように(73)「喧嘩両成敗」の妥当性が近世においても絶えず議論の対象となっていたという事実は、武士が公儀の軍隊の統制下に組み込まれながらも、形式上は独立した戦闘集団の長であり続けた(74)ことから理解すべきであろう。

## おわりに

以上、本稿では近世における軍団編成の原則上の特質を中世のそれとの対比において指摘し、それを「惣無事令」との関連において理解しようとして来た。「惣無事令」はいわば全国民を公儀の軍隊に編成し、他方では「私戦」を禁止することによって、近世における政治的支配体制の根幹を創出した、というのが基本的な発想である。発想であるという所以は、およそこのような事柄を論証するにはどのような史料をどのように使えばよいかという方法上の問題が含まれているからであるが、本稿はその限りでもなお次の課題を残していると考える。

(1) 「刀狩令」の「万民快楽」に通じるような文言は、後北条氏等に関連する史料にもあり(75)、これとの関連で「万民快楽」の意味を確定すること。これは、道祖土氏のような戦国大名治下の百姓の性格を明らかにする作業でもある。

(2) 下人の自立との関連のもとに百姓が軍役体系に包摂される過程を、信長、秀吉の分国内で具体的に追求すること。これは安良城盛昭氏が提示された幕藩制成立の過程を、政治史の面から追求する意味を持つことになろう。

以上をさしあたっての課題として小稿を終える。

(1) 市立姫路図書館所蔵。本稿では東大史料編纂所架蔵の謄写本によった。
(2) 「古御備事」に付されている前書による。
(3) 国書刊行会『明良洪範続編』三、一九一二年、三八二頁。
(4) 油紙か。
(5) 九州史料叢書『富士谷文書』一、一九六四年。
(6) 『寛政重修諸家譜』による。
(7) 『加賀藩史料』藩末編上、一三七三頁。
(8) 同前、一三八四頁。
(9) 『家世実紀』第一巻、吉川弘文館、三八八頁。

(10) 同前、三五六頁。
(11) 同前、三四六頁。
(12) 弐百拾五の誤写か。
(13) 前掲注9書、六四六頁。
(14) 同前を参照。
(15) 峯岸賢太郎「軍役と地方知行制」(『歴史評論』一三四、一九六一年)。
(16) 『宗国史』五九九頁。
(17) 同前、七七九頁。
(18) 安良城盛昭『幕藩体制社会の成立と構造』御茶の水書房、一九五九年。
(19) 中村質「島原の乱と佐賀藩」(九州文化史研究所『紀要』二四、一九七九年)。
(20) 古田耕次「長州征伐における紀州藩農民の動向」(『歴史評論』九八、一九五八年)。
(21) 山口啓二『幕藩制成立史の研究』校倉書房、一九七四年、第三部第二節。
(22) 『徳川実紀』寛永一〇年二月一七日条。
(23) 「慶安の軍役」が公布されたものでないことについては、根岸茂夫「所謂「慶安軍役令」の一考察」(『日本歴史』三八三、一九八〇年)があるが、当時の軍団編成方式を知る史料としては使用可能と考える。
(24) 『徳川禁令考』前集第一、九一頁。
(25) 前掲注22『徳川実紀』同前条。
(26) 『新井白石全集』六、吉川半七、一九〇七年、一七四頁。
(27) 以下の誤りか。
(28) 前掲注24『徳川禁令考』一二九頁。
(29) 鈴木寿『近世知行制の研究』学振、一九七一年、原昭午「近世美濃における在地領主の家臣団形成について」(『土地制度史学』一六、一九六二年)。
(30) たとえば『日本財政経済史料』編年目次を参照。

(31)　前掲注24『徳川禁令考』一三一頁。
(32)　『神奈川県史』資料編(3下)、七三九頁。
(33)　小和田哲男「戦国期土豪の知行と軍役」(『民衆史研究』一二、一九七四年)。
(34)　『神奈川県史』(前掲注32)、一〇六〇頁。なお『戦国文書聚影』後北条氏編の解説を参照。
(35)　池上裕子「戦国大名領国における所領および家臣団編成の展開」(永原慶二編『戦国期の権力と社会』東京大学出版会、一九七六年)。なお、小林計一郎「軍役と兵粮」(『日本歴史』二一一、一九六五年)を参照。
(36)　前掲注32『神奈川県史』四八三頁。
(37)　前掲注32『神奈川県史』一一四八頁。
(38)　『栃木県史』史料編、中世四、二五頁。
(39)　『武州文書』(ガリ版)五、四五五頁。
(40)(41)　池上、前掲論文。
(42)　『島津家文書』二、二四四頁。
(43)　『小早川家文書』一、四七九頁。
(44)　中村吉治『近世初期農政史研究』岩波書店、一九三八年、二七一頁。
(45)(46)(47)(48)　中村、同前書。
(49)　『毛利家文書』三、一八五頁。
(50)　三鬼清一郎「朝鮮役における兵粮米調達について」(名古屋大学文学部『三十周年記念論集』一九七九年)。
(51)　『島津家文書』一、三四四頁。
(52)　田尻氏由緒書(貞享二年)(『佐賀県史料集成』七、三三三頁)。
(53)　『島津家文書』一、三四二頁。
(54)　藤木久志「『関東・奥両国惣無事』令について」(『戦国の兵士と農民』角川書店、一九七八年)。
(55)　『伊達家文書』一、五五四頁。
(56)　『岩手県史』三、六九二頁。

(57) 山口、前掲書、七九頁以下。
(58) 北島万次「秀吉の朝鮮侵略と幕藩制国家の成立」(『歴史学研究』一九七七年度別冊)。
(59) 浅野弥兵衛尉長吉書状写(史料編纂所架蔵「岩倉共有文書」)。
(60) 『徳川家康文書の研究』上、学振、一九六七年、七三六頁。
(61) 『浅野家文書』八一頁。
(62) 「被仰出候趣」が検地だけにかかるのでないことは、すでに速水融氏の指摘がある(「領主制確立期の浅野氏」『三田学会雑誌』五二―一二、一九五九年)。
(63) 羽下徳彦「故戦防戦をめぐって」(『論集 中世の窓』吉川弘文館、一九七七年)、勝俣鎮夫「戦国法」(岩波講座『日本歴史』8〈中世4〉、一九七六年)などを参照。
(64) 『大日本史料』第一二編之六、六九頁。また寛永期の幕令には「井水野山領境等之相論仕候時、百姓刀脇指をさし、弓鑓を持、罷出候におゐてハ、可為曲事事」とある(額安寺文書)。なお野々瀬紀美「豊臣政権下の水論と村落」(『ヒストリア』七〇、一九七六年)を参照。
(65) 『梅津政景日記』一、一五八頁。
(66) 宮沢誠一「幕藩制イデオロギーの成立と構造」(『歴史学研究』一九七三年度別冊)。
(67) 北島、前掲論文。
(68) 藤木久志『織田・豊臣政権』(『日本の歴史』15、小学館、一九七五年)。
(69) 秋沢繁「天正十九年豊臣政権による御前帳徴収について」(前掲注63『論集 中世の窓』)。
(70) 黒田日出男「江戸幕府国絵図・郷帳管見(一)」(『歴史地理』九三―二、一九七一年)。
(71) 石井進『日本中世国家史の研究』岩波書店、一九六〇年、稲本紀昭「中世後期島津氏の権力構造」(『史林』五一―三、一九六九年)などを参照。
(72) たとえば室鳩巣は、幕府の規定による人数制限にもかかわらず供連れが多くなる弊風について指摘している(「兼山秘策」『日本経済大典』六、三〇〇頁)。
(73) 石井紫郎「前近代日本の法と国制に関する覚書(一)」(『法学協会雑誌』八八―五・六、一九七一年)。

(74) 水林彪「近世の法と国制研究序説㈢」(『国家学会雑誌』九〇―五・六、一九七七年)。

(75) たとえば永禄四年五月廿八日付北条氏康書状写(前掲『神奈川県史』四三九頁)。

＊ 本稿脱稿後に発表された藤木久志氏「豊臣政権の九州国分令について」(豊田武博士古稀記念論集『日本中世の政治と文化』吉川弘文館、一九八〇年)では、「惣無事令」は「国侍・百姓」をも対象とするとされている。

# 第Ⅸ章　いわゆる「身分法令」と「一季居」禁令

## はじめに

定

一奉公人、侍・中間・小者・あらしこに至るまて、去七月奥州へ御出勢より以後、新儀に町人・百姓に成候者於有之ハ、其町中・地下人として相改、一切をくへからす、若かくし置に付てハ、其一町・一在所可被加御成敗事、

一在々百姓等、田畠を打捨、或あきなひ或賃仕事に罷出輩有之者、其ものゝ事は不及申、地下中可為御成敗、幷奉公をも不仕、田畠もつくらさるもの、代官・給人としてかたく相改、をくへからす、若於無其沙汰者、給人過怠にハ其在所めしあけらるへし、為町人・百姓於隠置者、其一郷・同一町可為曲言事、

一侍・小者ニよらす、其主にいとまを不乞罷出輩、一切かゝへへからす、能ゝ相改、請人をたて可置事、但右者主人有之而於相届者、互事候条、からめ取り前の主之所へ相わたすへし、若此御法度を相背、自然其者にがし候ニ付てハ、其一人の代ニ三人首をきらせ、彼相手之所へあひわたさせらるへし、三人の人代不申付ニをひてハ、不被及是非候条、其主人を可被加御成敗事、

右条ゝ所被定置如件、

天正十九年八月廿一日[1]（秀吉朱印）

右に提示した天正一九（一五九一）年八月の豊臣秀吉条目は、第二次大戦前に中村吉治氏[2]によってその歴史的位置づけが与えられて以来、一見文意明瞭であるためか、条文の解釈研究の試みもないままに、いつの間にか日本史の教科書などで「身分法令」「身分統制令」と呼ばれ、太閤検地・刀狩令とともに兵農分離を実現する施策と位置づけられている法令である。

例えば三省堂『日本史 三訂版』は、検地帳に登録された農民が耕作権を保障される反面で年貢負担を義務づけられ、同時に土地緊縛を受けたことを指摘したのちに、天正一六年の刀狩令とこの「身分統制令」とをあげ、いずれも、農民を武士身分とはっきり区別して耕地にしばりつけ耕作に専念させる兵農分離の一環としての施策と評価している。すなわち「統制令」については「兵農分離の方針は、一五九一年の身分法令によりいっそう明確にされ、武士やその奉公人が町人や農民になることは厳禁され、また農民が耕地を捨てて商売や賃仕事に出ることも禁じられた[3]」としている。また山川出版社『詳説 日本史』も同様の文脈の中でこの「統制令」をとり上げ、「一五九一年には身分統制令を出し、武士が町人や農民になることを禁じ、農民が商人になったり日傭取りに出ることを禁じ、士農工商の身分を固定することにつとめた[4]」とする。

以上のような評価は、この「身分法令」第一条冒頭の「一奉公人、侍・中間・小者・あらしこに至るまて」という文言の中の「侍」を、士農工商の士にあたるものと解釈し、それを太閤検地の施行原則および刀狩令とにからめて評価し、さらに法令の主旨が何らかの形で江戸幕府の政策として受け継がれていった、と考えるところから起きていることは、いうまでもあるまい。しかしながら、ごくすなおに考えるとして、検地や刀狩令の主旨は近世期を通じて江戸幕府によってその成果が受け継がれ、基本的な施策として維持されていたのに対して（検地についてはいうまでもないとして、刀狩令の主旨は一揆の禁令、武具を使用した喧嘩の取締りなどに受け継がれている)、「身分法令」の上記の解釈による「武士」または「武士やその奉公人」が町人や農民になること、農民が商人や日傭になることが原則として禁止されていたとはいいがたく、これだけが少なくとも文字どおりには受け継がれていない点が気になりはしないだろうか。

法令の意味そのものの再検討が必要である。

# 一

まず「条目」第一条の「奉公人、侍・中間・小者・あらしこに至るまて」の読み方を確定しておきたい。秀吉の法令で、似たような文言をもつものを挙げると、

①一諸奉公人、侍事不及申、中間・小者・あらし子に至迄、其主ニ暇を不乞出事、曲事に候之間、相拘へからす、但前之主に相届、慥ニ合点有之者、不及是非事、（天正一四年正月一九日「御法度条々、御朱印之写」[5]）

②一諸奉公人事、侍儀者不及申中間・小者・下男至る迄其主人ニ暇を不乞他所へ罷出族有之者、慥使者を以三度迄可相届、其上扶持を不放付てハ、則可成敗事、（以下に「付」があるが省略する）（天正一八年八月日宇都宮国綱充「条々」[6]）

③今度会津江国替に付而、其方家中侍之事者不及申中間・小者ニ至る迄奉公人たるもの、一人も不残可召連候、自然不罷越族於在之者、速可被加成敗候、但、当時田畠を相拘、年貢令沙汰、検地帳面之百姓ニ相究ものハ、一切召連間敷候也、（慶長三年正月一〇日上杉景勝充朱印状[7]）

右によって「奉公人」が総称であり、「侍」「中間」「小者」「あらしこ」などが、その内容を個別に挙げたものであることは明らかであろう。

# 二

次に初期江戸幕府の法令に同様の文言があることに着目したい。いわゆる「一季居の禁令」として知られている法令がそれである(「一季居」は辞典などでは「いっきすわり」[8]と一般に読んでいるようであるが、萩毛利家の「万治制法」[9]や後掲の「皆川隆庸人数書立」に「一季おり」と書かれているのに従うべきであろう)。これらの法令は周知のものであり、また刊本で簡単に見られるので、当該の箇所だけを年代順に列挙すると、以下のとおりである。

①慶長一四(一六〇九)年正月二日「条々」[10]

一一季居之事、堅被停止訖、前々ヨリノ商人之外、奉公相止ル輩又者百姓等、フリウリ・一銭ソリスベカラズ、但、先規ヨリ仕来モノハ、米津勘兵衛尉・土屋権右衛門両人之手形ヲ取ヘキ事、

②慶長一五(一六一〇)年四月二日「定」[11]

一侍之事は不及沙汰、中間・小者に至迄、一季者を一切置へからさる事、

附、奉公望之者、一季と相定出すものハ可為曲事事、

一新参ものハ存分次第堪忍すへし、但、其年之切米を取においてハ、翌年之夏迄役儀を勤、其上暇を可乞事、

③慶長一七(一六一二)年八月六日「条々」[12]

一　一季居事、堅被停止上、侍之儀者勿論中間・小者に至迄、於有抱置輩者、速可被処罪科事、

④慶長一八(一六一三)年三月日「条々」[13]

一　一季居之事堅被停止訖、前々ヨリノ商人之外奉公相止ル輩又ハ百姓等、フリウリ・一銭ソリスヘカラス、

　但、従先規仕来候モノハ、勘兵衛・兵四郎手形ヲ取ヘキ事、

⑤元和二(一六一六)年一〇月日「定」[14]

一　武士之面々、若党之儀不及申中間・小者に至迄一季居一切拘置へからさる事、

⑥元和四(一六一八)年二月一八日「条々」[15]

一　武士之面々、侍之儀ハ不及申、中間・小者ニ至迄一季居一切抱置へからさる事、

　付、一季居之請人ニ不可立、但、堪忍次第とハ苦からさる事、

⑦元和五(一六一九)年二月一〇日「条々」[16]

⑧元和七(一六二一)年二月是月「条々」[17]

⑨元和八(一六二二)年六月日「条々」[18]

⑩寛永二(一六二五)年八月二七日「定」[19]

以上⑦⑧⑨⑩は⑥と同文。

⑪寛永四(一六二七)年正月一八日「定」[20]

一　武士之面々、侍之儀者勿論至中間・小者迄、一季居一円不可相抱、但、有堪忍次第者不苦事、

一　一季居之者於抱置者、主人随分限可出過銭事、

一一季居之者、或者籠者或者譜代可申付事、
一一季居之請人、或者籠者或者可過銭事、

⑫寛永一八(一六四一)年六月五日「定」(21)
⑬明暦元(一六五五)年八月二日「定」(22)
⑭万治二(一六五九)年八月二日「定」(23)
⑮寛文元(一六六一)年六月一二日「定」(24)

以上⑫⑬⑭⑮は⑥と同文。

以上の法令をめぐる長い研究史については、大竹秀男氏の整理(25)を参照していただくとして、本稿で指摘したいのは、これらの諸研究が「一季居」または「一季者」という言葉を「一季契約の奉公人」あるいは「一季契約で奉公人を雇うこと」と暗黙のうちに解釈し、それを研究の前提にしていることである。もちろん本稿も、「一季居」という言葉がそのような内容をまったくもたなかったと主張するものではない。しかし、この解釈に立つかぎり、極めて説明困難な事実が存在することも、また研究史の示すところである。

それは、右の意味での「一季居」の武家奉公人の存在を前提とした幕府法令が、右の期間に存在するという事実である。寛永一三年将軍家光の日光社参を控えて幕府は次のような触書を出した(26)。

一日光被成御社参付て、一季居奉公人当年は其儘可召置旨被仰出之、(下略)

類似の法令は正保五(一六四八)年日光社参前(27)にも、また明暦三年江戸大火の直後(28)にも出されており、いずれも「一季居」武家奉公人の存在を前提としている。この事実を研究史の大勢は、「一季居」禁令の弛緩ないしは空文化と説明することで、切り抜けようとしている。すなわち、寛永四年令⑪と明暦元年令⑬との間が二七年間あ

ることを⑫の寛永一八年令は知られていなかった)、「一季居」禁令が徐々に事実上守られなくなって空文化した結果、禁令そのものも発布されなくなって休眠化したと解釈するのである。

しかし、この間に禁令が休眠化していたとは考えにくい次のような事実がある。第一は⑫の寛永一八年令の存在である。第二は、寛永一〇年代と推定される「皆川隆庸人数書立」(29)である。

覚

騎馬　　三拾五《六》騎

　内　五百石　弐人

　　三百石　八人

　　弐百石百五拾石

　　百石共ニ、

五拾石　　（加筆）拾一人

かちの者　　四拾人

足軽　　七拾五人

長柄之者　　七拾七人

中間　　四拾人

鉄炮

　百目玉　　弐丁

（中略）

合薬　百貫目

（中略）

弓　六拾張

（中略）

矢　千筋

長柄ノ鑓　弐百本

（中略）

馬具　廿口

右之者壱人も一季おりのもの無御座候、台所人・下男なとのたくい、壱人も此内江入不申候、愛宕八幡偽無之候

皆川山城守（花押）

正月七日

皆川山城守には広照とその子隆庸の二人が該当するが、

広照＝慶長八年以降七万五〇〇〇石、同一八年改易、元和九年一万石、寛永二年致仕、

隆庸＝元和九年五〇〇〇石、寛永二年一万四〇〇〇石、同八年大番頭、同一〇年一万八〇〇〇石、任山城守、
正保二年没、

という経歴[30]と、「書立」の騎馬三六騎などの数字がほぼ二万石程度に見合う量である点を考慮すると、「書立」の山城守は隆庸であり、その時期は寛永一〇年から正保二年の間ということになろう。この期間は、幕府が旗本の

財政問題に大きな関心を示し、各種の調査や対策を行った時期[31]であり、それらの一つに周知の寛永一八年六月諸番頭・物頭に対する「采邑税額・軍役・諸器械・人数并所属の人数[32]」の調査があった。内容的には右の隆庸の書立はこの調査にほぼ対応しているようであり、この調査に対する回答と見做すことも可能であろう。また両者の日付が六月と正月と隔たり過ぎていることに着目すれば、隆庸書立は別の調査に対応するものであることになるが、それもこの期の幕府の関心からすればあり得ないことではない。

もし前者とすれば、⑫の寛永一八年前後において幕府は禁令だけでなくこうした調査を通じてその励行を厳しく求めていたことになり、もし後者とすれば、寛永一八年以外のこの期間のいずれかの時点において幕府は「一季居」禁止の意志を示したことになる。いずれにしても寛永一〇年代において幕府が「一季居」禁止の意図を放棄していたと見做すのは誤りであり、むしろその意図を持ち続けていたと考える方が妥当なのではあるまいか。

そうだとすれば、「一季居」禁令と、「一季居」の存在を前提とした法令の併存という事態があらためて問題となる。もちろん例えば大竹氏のように、一連の「一季居」禁令はかなり自由に「例外的な一季居雇入れ」を認めており、それが後者の法令中の「一季居」であるという立場に立つなら、この問題は瞬間的に解消する。しかしながらこの立場には以下のような検討の余地があり、手放しで矛盾解消とはいえない問題が潜在している。

大竹氏が例外措置とするのは、⑥以降の「一季居之請人ニ不可立、但、堪忍次第とハ苦からさる事」「武士之面々……一季居一円不可抱置、但、有堪忍次第者不苦事」といった文言の「但」以下である。これが何らかの意味で例外措置であることは文型からいって当然であるが、その意味内容の解釈を積極的に提示した業績は大竹氏のものを含めて、これまでのところ見当らないようである。つまり「堪忍次第」の意味であるが、これについては次の条文[33]を参照すべきであろう。

一一季居之輩、如例年出替之節暇を於出スニハ、今度火事ニ付而、先々ニ而可令迷惑候間、給分・扶持方食
物等不足候共可堪忍と申候ハヽ、其儘可差置候、勿論暇を乞候ハヽ、可出之事、

明暦大火直後の町触全七条の最後の一条であるが、掲示を省略した条には「小身之面々、心次第妻子等……在々所々江は可遣」「領内山林有之面々……」などとあり、町触とはいえ対象は旗本層であったと想定され、本条の「一季居之輩」も武家の奉公人に属していると思われる。この条文から指摘できるのは、第一に「堪忍」についてである。「給分・扶持方食物等不足」であっても「堪忍」しようというのなら、そのまま雇傭を継続し、暇を乞われれば召放せというのであるから、この雇傭関係は奉公人の側の「堪忍」にかかっていることになる。これが「堪忍次第」であり、したがって「堪忍次第」とは、不定期という意になろう。

第二には、この条文が「一季居之輩」の存在を前提にしていることである。さらに確認しておくなら、この「一季居之輩」は、「堪忍」の意志表示をして初めて「堪忍次第」の雇傭関係に入るのであるから、この時点では一年季の出替りを前提にした存在である。このことは、前年二月三日の町触(34)によっても明らかであろう。

一若党・中間・草履取・六尺以下下女、惣而一季居之出替り之もの、来ル廿日以前ニ有付可申候、廿日以後左様之者宿仕候ハヽ、可為曲事事候、若由緒有之のかれさるものハ、両御番所江参り、御帳ニ付、宿かし可
申事、

この町触は、「一季居」の存在を前提にするというよりも、その出替り期日を指定することを通じて、むしろ積極的にその存在を公認しているものと評価すべきであろう。それでは幕府は「一季居」禁令を放棄しているのかといえば、明暦元年⑪の禁令では「一季居」を禁止しているのである。単純に考えて、これは明らかに幕府の自家撞着である。

この撞着は、大竹氏のように、寛永期以降に「一季居」規定が空文化し、かつ「堪忍次第」による例外が一般化したとすることで解消するであろうか。答は否である。

理由の第一は、この自家撞着は「一季居」禁令に本来的なものであって、寛永期になって初めて発生したものでない、ということである。大竹氏も指摘するように江戸における出替り期日の指定は元和四年にまで遡り得るのであり[(35)]、幕府は一貫して一方では「一季居」を禁止しながら他方では公認していたのである。

理由の第二は、右の公認されている「一季居」は、「一季居」禁令の例外条項によるものではない、ということである。明暦三年の町触において指摘したように、公認されている一年季の奉公人が、ある意志表示をすることによって不定期奉公人となるのであり、「堪忍次第」の奉公人は、一年季の奉公人という意味での「一季居」ではあり得ない。したがって禁令の「一季居」を、一年季の奉公人と解釈すると、「一季居」禁令の主文と但書は、相互に撞着するか、意味のない繰り返しとなるであろう。すなわち、「一年季の奉公人を雇傭してはならない。但し、その一年季の奉公人が不定期のものならよろしい」あるいは「一年季で奉公人を雇傭してはならないが、不定期ならよい」かであるが、前者は主文と但書の自家撞着であり、後者では主文と但書は不完全な言いかえの関係にある。そして後者にしても、所詮は出替り期日を定めた法令と撞着することは避けられない。つまり公認されている「一季居」と禁止されている「一季居」を、ともに「一年季の奉公人」または「一年季で奉公人を雇傭すること」と解釈するかぎり、幕府は政策上の明白な自家撞着を五〇年余にわたって犯し続けていたことになる。いったい一つの統一権力が、短期ならいざ知らず長期にわたってこのような状態を放置しておくであろうか。このことは両者の「一季居」を同じ意味と理解するところから起きるのであるから、この前提を替えるのが正しい方法であろう。すなわち、同じ言葉である以上どこかに共通する部分はあるとしても、後者は「一年季の奉公人」以外の意味で使用されていた、ということである。以下の『梅津政景日記』の記事[36](元和五年三月二二日)は、当時「一季居」禁令がどのように解釈されていたかの一例を示している。

一御馬添・御足軽・御小人・又内迄町中へ参、如何様成仕合ニ而、手疵をおい参候ハヽ、即様子穿鑿致、披露可仕由、若半時成共抱置、披露遅々仕候ハヽ、よりおや・下々主人曲事に可被仰付由、御意ニ候間、其段相ふれ申候、又殿原・中間・小者成共、牢人かゝへ候ハヽ、町中家持請人ニ立候ハヽ、不苦候、無左候ハヽ、相奉公人なと請人ニ而、指置申間敷由、御意之段、右同意ニ申ふれ候、

この時政景は主君佐竹義宣とともに江戸にあり、したがって右の記事の「町」というのは江戸のことであり、また主君の意を承けて政景が即座に申触れた対象は佐竹の江戸屋敷内である。そして、この江戸屋敷内での措置が、同年二月一〇日付の「条々」(⑥はその一部)を受けたものであることは、その第五条に「手負たる者を隠置[37]へからさる事」とあり、これが記事の前半と対応していることによって知られる。したがって後半は、⑦の「一季居」禁令に対応しているのであり、これが佐竹氏の禁令解釈だったのである。『梅津政景日記』を通読すると義宣は大小事にわたって懇意な旗本を通じて幕府有力者の内意を受けて行動していたことが知られる。この場合義宣が禁令の解釈について幕府に質したかどうかは記されていないが、幕令を知った義宣の措置が、彼が忖度した幕府の意図とそれほど隔たっていないことは確かであろう。それによれば、禁令の意図は、江戸の家持など慥かな請人のいない「牢人」を「殿原・中間・小者」として抱えること、とくに「相奉公人」などを請人として抱えることの禁止にあった。右のうちで「牢人」については万治二年二月二一日付町触[38]に、「一季之牢人弥当廿日切ニ候間、若相背、于今宿仕者有之候ハヽ、宿主・家主共ニ急度曲事ニ可被仰付」とあり、出替りの日限が過ぎても主取りせず牢人している者を指すと見てよいであろう。次に「相奉公人」を請人にするという点については慶安五(一六

五二)年四月の町触に、「町人之草履取・六尺・小者、或ハ知音いたし或ハ兄弟親類之契約いたし、草履取引まわし奉公ニ出候事、可為無用……一六尺・小者、私ニ草履取を抱、人主ニ成奉公ニ出し候事、是又令停止候間、親子兄弟しんるい之外、人主ニ成奉公ニ出候ハヽ……急度曲事ニ可申付」とある。これは人主の問題であるが請人についても同様であり、奉公人同士が相互に請に立つという事態もあったと推定されるのである。要するに日限が過ぎても主取りをしないで江戸に滞留しており、かつ家持などの請人のいない身許の不慥かな階層、これが「一季居」禁令の対象であると義宣は判断しているのである。すなわち義宣の解釈によれば、禁令の「一季居」とは身許の慥かでない「一季之牢人」のことだったのである(なお『政景日記』中の「殿原」は、この記録の中では姓のない名前だけで記される存在であり、後述の若党と同様の身分の者と見做して大過ないものと考えられる)。

それでは、この義宣の解釈は当時としてどのようなものであったのか。幕府の奉公人政策全般の中でこの問題を考えると、まず確認すべきは幕府は当初から一年季の奉公人を否定していなかったという点であろう。大竹氏も指摘するように諸藩において一年季の奉公人を禁止した例はない。諸藩において中間・小者など家臣の従者の多くが農村からの奉公人であり、諸藩は農村の労働力維持との関連で農業人口と奉公人との循環を意図した奉公人政策をとっていたことは周知のとおりである。ここでは、次の『家世実紀』の記事(慶安元年三月二〇日)が示すように、一季、半季といった短年期の奉公人が家臣団にとってもとくに必要であった事情について指摘しておきたい。

御家中侍共、若党・中間召抱候事者可為身上候間、分限より多者無用、少不足めニ常々者召置候様ニと、兼而御情ニ被仰付候、(中略)五人程可抱身上之者、三人程常々持候ハヽ、俄之時大ニ事欠ル事ニ而者有間敷候得者、其中ニ我者来年之春又者夏、御番ニ江戸へ登積り者素より覚悟之事ニ候間、冬中ニ人を可召置候、尤当暮秋中ニ者登候筈ニ候、人を召おかてハ成間敷と存、其春夏之内ニ可拘置事共ニ候、

会津藩も他の諸藩と同様に、領民の他領移住禁止、人返しなど「百姓」経営数維持増大政策を採り、それとの関連のもとに奉公人確保の政策を採っていたのであるが、右においては家中の財政維持の観点からも、平常は身上相応より少ない従者ですまし、江戸勤番などの必要時にスポット的に短期の奉公人を抱えて軍役を遂行するよう家中に求めている。こうした事情は旗本においても同様だったであろうし、事実としても先に触れたように幕府は元和四年に一年季の奉公人の出替り日を公定しているのである(43)。

一下々諸奉公人、年季者格別、一季とハ二月・八月、一年ニ両度出替申候事せわしきやうに候間、近比より二月二日に出替定候、是は在々ハ二月耕作の用意申に付而、三月はもはや耕作の用意おそなわり申候間、二月ニ極、相済不申候へは、三月ハ引込、耕作仕付可申ため也と被仰出、然るに下々奉公人共数多令浪人、在郷へ参もいや、奉公も六ケ鋪存引込、則山伏等の弟子となり、祈禱も卜筮も不存、伊勢之祭文一ツ愛宕之祭文一ツいつれなりとも習候而勧進いたし、身命をすき、或又伊勢熊野の勧進比丘尼を妻女に持、弟子を置、彼等に勧進いたさせ、扨無程峯へ入、先達と号、金蘭之袈裟をかけ院号を付、諸人に慮外を仕、以之外之曲事之由被仰出、依之下々之中間もすくなく候間、御法度ニ被仰出、

右の記事を含む「元和年録」は問題の多い編纂物であるが、この記事の場合は、①出替り期日がこの期のものとして問題が生じないこと、②真似山伏・真似勧進停止の老中奉書が(44)、この年の正月二九日付で所司代と山田奉行に対してそれぞれ発行されたことが別の史料により確認されること、の二点から信用してよいと考える。また奉書との関連からすればこの出替り期日公定の日付は正月中であり、これも二月二日を出替り期日とする内容に

ふさわしいといえよう。以上を前提として記事を読むと、それは、①これまで一年季の奉公人の出替りの期日は二月八月の年二度であったが、これを改定して二月二日の一度とする、②その目的は、期日後に奉公に有付けなかった一年季奉公人を時期を失せず帰村させ農作業に従事させるためである、③奉公を離れた浪人が江戸に滞留して真似山伏・真似勧進などで生活するのを禁止する、④それは江戸で中間などの奉公人が不足していることへの対策でもある、の四点に要約されよう。

これによれば幕府もまた諸藩と同様に、農業人口と江戸奉公人との循環を意図していたのであり、③の措置はそのサイクルから落ちこぼれて江戸に滞留する人口の根絶策であった。この点では幕府の政策は一貫しており、①慶長一四年、④慶長一八年などの「前々ヨリノ商人之外、奉公相止ル輩又者百姓等、フリウリ・一銭ソリスヘカラス」や上掲明暦二年二月三日の「惣而一季居之出替り之もの、来ル廿日以前ニ有付可申候、廿日以後左様之者宿仕候ハ、可為曲事事候」も、この観点から評価される。これには元和四年偽山伏の禁令が「諸人に慮外を仕」と示唆しているように彼らが都市の治安問題をひき起し、さらには武士団の統制上の問題をひき起すことに対する対策の意味もあったであろう。武家奉公人やその牢人が一味徒党する「かぶき者」の追捕や取締りは江戸においては慶長一七年以降しばしば行われている(45)。彼らが相互に請人となって武家奉公した例をいま挙げることはできないが、上掲慶安五年四月「町触」の「或ハ知音いたし或ハ兄弟親類之契約いたし」て奉公に出すという文言は、その存在を推測させるに十分であろう。また逆に幕府の政策にもかかわらず、一年季奉公人の牢人が多数江戸に滞留していたことも十分に推測できるであろう。「一季居」という言葉が、一年季の奉公人という基調を保持しながらも、その牢人という意味を同時に帯びることになっても、少しもおかしくないのである。

このように見て来ると、元和四年の「一季居」出替り期日公定の翌年に公布された「一季居」禁令を上述のように理解した義宣の解釈は、当時としてはむしろ常識的なものであったといえよう。「一季居」禁令は、奉公人の確保と同時に、その農村への還流を意図した幕府の政策の一環として、一季居の牢人の根絶を意図したものであったのである。

以上、本節では「一季居」禁令の対象である「一季居」が、「一季居の牢人」に他ならないことを述べた。最後に付記しておきたいのは、禁令中の「抱置」の意味についてである。本稿では、これを「召し抱える」あるいは雇傭するという意味で解釈して来た。しかし上掲『政景日記』では、手負を「抱置」くという使い方をしている。これは、中世から近世初期の「格護」と同様に、「かくまう」「庇護する」と解釈するべきである。とすると、禁令の「抱置」も、旗本などが屋敷の中に一季居の牢人を庇護して置くというより広い意味(雇傭もこの中に含まれる)をもつことになるが、この点については後日を期したい。

## 三

次に、「武士之面々」が「一季居」から抱え置くことを禁じられた「侍之儀者不及申、中間・小者に至迄」の中の、「侍」とは何であったのか。⑤と②③⑥以下の文言を比較すればわかるように、侍=若党である。このように侍を若党と言い替える例は、「一季居」禁令以外では次の法令がある。(46)

定

一弐百石　　侍壱人

一三百石ゟ四百石迄　同二人

一五百石ゟ七百石迄　同三人
　但、八百石ゟ上ハ千石へ付へシ
一千石ゟ千七百石迄　同四人
（中略）
右之通、出仕幷江戸中往還之時、若党召連へし、是ゟ少なき事ハ不苦、おほくつるゝ儀可為無用、此御定之儀ハ人をも吟味いたし可相拘ため被仰出候間、可存其旨、（中略）諸役人ハ制の限にあらず、但、御陣・御上洛の刻ハ各別也、
　　寛永五年二月九日

ここでは同一法令の中で侍が若党と言い替えられており、両者が同じものを指していることは明白である（なお、この法令は、役人となった時および陣・上洛の供奉の時以外の平常時には身上以下の供廻りですますことを要請している点で、上掲会津藩の法令と主旨を同じくしており、同主旨の法令は以後も旗本の財政問題とからんでしばしば出されている）。

それでは若党とはどのような存在であったのか。第一は、若党は禁令が示しているように「武士之面々」とは階層的に区別された存在であった。やや遅い史料になるが天和二（一六八二）年の刊記をもつ『千代の友つる』[47]は、武家と若党との差を次のように述べている。

○武家牢人に上中下のしなあり、上のらう人と申ハ先祖に数度戦場にて手柄をし、（中略）中のらう人と申ハ中小姓以上御近習をつとめ、（中略）下のらう人と申ハかるき役人なとつとめて（中略）みくるしきてい也○わたりざふらいかちわかたうのふうハ、中小姓以上のほうこう人衆とハかくべつのふうなり、（中略）うらつけの

はかまのもゝだちをとり八もんじにふみし人、もの〳〵しくみ事也○一とせのつとめもあけの春やよひはじめの五日になれハ、なれし主人の家を出て牢人の身となり、宿やに行て(中略)それよりあたらしき主人をもとめんとて、かなたこなたへ行て目見へのしゆびをもとむ也、

右によれば、武家と渡り侍である「かちわかたう」(徒若党か徒・若党かについては保留しておきたい)とは明らかに区別された存在である。「中小姓以上のほうこう人衆」とあるように武家の一番下の階層は中小姓であった。このことは、慶長一七(一六一二)年に処刑されたかぶき者の首魁大鳥井逸兵衛について「慶長年録」が「元来本多百助か小者ニ而(中略)致欠落、佐渡へにけ行、大久保石見守家中にて辻喧嘩なと一両度首尾能候て、大久保石見守目代大久保信濃と申者、侍ニ取立、召仕候、然ニ天性此者りこんにて(中略)侍之たしなみを不残けいこいたす間、中小性ニ取上、馬なともの り得たり(48)」と述べていることとも合致する。すなわち小者→侍→中小姓であり、中小姓は馬上の身分なのであった。

ところで若党は、『加能郷土辞彙』が「諸士に使役される陪臣(中略)、若党は士格であるから足軽よりも上列と見られてゐた」とするように、すぐれて又者的な存在であったらしく、幕府の職制を述べることを主眼とした『古事類苑』官位部の近世のところには、若党は出て来ない。また旗本や大名家臣の家政史料、とくに初期のそれが皆無に近い現状では、初期の若党の実態を知ることは殆ど不可能なことである。しかし、若党が又者の中で最上位の階層に属したことは、次の元和九(一六二三)年秀忠上洛の時の行軍法度中の一条からも知られる。(49)

一馬上の際に召列かちもの丶事、馬取二人・沓持壱人・草履取壱人・持鑓壱本、此外若党を可召連事、

秀忠に供奉する行列に参加する馬上の士が、その馬廻りに召しつれる徒歩の者の規定である。それらは、特定の道具を運ぶ者(「持鑓」は、いうまでもなく馬上の士が使用する道具であり、それが「壱本」というのは、その

運び手が一人という意味である)と若党とに分かれている。このように道具を運ばないという点が若党の特性であったらしく、次の貞享元(一六八四)年の岡山藩の法令[50]は、「御簡略」を理由に、若党に対して文箱程度の物は持つことを強制している。

今度諸事急度御簡略ニ付、士中召仕の若党下々ニ至まで、此節随分相勤奉公仕候様ニとの御趣意御座候、然ル上は若党は文箱を持、鑓持以下は何ニても仕候様ニ可被仰付候、

右によれば、家中の士が若党を使者として他家に遣わす際には、さらに文箱持を一人若党の供として付けてやらなければならなかったのである。周知のように若党が雇傭されている間は、武士としての刑罰を受けたのも、右のようなあり方と対応している。

旗本や大名家臣の奉公人の中で若党が何故にこのような待遇を受けたのかというと、それは若党が戦闘員であったことに関連していると思われる。

近世初期の東国語の好資料として著名な『雑兵物語』は、道具を持ち運ぶことを任務とする他の従者に対して、若党をもっぱら戦闘員として描いている[51]。例えば草履取は、戦闘に参加しようとすること自体が「推参」と見做された。

弓の勝負が初まつて、箸を投出すが如く玉と矢ととんでくるは、へちはない、こきりことしな玉を投だすが如く互におつゝめた所て、旦那が云なさつたは、この鉄炮を腰に引はさめ、一番鑓を合せべいと云なさつた所て、左候はゝわつちめも此鉄炮で鑓脇を追詰申べい、玉薬を一放分下されいとのべたれば、おのれが鑓脇推参なやつだとて血目玉を出してしかりなさつたに依て、是非なく見物してねまつた。

相互に鑓と鑓が交差する戦場でもはや不用となった鉄炮を預かっているのが、この草履取の任務とされている。

これに対して若党は、「れき〳〵の侍衆」である主人の「鑓脇をつめる」(戦闘者が刀や鑓で攻撃を加える時、無防備になる体の右側面をいわゆる横鑓を入れられないように防御することと考えられる)のがその任務であった。

加助どの〳〵、扨々能はたらきをした。れき〳〵の侍衆にもまさつた鑓脇を引詰、首とられた。そちか旦那も被官も手柄した、(中略)おれが旦那は二番鑓た所て、加助が旦那の一番鑓をぶつこみなさるをも、加助が鑓脇をおつつむるをも、能みとゞけた。(52)

以上、本節では「一季居」禁令中の「侍」は若党であること、若党は「武士之面々」の奉公人ではあるが、階層的には奉公人の最上位にあること、それは若党が戦闘員である点に由っているであろうことを述べた。

# 四

前節の結論は慶長一〇年代以降のことに属するが、これを十数年さかのぼらせていわゆる「身分法令」の解釈に適用しても大過ないと考える。戦闘の方法と戦闘をめぐる観念は、当時の軍功書上や「寛永諸家系図伝」などを読んでも、織豊期と江戸初期は連続していると思われるからであり、また第一節で指摘したように「侍・中間・小者」という文言は秀吉の法令においても、下って慶長三(一五九三)年にも使用されているからでもある。天正二〇(一五九二)年正月日付豊臣秀次条目(後掲)に対する請書と考えられる次の史料(53)によっても、このことは傍証される。

一今度唐入御陣付而、五ケ条之御置目御朱印之通聊相背申間敷事、

一侍・中間・小者・あらし子ニ至る迄、在所に年来居住之者之外、新儀ニ参候もの居住させ申間敷候、(中略)

武士奉公ニ出申者にハ一夜之宿をもかし申間敷事、
一武士の奉公人、商売人・諸職人ニあひ紛来る事可在之、其段念を入相改申、惣而慥なる商売人・諸職人たり共、新儀ニ来り候もの置申間敷事、

第二条では、「侍・中間・小者・あらし子」が「武士奉公」に出たものであること、したがってこの「侍」は武士には含まれないことが確認されるし、第三条では、そのような「武士の奉公人」(武士に所属する奉公人)が商売人・諸職人に紛れるような存在であったことが暗示されている。

いわゆる「身分法令」の「侍」は若党であり、これを武士一般と解釈するのは誤りである。いわんや「武士やその奉公人が町人や農民になることは厳禁」(前掲三省堂教科書)とするのは論外であろう。

次に「……士農工商の身分を固定することにつとめた」(前掲山川出版社教科書)という理解について検討しておきたい。「固定する」というからには、この法令が多少なりとも永続的な施行を意図したものという理解が前提となるが、この法令は以下のように時限立法であったと思われるからである。

条々

一唐入に就て御在陣中、侍・中間・小者・あらし子・人夫以下に至る迄、かけおち仕輩於有之者、其身の事ハ不及申、一類幷相抱置在所、可被加御成敗、(中略)

(第二、三条略)

一御陣へ召連候百姓の田畠事、為其郷中、作毛仕可遣之、若至荒置者、其郷中可被成御成敗旨候事、(付省略)

一御陣へめしつれ候若党・小者等とりかへの事、去年之配当半分之通、かし可遣之、(中略)

右条々、於違背之輩者、可被処厳科者也、

天正廿年正月日（秀次朱印）
浅野左京大夫とのへ[54]

前掲の請書と合わせると、この条目はいわゆる「身分法令」の奉公人に関する部分と内容的に殆ど一致する。したがって、前年の暮に就任して早々の秀次が、新関白の名において前年の秀吉の法令の主旨を確認したのがこの条目であると考えられる。ところがここでは「唐入に就て御在陣中」と限定が付されている。この限定は請書を見れば明白なように五か条全てにかかっており、条目全体が時限立法であったことは明白である。このことはいわゆる「身分法令」もまた、時限立法であったことを示しているのではあるまいか。もしいわゆる「身分法令」が、それを永続的に施行する意図の下に発布されたとすれば、その数か月後に秀次が「唐入に就て御在陣中」と限定するいわれはないからである。秀吉は、一月足らずの後に予定していた「唐入」の動員令発動を念頭に、この法令を制定した、と考えるのが妥当であろう。

いわゆる「身分法令」は、「唐入」の期間に限定されたものだったのであり、これを永続的施行の意図があったという理解の下に、「身分を固定することにつとめた」と評価するのは誤りである。

いわゆる「身分法令」の性格を以上のように理解するなら、その奉公人に関する部分は、先掲慶長一五年四月二日「定」（第二節の②）第三条「御普請・御陣・御上洛之御供、又ハ御使之沙汰有之時、暇を乞之儀可為曲事之旨被仰出上ハ、存其趣、出すへからさる事」という形で、幕府法令に受け継がれていることが指摘できる。先の日光社参の予定される年に「一季居」出替りを禁止した法令は、その具体例といえよう。諸藩も同様であり、例えば加賀藩は大坂冬の陣に際して、「当年・去年切之奉公人、来年中不替当主可遂奉公、たとひか丶へ置候刻、如何様に申定儀雖有之、如此定置上、一切申分不可有之」[55]とし、和睦後には「御家中一年切奉公人、就御在陣、当年可被召仕と最前雖被仰出、御開陣之上者、侍・小者によらず、何もいとまを可出候」と高札で告示している。これらも、いわゆる「身分法令」が時限立法だったことの傍証となると思われる。もしそうでなかったとしても、この法令の少なくとも奉公人に関する部分は発布の数か月後に秀次によって「御在陣中」という限定を受け、以後その限定付きで幕府や諸藩に受け継がれたのであるから、厳密に言えばその有効期間は僅か数か月に過ぎなかったのであり、体制の基礎を説明する際に使用する史料としては不適格ということになるであろう。

## おわりに

以上で、いわゆる「身分法令」の通説的理解が誤りであることを、①「侍」は若党であって武士一般ではない、②この法令は時限立法であった、の二点について述べ得たと考える。

ただし本稿で考察したのは、法令の中の奉公人に関する部分についてだけであり、百姓に関する部分については触れ得なかった。この部分が百姓を土地に緊縛して年貢・兵粮を確保し、同時に「田畠もつくらさるもの」を奉公人として「唐入」の軍団に吸収する意図に由っているのは明白であり、このような意図については旧稿で触れたことがあった(56)。また土地緊縛という観点からこの部分を評価すれば、小農自立・維持政策との関連で参照すべき第二次大戦後四〇年弱の研究史がある。むしろ問題は、研究史の中で明らかにされて来た小農自立の動向と、「奉公をも不仕、田畠をもつくらさる」侍が当時実態として存在したという事実を、どのように関連づけるかにあり、これはこの法令三か条を全体として読み解く作業ともなるであろう。

○太閤秀吉公ノ御代触状之事(57)

天正十八年太閤様ノ御時、当村御蔵納トナリ、浅井郡ノ御代官衆大田又介殿・称名寺・速水甲斐守殿・野村肥後守殿ヘ大坂ヨリ触状ノ一通アリ、左ニ誌ス、

急度申入候、御代官所・自分知行之内浪人停止、可被相払事、

一主をも不持、田畠つくらさる侍、可被相払事、

一諸職人幷商売人、此以前仕来候ハヾ可為其分、此触之後、彼主をもたす、田畠不作侍共、職人・商売仕候と申候共、地下可被相払事、

一奉公人の外、百姓之中ハ被改、武具類可被取上事、

（第四条略）

右、御代官所・私之知行之内、由断にて猥儀をし候ハヽ、可為越度之間、可被得其意候、為届如此候、以上、

長束大蔵大輔

（以下五人略）

天正十八年極月五日

太田又介殿

称名寺

速水甲斐守殿

野村肥後守殿

史料の性質上、誤写のある可能性も高いが、文意が「主を不持、田畠つくらさる侍」の「停止」にあったことは明らかであろう。そして、この「侍」が若党クラスのものであることは、「職人・商売仕候と申候共」とあることからも推定される。こうした「侍」が少なくとも近江には禁令の対象になるほどに存在したのである。小農自

立の過程で彼らはどのようにして析出され、どのような存在形態をもっていたのか。戦国期の小領主層や大名の組織の中で彼らはどのような位置と役割にあったのか。これが第一の課題である。

第二の課題は、彼らが結局は在地を払われて公儀の軍団の奉公人として吸収されていったとすれば、それは「作あひ」否定の原則貫徹のしかたの問題でもある、ということをめぐってである。すなわち、この浪人「停止」令は、その日付が「去七月奥州御出勢より以後」に属することからも、また内容上からもいわゆる「身分法令」の先駆的なものと判断されるが、こうした「御陣」へ動員を標榜する法令によって、検地原則の貫徹が図られ、公儀の軍団の編成が進められていったことの意味についてである。「御陣」を繰り返せばよいのであるから、これらの法令が時限立法であったかどうかは、あまり問題ではないようにも見える。しかしこの問題は、もしこの浪人「停止」令が都市で施行されたとすれば、それは「一季居」禁令そのものであることに思い到るなら、それを「御陣」によって推進した豊臣政権と、実質的に「御陣」の機会が少なくなった時期にそれを推進した徳川政権の、体質の差の分岐点に連なることがらとも言えるであろう。

右の二つの課題を解決する努力の中で、はじめていわゆる「身分法令」は体制の基礎に関わる史料として位置づけられるのではないだろうか。

(1)『毛利家文書』九三五、『浅野家文書』二五八、『小早川家文書』五〇四。
(2)『近世初期農政史研究』岩波書店、一九三八年、第三篇身分統制。
(3)一二〇頁(昭和四十八年版)。
(4)一五二頁(昭和五十年版)。
(5)宮川満『太閤検地論』御茶の水書房、一九六三年、第Ⅲ部、三五六頁。
(6)「小田部庄右衛門氏所蔵文書」一五一(『栃木県史』史料編中世二、一九七五年)。

(7) 『上杉家文書』八六三。
(8) 例えば『国史大辞典』(吉川弘文館)。
(9) 「万治制法」19人沙汰の法(『山口県史料』近世編法制上、八九頁)。
(10) 『大日本史料』第十二編之六、七頁。
(11) 同右、第十二編之七、一三九頁。
(12) 同右、第十二編之十、四頁。
(13) 同右、第十二編之十一、六四頁。
(14) 同右、第十二編之二十五、七〇一頁。
(15) 同右、第十二編之二十九、六六頁。
(16) 同右、第十二編之三十、四七九頁。
(17) 同右、第十二編之四十八、四四頁(補遺)。
(18) 同右、第十二編之四十五、二一一頁。
(19) 「東武実録」。
(20) 同右。
(21) 「部分御旧記」五六(『熊本県史料』近世一、四三七頁)。
(22) 『武家厳制録』(『近世法制史料叢書』三、一一三頁)。
(23) 『正宝事録』一、八四頁。
(24) 『御触書寛保集成』四〇頁。
(25) 「幕府法の一季居奉公禁制」(『牧健二博士米寿記念日本法制史論集』思文閣出版、一九八〇年)。
(26) 『御触書寛保集成』三九八頁。
(27) 『正宝事録』一、一頁。
(28) 同右、一、五一頁。
(29) 「皆川文書」四六(『栃木県史』史料編中世一)。

(30) 『寛政重修諸家譜』十四、八三頁(新版)。
(31) 佐々木潤之介『幕藩権力の基礎構造』御茶の水書房、一九八九年、三五三頁以下。
(32) 「徳川実紀」(『国史大系』四〇、二三〇頁)。
(33) 『正宝事録』一、五〇頁。
(34) 同右、一、四三頁。
(35) 『大日本史料』第十二編之二十九、六八頁。
(36) 『梅津政景日記』四、四四頁。
(37) 「隠置」「抱置」については後述。
(38) 『正宝事録』一、七八頁。
(39) 同右、一、二二頁。
(40) なお元和五年七月一〇日の記事(四、八一頁)を参照されたい。
(41) 安良城盛昭『幕藩体制社会の成立と構造』御茶の水書房、一九五九年、第二章第七節。
(42) 『会津家世実紀』一、二九九頁。
(43) 『大日本史料』第十二編之二十九、四〇・六八頁。
(44) 同右、第十二編之二十九、三七頁。
(45) 同右、第十二編之九、九一八頁。
(46) 「江戸幕府朱黒印御内書留」(京都大学所蔵)。
(47) 『千代の友つる』(米山堂複製版)中、一九・二〇・二一丁。
(48) 注45参照。
(49) 「東武実録」。
(50) 『藩法集』6岡山藩上、三一二頁。
(51) 深井一郎『雑兵物語研究と総索引』武蔵野書院、一九七三年、一五二頁。
(52) 同右、一四九頁。

(53)『吉川家文書』七四二。
(54)『浅野家文書』二六〇。
(55)『加賀藩史料』一、二五四・二八七頁。
(56)本書第Ⅷ章。
(57)「平野荘郷記」(東京大学史料編纂所所蔵謄写本)。

〔付記〕峯岸賢太郎氏は歴史学研究会一九七七年度大会報告でいわゆる「身分法令」に触れ、「この法令は豊臣政権が朝鮮侵略にそなえて、主として『中間・小者・あらし子』と呼ばれる武士奉公人を確保するために……武士奉公人を主人のもとに人格的に緊縛し、百姓・町人への還流を禁じたものであり、かつ兵粮米確保のために百姓が商売や賃仕事に出ることを禁じたもの」とする立場から「この法令は武士・百姓・町人などの幕藩制的身分の基本ないし総体を規定する身分法令としてあるのではない」と指摘した後に、この法令が耕作強制・土地緊縛として作用した故に結果として「身分固定令の意味を持っ」たと評価している(同大会特集号。なお講座近世史3『幕藩制社会の構造』有斐閣、一九八〇年、三八頁を参照)。しかし氏は「侍」について積極的に見解を提示していないため、通説の批判は不徹底に終っている。本稿は「侍」は若党であることを指摘することにより、奉公人・百姓など諸身分を人的資源として緊縛・管理しないではおかない近世国家の特質を明らかにする作業の一部とするものである。

〔補注〕「鎗脇をつめる」という言葉には、次のような用例がある。

『翁草』○高木・村越武勇の事

家康公の御内、高木主水・村越与三右衛門、遠州にての働は、両人田中の細縄手を引退に、敵十騎計り追蒐る、主水幾度となく鎗を振廻し、一足も引まじ、一鎗参らんと踏止まれば、村越は弓に矢をつがひ、鎗脇を詰むるぞ、心閑に一鎗せよと訇り……両人心得たる勇士なれば……向ふ敵を突伏る、村越、鎗脇を詰むるぞ、討て、討てと声を懸て、番へる矢を放ち、其場にて両人して敵三人を討取り、両人共恙なく引取たり……鎗脇を詰るに、刀を上とし、弓を中とし、鉄砲を次とす。其子細は、鎗脇の刀は鎗突入よりも踏込ねば、其刀敵にあたらず、故に刀にて鎗脇をするを就中誉る、さあらば、鎗よりも手柄と云べきなれど、先ず鎗を敵につけぬ前は、刀にて成り難し、鎗を付るゆえに刀にて鎗脇をする、仍て其手柄鎗に続ぐ、弓は又精兵は知らず、小兵は根矢にて十間より延ては思ふ程の誉なし、六七間たるべし、然れば鎗つく人の跡より射ても、二間、三間たるべし、故に刀に続て弓を誉たり、鉄砲は一町二町さきの者にても打落す、況や十間二十間にても中り自由なり、因茲鉄砲鎗脇をば、弓よりは又次に誉たり、(『日本随筆大成』(第三期)十一、吉川弘文館、一九三一年)

# 第X章　初期藩政改革と幕府

## はじめに

近世初期の名君として名高い岡山藩主池田光政は、寛文の頃、幕府大老に上申して、大略次のように述べたといわれる。(1)

幕府は、諸大名の財力を削減することを良法としているが、これは逆であって、藩財政が逼迫すれば世上は騒然となる。

近年の疲弊は一揆のもとである。もし諸方に一揆が勃発すれば、諸大名の中にも逆心を起して同調するものが出るかもしれない。濫費を節減して救恤にあてるべきであること。

ここでの光政の目的は、〈幕府の過大な軍役賦課→藩財政の逼迫→農民への転嫁→農民一揆→諸大名の叛乱→体制の崩壊〉という過程の現実性を強調することによって、幕府の諸大名に対する財力削減策を牽制するところにあり、したがって、これは大名としての彼の立場に直接的には結びつけて解釈さるべきものであろう。また、これは池田家に残された草案からの要約であり、彼が実際にこの通りのことを大老酒井忠清に建白したかどうかは、もちろん定かではない。しかし、このような草稿が残されているという事実は、ここに示されている二つの異なった関係——場合によっては謀反の可能性を秘めたものとしての大名と幕府との関係(＝領主階級内部の関係）と、大名に対する農民の一揆（＝階級対階級の関係）――について、彼がある一定の定式化に到達していたことを、物語ってはいないだろうか。すなわち、領主階級内部の問題は、領主対農民の問題に従属し、規定さるべきものであり、この定式に基づいて幕政は進められるべきことを、彼は主張しているのである。（この定式化の過程には、農民一揆は大名の謀反と結びついたときに初めて体制の危機につながる、というもう一つ重大な認識が前提されているが、ここでは深く立ち入らない。）

このような定式を意識したところに、光政の名君たる所以があったのかも知れぬとしても、それは所詮、彼の頭脳の中のことに過ぎず、現実は別である、という見解も確かに成り立ち得る。しかし、幕政・藩政の動向を仔細に見ていくと、成立以来の近世の政治史は、当事者が意識したかどうかは別として、右の光政の原則の上に展開したことが知られる。以下では、その一例として元和八年の高知藩の財政改革について紹介し、寛永期幕政を展望する一つの基礎作業としたい。

## 一　改革の概要

元和五（一六一九）年、福島正則改易に伴う広島出兵、同六年の大坂城普請の助役によって、高知山内藩は財政に大きな打撃を受けた（それには、従来の役高が一五万石であったものが、藩主山内忠義の妻子が在府していないため二〇万数千石の本役を課せられた、という事情もあった）。この頃、上方からの借銀は三〇〇〇貫に及んだとされるが、この数字の大きさは、例えば後に見るように元和八年の藩庫への収入がせいぜい四〇〇貫程度であることからも想像がつくであろう。（ちなみに京都での借銀先は、岸部屋五郎右衛門、袋屋宗古、菊屋宗徳、灰屋紹

由などであった由である。(2)

さし当って借銀については幕府当局者の斡旋により、借り替え、支払繰り延べの手段が、また幕府の軍役については同藩の自然的条件を生かして材木による代納の処置が認められることとなったが、(3)これはあくまでも応急策であり、領内からの搾取の増大に問題がいずれ帰着するであろうことは、いうまでもない。

この頃の農村の実情を示すものとしては当時国中の平均免が三ツ強であったこと、(4)山内氏入国以来寛永期以後まで荒地対策、すなわち開発問題と農民の欠落阻止・還住の問題が、一貫して農政上の主要なテーマとなっていたこと、(5)の二つの事実を指摘できる。ところで平尾道夫氏によれば元禄の頃の平均免は四ツであり、また実際の毛付に対する免は初期ほど高いのが普通であるから、右の二つの事実から単純に計算すれば、当時の藩内の地検帳上に記載された耕地の四分の一は、無主地だったということになる。

これが単なる計算上の推定に止まるものでないことは、「元和八年御政事記」(この史料の性格については後述)の、次のようなある重臣の意見が示している。

一、御仕置事、両人に被仰付候へとも、或御用之事、御使・やみ煩之事御座候、今一人被差加可然御座候哉之事、

一、深尾和泉被指加可然哉之事、御家中諸人之取沙汰仕候、仕置之事残所有間敷き様に申ならし候、和泉知行分、御入国以来廿ケ年、無残所被申付、百姓共も一切逐電不仕、物成以下も次第ニ能罷成候様ニ承候(後略)、

財政危機打開のために登用された山内備後・福岡丹波の両人の他に深尾和泉をいま一人の仕置人に任命せよというものであるが、その理由は、和泉の知行地における仕置きぶりが良く、「百姓共も一切逐電仕らず、物成以下

も次第に能くまかり成る」というものであった(6)。してみれば、当面の財政危機が単なる借銀累積の問題でなく、農村の危機の問題である、という認識が少なくとも一部の重臣にあったことは確かである。そして、このことは元和七・八年の改革政策にも、はっきりと現れている。

とは言え、両年のそれは、ニュアンスにおいて相当に異なった点があった。

まず元和七年のそれの基調は、「定高札」と題する六月一九日付の法令(7)によって窺えるが、その全五七条の骨子は、次の四点に要約できる。

①勧農策＝第一には、走百姓の還住策――入国以来の走百姓の罪科は、大犯三か条を除き宥免するから、帰国するように親類・縁者から取り計うべきこと(＝第一条)、走百姓の債務は一切破棄すること(＝第二条)、久しく主家との関係を絶った下人の身分保障のこと(＝第三条)。第二には、代官・給人の農民に対する課役の限定ならびに停止(＝第四・五条)。第三には諸役の整理・軽減(＝第六・二〇・三八・三九条)。第四には、荒地開発の奨励(＝第七条)などである。

②「利徳政」の実施＝家中、諸奉公人・百姓・浦々水主以下の借物は、利足を破棄し、来八年の秋に元本だけを返せばよい。(これを「利徳政」と称した。)以来、利足は、米ならば四割、金・銀ならば二割とせよ(＝第二九・三〇条)。

③国中百姓に対する「料木役」の賦課＝「国中百姓、門芧家数を以一ケ年中に二ケ月耕作之透を以可山入、外にはからひ在家役不可在之、惣別如此後、余多奉行人村々へ遣儀不可在之、遠方ハ料木山へ入義迷惑に存者ハ、手寄次第いかやうの材木にても一人役に料木三丁つつの以ニ算用一丁銀を可ニ相立一也、飯米一人に五合宛可遣也」(＝第八条)とあるものである。しかし実際に徴収されたのは二か月ではなく一か月分で、一軒当り銀

九匁、藩全体で六十余貫であったことは、後に見るとおりである。

④給人に対する「反米」の賦課＝「反米事、国中不レ残可レ出、但三ツ物成にして五分懸り給人へ可ニ相懸一事、付、蔵入分ハ理可レ在レ之事」（＝第一五条）とあり、後に見るように、賦課の対象となった給知高は一二万石余、これからの反米は一九〇〇石余（給知高×〇・三×〇・〇五）、銀にして三一貫余であった。

以上、要するに元和七年の施策は、農民数の維持、経営の安定のための一応の手を打った上で、農民・給人の双方に臨時の出費を強制するものであった。

元和八年のそれについては、以下の三点の史料がある。(8)

(A)　御仕置定目録

覚

1 一、拾二万九千二百五十石　　御役知、弐万石共

此物成

2 △　三万八千七百七十五石　　高ニ付三ツ成ニ〆

内反米　　但当年未《(ママ)》物成

3 △　三千八百七十七石五斗　　物成に一損かかり去年に一倍増

4 △　壱万五千五百十石《(俵)》　納舛　五斗入

右之籾銀ニ〆

5 一、六拾二貫四拾目　　但一俵に付四匁宛

6 一、二拾壱貫四百五拾匁　　反米壱損かかりの人数役　百六拾五人ノ米廿三石五斗

7　〆八十三貫五百目歟
8　一、六拾余貫目　百姓料木役　壱間に九惣宛　但去年のことく
9　姓合百四拾三貫五百目
10　御役銀百三貫百目
11　二口合二百四拾六貫六百六拾目
12　一、　浦山諸拾分一
13　一、　小物成高
14　一、百三拾貫目余　百姓料木役
従是諸代官・物奉行運上銀入札
五貫目三人
15　一、五貫五百目　主計
五貫目丹波
五貫目主計
16　一、五貫五百目　三人
丹波用捨
（中略）
八百目丹波
55　一、三百目　三人主計

56 一、三貫目　　　五人同

右、入札之通如此、御覧相成次第ニ可被仰渡候、以上、

元和八年

三月十五日

福岡丹波
寺村淡路
深尾主水
野中主計
山内備後

鎌田勘丞殿

(B)　御仕置覚

一、百姓料木銭　弐百三拾貫九拾四匁

此内百貫目用捨

残而百三十貫九拾四匁　国中割合運上分

右、何茂給知分ハ給人取立上申筈、

一、五貫目　町中懸銀　（以下二条略）

一、百姓堪忍不成者、他郷へ雖立退候、走者ニ宿借申義法度ニ付令他国之条、自今以後いか様者たりとも宿を借(貸)仕置、奉行迄可申理、奉行人ニ不申届他国へ越させ候者、其村庄屋・頭百姓可令成敗事、

一、御国中出分・荒地、請申度と望申者有之候共、百姓迷惑仕候ニ付、前方望申もの並ニ請米なミに可相立と理申候者、其村之百姓ニ請可申付也、但、右之請人造営を入候者、後ニ請候者、造営ヲ令算用可相立事、

（以下一条略）
一、伽藍九ヶ寺反米・料木役可令用捨事、（以下二条略）
一、百姓給人へ被遣事、年中ニ三人役宛、
一、諸柄在家、三ヶ年中御免之事、
一、鷹匠・諸奉行賄、御留之事、
一、諸村荒地、三ヶ年中作取之事、（以下三条略）
一、利徳政三ヶ年之事、（以下五条略）
大形如是、以来品々万端之義可致分別処、如件、
元和八年八月十日
福岡丹波
野中主計
山内備後
鎌田勘丞殿
(C) 大形極目録
一、高弐拾万九千弐百五拾石
御家中御役知
但中村弐万石共に
此人役千六百人
内三万弐千三百拾弐石五斗
弐割半之別
但千石ニ付弐百五拾石宛
此人役四百人
弐割半引

物成九千六百九拾三石七斗五升　三ツ成ニメ
右米籾ニメ
三万八千七百七拾五俵　但納舛五斗入
右代銀
百五拾五貫百目　但籾壱俵ニ付四匁宛ニメ
内五拾弐貫目　弐割半知行役四百人分御引捨被成候へハ右之通にて、壱人に付壱ケ月に拾三匁宛十ケ月分
引残而
百三貫百目
右之外に
一、弐千八百拾余石　御国中寺社領
（中略）
一、壱万石　御屋鋪様并吉兵衛様御蔵納分
合四万六千八百余石
一、七万弐千五拾余石　御蔵入并上知・出分・塩田共ニ総合弐拾四万八千五拾五石
大形如是御座候間、出入も可有御座候哉、先此通極置申候也、
福岡丹波守
元和八年　深尾主水正

八月十四日

寺村淡路守
山内備後守
御名代　鎌田勘丞

(A)(B)(C)ともに、家老たちから藩主忠義の実父で後見人である山内修理亮康豊に、その側近鎌田勘丞を経由して呈出された文書の写しであり、それぞれの末尾の文言から考えて、改革の方針を予算の形で表現したものであることは、一見して明らかである。

まず(A)は、明らかな誤写を含む上に写しとしても未完であるが、通観すれば、大きく三つの部分から成っていることが判る。すなわち第1—11項まで、12—14、15—56までである。このうち1—11は、さらに三つの部分から成り、その第一は、1—7の給人に対する反米賦課の総額を計算した部分である。これによると、当年の反米は前七年度の倍額を徴収する予定であったことが知られる。次は8で、百姓料木役であり、これは前年度の通りとある。9は以上の反米・料木役の合計であるが、10については史料(C)を参照されたい。(C)を最初から見ていくと、二割五分の知行借上(または削減)をした結果、最終的に藩庫に入る額が、百三貫百目と計上されており、これは10の数字と完全に一致する。したがって、表現こそ「御役銀」となってはいるが、10は給人からの借上げ予定額と考えられる。以上、1—11までは、給人への反米賦課、百姓への料木役賦課、給人からの借上げ、の三項目から成り、いずれも借銀返弁のための臨時徴収という意味をもっており、だからこそ11で総計を行うという作業が示されていると解釈できよう。

(A)の第二の構成部分12—14は、これに対して百姓からの恒常的な徴収を示すものと考える。少なくとも12・13はそのような性質の項目であり、してみれば14の百三拾貫目余の料木役は、8の料木役とは別に恒常的に賦課されていたものの額でなければならない。15以下56までは「運上銀入札」という文言からすれば、何かの運上銀をそれぞれ代官に請負わせたものであろうが、詳細は不明である。あるいは12の「浦山諸拾分一」の徴収過程を示すのかも知れないが、12は数字の記載を欠いているので、何ともいえぬ。このように不明確な点は残るが、(A)に示されているのは、百姓に対する臨時的賦課は前年度のまま据置き、給人に対しては前年度に数倍する負担を強制するという改革方針であったと云えよう。

この三月現在の方針に比し、八月現在のそれを示す(B)・(C)は、賦課の総額という点では、ややマイルドなものとなっている。一見明らかなように、(B)は百姓に対する方針を示し、(C)は給人に対するそれを示しているという意味で、両者は綜合して検討さるべきものであるが、まず(B)については次の二点が指摘できる。

①(A)で計上されていた六拾余貫目の臨時の料木役が消え、百三拾貫目余の恒常的な料木役だけとなっている。（かりに、この臨時・恒常的という解釈が誤りであるとしても、結果的には六拾余貫の賦課軽減となっていることには、かわりない。）

②勧農策・利徳政に関する政策は、前年とかわりはない。走百姓の還住策は、前年に比し、一層キメ細かとなってさえいる。

次に(C)については、給人に対する反米賦課が消え、二割五分の借上げだけとなっていることが指摘できる。なお、(C)で家中役知以外の給地および蔵入地の高が記載されているのは、「役地」以外の給地には、依然として反米が掛けられたためであろう。

最後に、(B)・(C)の方針が、実際に実施されたものであることを、次の史料により確認しておこう(9)。

以上

態令啓上候、御借銀過分ニ御座候付、今度於江戸暦々《ママ》為御相談、国中仕置万事被成御改替候、就其寺庵・侍・百姓以下迄頼被思召候、雖然貴寺御役儀并反米・料木役等何茂被御差除候、就中御門宗之諸寺国中惣並之可為御役儀候条、其通被仰達御尤候、恐惶謹言。

八月廿六日　　　山内壱岐　□(花押)

福岡丹波　□(花押)

進上

要法寺様

欠年であるので、元和七年あるいは八年の可能性がある。しかし前出の元和七年六月一九日「定高札」には、「反米事、国中不レ残可レ出」(＝第一五条)、「料木役、一国不レ残可ニ申付一、縦城付又ハ寺社領、如何様之理在之共一切不レ可レ有ニ用捨一事」(＝第二五条)とあっても、免除の規定はない。逆に元和八年八月一〇日付の(B)には「伽藍九ケ寺、反米・料木役可令用捨事」とあり、右の文書はこの規定に基づいて発給されたものと考えられる。してみれば、(B)・(C)が、ほぼこの通り実施に移されたことは、確かであろう。

以上、元和七年と八年の政策を比較すれば、両年とも①勧農策、利徳政の二つを前提としながらも、②百姓に対する臨時の料木役は八年では免除し、③逆に給人からの臨時の徴収は、七年に比し八年では遥かに重い、というものであった。要するに、給人の負担において、農民を保護しながら当面の財政危機を切り抜けようとしたのが、元和の改革だったのである。

## 二　政策決定の過程

(イ)以上の改革の概要が、基本的には幕府によって大きく方向づけられたものであることは、次の四点の史料に示されている。

(A)　(元和七年二月付山内忠義文書)

尚以、国之様子其外悉可切替候間、其方にても又は路中中(次カ)も令分別可被越候

追而申候、国仕置悉可切替候間、其方にて大形令分別可罷越候、国之義ニ付尋度事も可有之候間、七人之内正木林斎にても誰にても一人召連可越候、此度身上極候間昼夜無油断可相越、河内殿・越中殿やがて御暇出候間、御待之事如何ニ候、次ニ七人之内壱人召連候事、修理殿へ不申遣候間、其方所へ申入候通可申上候、以上、

(B)

一、(上略)今度仕置御指替候事、各以御談合様子被仰下候段、御手前之ために候間、於我等式ニも満足之至ニ候、然共右ニ我等存候ハヽ、縦加様ニ被仰付候共、於其許ニ者いか様ニも各被請御異見、国中之儀は其方分別にて何様ニも被申付体ニ成候へば、我等式迄満足之上之喜悦ニ候、勿論御手前其許ニて談合之上ニて候へとも、国之老を被召寄、各以御指図被仰付様ニ候へハ、被懸御目候ハ内証之義ニ候、世間不構旁ハ其身分別無之候か、又は可然内之者をも不抱置候哉、少国之さいはん(裁判)もてあつかひ国之仕置迄も人に誂申かなとと、若取沙汰も有之候へハ……越中殿・内匠殿何も無御見捨間にて候故、其方之身体成立申候様ニとの

義付而御肝煎之段無余義、於我等今程は満足ニ存候、就其万事仕置等之事、老中折角被肝煎候様ニ切々申筈候事(後略)、

霜月廿七日　　　　　　　　山修理亮
　　　　　　　　　　　　　　康豊(花押)

松平土佐守様
　　人々御中

(C)　(元和八年正月一三日付松平越中・稲葉内匠文書、山内壱岐・福岡丹波宛)

急度申入候、然ば国中仕置之事、去年於此地土佐殿各へ御相談候て如御極候、諸事無油断可申付候事尤候、

一、知行方浦山諸事、為両人御沙汰可有之処、惣奉行中被兼合候付、万事仕置之事遅々申由承及候、然ば最前之首尾相違候、此上ハ弥両人無油断御申付候事肝要に候事、

一、御両人不能分別候義ハ、深尾和泉殿被遂相談尤候、此旨泉州へも申遣候事、

一、銀調次第片時も急差上セ、於上方可被相済事、両人之内壱人可被上洛候事、

一、国中料木役之事、山家遠所之者迷惑候由風聞候、被遂穿鑿無甲乙御沙汰尤ニ候事、

一、国中井水川よけ堤等之事、蔵入・給地によらす、惣国之仕置相当之奉行人被遣、急度御申付専要に候事、

同、新田・新畑之事、右之通相改無荒所様に御仕置可有候事、

一、公儀御用木に可成材木之事、別而念を被入可申付候事、

(D)　(元和八年三月二一日付松平越中・稲葉内匠文書、野中主計・山内備後・寺村淡路・深尾主水・山内壱岐・福岡丹波宛)

急度申入候、

一、作に向候間、国中百姓諸役、従去年如改候被用捨、安堵候て当作精に入田畠仕付候様、御仕置肝要に候、

右百姓雇料木役之事、銀子にて出候に付及迷惑之由相聞候、於左様ハ、当年之儀ハ料木(役欠カ)被用捨可為尤候、

併、山分之在家作(乍カ)居材木出し候処之儀ハ、可為各別候事、

一、家中給人方反米掛候事、当年之儀ハ可有用捨哉之事、

一、町役之事、家並に付て役銀相懸り、不少成者及迷惑に由相聞候分限に付て可有甲乙候哉之事、

一、町中不荒様被遂穿鑿可為尤事、(以下別行カ)右之趣何も御分別候而、国中安堵様肝要に候、当時初濃(ママ)候間、為御仕置

急度申達候、重而使者を可被指上候間、子細可申入候、恐々謹言、

(A)は、国政改替を議するために山内備後、福岡丹波の出府を促したものであるが、「河内(松平定行)・越中(同定綱)の二人は、間もなく暇を得て帰国するであろうから、間に合うように急いで来い」と言っている。(B)は、その九か月後のもので、この間に先掲の六月一九日付「定高札」に見られる改革プランの第一次決定があった。これらを指して康豊は、「国から老(おとな)を召し寄せ、歴々の指図によって改革を行ったのは、いかにも忠義が無能なように見えて外聞が悪い。忠義独自の分別で方針が決定されているような形がとれたら良いのに」と、こぼしているのである。改革のヘゲモニーがまずどこにあったかは、これで明らかであろう。

(C)・(D)を読むと、事態は一層具体的となる。(C)の第一条では、「知行方・浦・山諸事」つまり蔵入地と限らず国内の全地域にわたって、「万事仕置之事」は、山内壱岐・福岡丹波の沙汰に属すること。これは江戸で忠義が歴々と相談した上で決定されたものであることが、明白に述べられている。次に(D)の末尾には「重而使者を可被差上候間……」とある。つまり「いずれ土佐から江戸に使者が来るであろうから、その時にまた指令するであろう」

というわけで、改革が江戸との密接な連絡の中で進められたことが推測できる。

さらに改革の内容の面でも、(C)・(D)ともに「蔵入・給地によらず……荒所無きよう」、「国中百姓……安堵候て当作精に入、田畠仕付候よう」と、勧農を一つの眼目としている。先に見たようにこれは、七・八両年の改革方針を貫く基調であった。また(D)は、百姓の料木役、給人の反米について再考慮するように勧告している。事実の上でも、この勧告が受け入れられたことは、八年三月のプランと八月のプランとの差として、すでに指摘したところである。以上で、改革の大枠が、松平定綱・稲葉正成(内匠)などによって決定されたことを確かめ得たと考える。

これらの人物と山内家の関係は、別図に示した通りであり、この限りでは彼らが山内家の危機打開に肩入れする理由も、ある程度は了承できるであろう。しかし、彼らが改革に介入したことは、政治的にはどのような意味をもっていたのであろうか。つまり何故に彼らの意見が藩政の動向を大きく決定し得たのだろうか。定行・定綱は家康の異父弟松平定勝の二、三男であり、稲葉正成は春日局の夫であり、そのせいか子の丹後守正勝は後に幕府で加判の列に加わっている。(10) だがそれも元和九年以降のことで、当面の時点では、幕府の当局者といえる地位にある人物は彼らの中には一人もいない。

松平定勝┬定行(河内守)
　　　　├定綱(越中守)
　　　　└女(家康養女)
　　　　　　＝──忠豊(伊右衛門)
┬山内一豊
└康豊(修理亮)┬忠義(土佐守)

┌一唯(伊豆守)
└女
　＝
　稲葉正成(内匠)
　＝―――正勝(丹後守)
　春日局

にもかかわらず彼らの発言が権威をもったのは、彼らが藩と幕府との間を仲介する機能をもっていたからに他ならない。例えば、

態致啓上候、……織田主膳殿屋敷明申候而御座候故、越中殿ゟ御舎兄兵部殿へ被仰、内儀にて御かり之上、御かし被成候、(中略)先此家へはいり候而居候へ、已来は上り屋敷ニ罷成候者、御年寄衆へ被仰候而、我等直ニ拝領仕様ニ可被成由、越中殿御申候(後略)、

(元和六年)卯月廿四日　　山内伊豆守
　　一唯(花押)

土州様
進上

次に稲葉内匠にしても、その機能は同じである。

大坂御普請御役儀ニ付、預御飛脚、委拝見仕候、

一、松越中殿ハ懸川ニ御座候、高九兵ハ為上使阿波へ御上ニ付、伊喜助殿、松石衛門殿、井新左令相談候、

今度御普請御役儀之御帳を見申候、何れも少つつかさミ候様ニ相聞候、御手前御一人之儀ニも無之様ニ承候、併大坂御普請奉行之御帳は、しかと不存候間、早々大坂へ被仰遣、御普請わり帳之様子被聞召届、此方へ可被仰越候、貴様御一人本役ニ罷成候ハハ御理被仰上御尤候、其上相済可申候、大炊殿へ之儀ハ拙者可申調候、上野殿其外へハ越中殿令相談可申候条、可御心安候（後略）

稲葉内匠頭

（元和六）三月廿五日　正成（花押）

松土佐守様

御報

借銀累積の直接の原因となった元和六年の大坂城普請役に関するものであるが、先にも触れたように、この時土佐藩は二〇万数千石の本役を課せられた。慶長期の江戸城普請の時の一五万石相当の役になるよう、幕府年寄と土佐藩の間を斡旋することを、正成は約しているのである。右の文書に現われる高木九兵衛については、さらに次の史料がある。

一、御前様御煩ニ付御登城不被成候間、当地へ御著之御祝儀ニ御服なと上可然儀ニ御座候哉と、大炊殿へ五日以前ニ九兵衛殿御尋候へハ、来春可然之由被仰候処、越中様、左様ニ候へハ相延申候間、有無ニ一両日中ニ右之御祝儀上り申候様、大炊殿へ重而九兵衛殿を以被仰入候様ニと被成御頼候、（前後略）

柴田覚右衛門

□（花押）

（元和九）極月廿五日

岩崎又右衛門殿

（以下二名略）

元和九年に忠義夫人徳川氏(実は越中の妹)が、四か月にわたる出府の道中で病を得たために起きた事件である。登城して将軍夫人に目見えできないので、御祝儀を献上すべきかどうかの判断を土井大炊に仰いだのであるが、ここでも越中と九兵衛の介在が必要だったのである。高木九兵衛正次は、九年当時は三三〇〇石の旗本で持筒頭を勤め、前出の正成の文書にもあったように、生涯のうち度々上使として各地に出向いた経歴を有するが[11]、このような幕府の職制という面からは、彼が幕府年寄と土佐藩の間に立つべき何のいわれもない。この点は、越中・内匠にしても同じであり、しかもなお――これ以上史料を挙げることは避けるが――土佐藩の幕府にかかわることのすべては、これらの人々の指南によったのであった。

してみれば、元和の改革では普請役の材木による代納という処置が幕府によって認められたのは確かな事実であり、したがって幕府年寄がその過程に関与していることも確かなのであるから、越中・内匠が提示した改革の基本プランも幕府年寄の指導・了解のもとに生まれたものと考えざるを得ない。

(ロ)右のように、改革プランが初発から幕府の権威において提示されたものであったとはいえ、それが藩内でスムーズに実行に移されたかどうか、という点はまた別の事柄に属する。先掲の正月一三日付越中・内匠の文書が「知行方浦山諸事、両人として御沙汰これ有るべき処、惣奉行中兼合され候ニ付、万事仕置之事遅々申由」と述べているのは、この点を暗示している。八年の三月段階で給地での百姓使役を制限され、反米、役儀米を賦課された給人が改革プランに強い不満をいだき、それが奉行人中の意見の対立となって表面化したであろうことは、実際容易に想像できよう。

このような対立を調整するためか、藩主忠義は六月二九日数名の老臣に対し七か条の諮問を行った。

一、国中仕置之事
一、同知行方所務等之事
一、同浦山諸役之事
一、当時奉行人同諸役人作法之事
一、於惣家中奉行人に可申付人体之事
一、惣家中不寄誰々為を存、かげうしろなく奉公心懸候人之事
一、御公役御材木穿鑿之事
右之条々各存候旨めいさいに書付、可被差越候、少も心底を被残ましく候、於何篇之儀も令覚悟可然儀可預異見候、為其両使を以申候、委細之儀平井数馬・浅賀三郎左衛門口上に含候、
元和八年
六月廿九日
忠義(黒印)
野中玄番殿

この諮問に応じて呈出された各人の意見を、江戸において忠義が整理・編輯し国許の参考に資するために送り返した文書の写しが、現在「元和八年御政事記」[12]という表題で一冊の本となって残っている。すなわち、この書の末尾には、

各存寄通、書附を以可申越由、平井数馬・浅加三郎左衛門差下候所、則書付相越候儀令満足候、此帳面之内ニ而各遂穿鑿、可然ケ条之通ニ仕置可申付候、猶孕石小右衛門・安藤伝左衛門口上ニ申含候也
元和八年

十一月十四日　　　　　　　　　　忠義（黒印）

山内備後殿

野中玄番殿

寺村淡路殿

山内壱岐殿

福岡丹波殿

安田四郎右衛門殿

とあるとおりである。また同日付の福岡丹波宛の忠義判物の写によれば、次の如くである。

一、其方事、諸人ににくまれ今に迷惑之由尤候、併我等為を存上ハ、左様に無之候でハ不叶事に候間、其段気遣仕まじく候、

一、其方仕置裁判悪とハ更に不聞候、万事精ニ入事不成一形旨、連々聞届候、令満足候、是以気遣仕間敷候、皆々より書附越候差出、誰々いかやうに書出候との儀しれさる様に帳に写、遣候、於其地令読合、銀子をも取立、其外仕置之銀子令分別、右之帳面之内可然箇条を以可相極候、知行ばかり之事相止候、具之段、小右衛門伝左衛門口上ニ含候、書状ニ不委候、

以上の三点が相互に関連し合うことは、使者の名前がそれぞれ符合することからも明らかであるが、そこに示された「元和八年御政事記」の成立事情に、ある奇妙さを感じるのは筆者だけであろうか。まず「少しも心底を残さず異見せよ」と言っておいて、誰がどの意見を言ったのか判らぬように処理したものを、国許に送り返す。本来は、これら山内備後以下の六人は、国政を預るものとして相互に心おきなく意見を述べ合う間柄であったは

ずである。そして一方では、相談して決めよと言いながら、全体としては丹波を支持する趣旨の文書が出される。しかも、そこでは、「諸人に悪まれるくらいでなくては、忠義の役にはたたない」と言う。これでは、まるで丹波に忠義の贖罪羊になれ、といわんばかりではないか。以上のように「元和八年御政事記」の成立事情そのものが、改革をめぐる対立の深刻さと隠微さを物語っているのである。

次に内容的に見ると、この史料は全体としては、六月二九日の忠義の諮問に対応する項目からなり、それらが誰の意見かわからぬように排列されていることは当然であるが、なお以下の点を指摘することができる。それは六月二九日の忠義の諮問の表面には現われていない項目が答申されていることで、それらのすべては反米と知行借上げに関する意見である。このことは、反米と知行借上げの問題が書面には書かれないで使者の口上に委ねられたか、あるいは第一条の「国中仕置之事」に含まれたかであり、したがっていずれにせよ書面に具体的には現わせない重大な問題であったことを、まず意味している。さらに、他の問題については各答申者間にさほど意見の対立があったとは思えないのであるが、これに対して、こと反米と借上げに関しては、微妙ながらある不一致を指摘できる。以下関連条項を拾ってみれば(かっこ内は原文の条数)、

一、侍共知行少宛ハ御かり被成御尤と申上度義ニ御座候へ共、以来御為ニ罷成儀共又御為ニ不罷成儀共分別難仕奉存候、御借銀返弁之御指合をハ御尤ニ御座候へとも、我等式同前ニ御家ニ而御取立之者共ハ御尤と可存候、左様之者共知行計ニ而者、皆差上候而もふかしき事は御座有間敷候、惣御家中少宛も差上候ハヽ御理申衆も御座候へは、余国之御外聞も如何、心中ニ堪忍仕度と存候而も不罷成者も可有御座と存候事(2)

一、御借銀過分御座候而御迷惑之所ニ御座候間、我等知行四分一当物成より上け可申事(10)

一、御家中惣知行御借り可被成由承及候、御尤ニ存候、併、右知行之物成御役銀と引払相残而ふかしからさ

る所務之由ニ御座候、他国相替候様之儀御外聞如何と存候事(11)

一、国中百性共料木役去年一ヶ月分被仰付候、調申候由承及候、当年又二ヶ月分被仰付候儀、是又相調可申候(後略)(12)

一、連々承候、余国之儀役儀之外ニ御普請之入目家中江御懸候様申候、御家中之儀只今迄御普請之入用銀少も不被仰付右五ヶ所之御普請被成候ニ付而、過分之御借銀出来申候、侍共ニ被下置候御知行御借銀返弁被成候内少宛御かり被成候様ニと存候、高知行ハ三割引、少知行ハ二割……右之通ニ可被仰付哉之事(42)

一、知行御借被成事いかかと思召候ハハ、去年被仰付候反米物成百石ニ五石宛ニ御座候間、当年ゟは拾石宛被差上候様可被仰付候哉……いつれの道ニも少迷惑不仕金銀出申儀ハ御座有間敷候哉と存候事(43)

一、反米一倍ニ御上被成候而可然存候事(47)

一、惣家中之知行二割五分御借被成候事、是又可然御座候哉、但、御国中上下男女ニよらす壱人ニ壱匁宛頭別ニ御あて被成可然御座候や之事(48)

一、人別之金子、国中大方壱万五千人ニ相積り、百五拾〆目ハ可有御座かと了簡仕候事、右之旨被書上候衆数多之事(49)

「御政事記」においては関連し合う条項はバラバラにしないで原形を保つ配慮が払われており、したがって、かっこ内の数字の連続する条項は同一人の意見を示している。いま抜き書きした部分について言えば、(2)・(10)―(12)・(42)(43)・(47)―(49)の四人の意見があるわけである。これらのうちで反米にせよ借上げにせよ、積極的に賛成しているのは(42)(43)で「少しも迷惑しないで金銀が出るわけがない」という。あとの意見は、奥歯にもののはさまったような言い方を通じてではあるが、いずれも反対であり、逆に百姓に負担をかけるよう提案している。奥歯にもののはさまった言い方というのは、家臣として反米や借上げには、真向からは反対できないからに他ならない。(2)は、「自分としては賛成したいのだが、他の家中の思惑の程がわからぬ」と言い、(10)―(12)は、「自分の知行は差し上げてもよい」と言いながら「借上げをしても総額は知れたものであるし、他国の外聞も悪い」として、百姓への二か月の料木役賦課を進言する。(47)―(49)も、一応は賛成のポーズを示したのちに、借上げに替る手段として国中への頭別銀賦課を提言している。しかも「右之旨書上られ候衆数多之事」というのである。

このようにして、給人の負担において当面の危機を切り抜けようという改革の基調に対する、給人の反感は、福岡丹波が「江戸歴々」の権威を背景として弁明を行った(八年六月、史料は略す)のちにも、依然根強く藩内に蟠っていたことがわかる。

(ハ)事実の問題としては、このような対立のさ中において、八年の改革プランは同年の八月に実施に移されたのであった。(=要法寺宛山内壱岐・福岡丹波の連署状=先掲)。

(もちろん、実施決定の後も反感が強く残っていたことは、「御政事記」の日付が一一月一四日である点から明らかであり、またその故か同日付の丹波宛忠義判物が「知行ばかり之事、相止め候」と述べているように、実施過程において八月プランに何ほどかの変更が加えられたであろうことは、十分に認められなければなるまい。しかし、この忠義判物の基調は、先にも述べたように、丹波に対する梃子入れ的性格の濃いものであり、したがって、この変更はあくまでも修正に止まるものであったと考えざるを得ない。)

この決定の模様を、山内修理の側近であった鎌田勘丞は、後年次のように書き残している。

一、(前略)元和八年八月十四日目録相定、江戸忠義公へ一、匠作公(康豊)へ一、野中主計頭ニ一、同名備後守

ニ一、福岡丹波守ニ一、以上目録五ツ、是内三ツハ丹波内渡勘丞書、丹波一、某一、書納たり(後略)

一、目録相定翌日より、御家中侍中不残其外奉行代官或ハ無足小扶持迄も蒙ニ御扶持一国人、皆以明々後日御屋敷へ罷出へし、従匠作公被仰渡趣有と残なく御触にて、当日不残被罷出、見せ(マヽ)馬屋より敷台広間を限、諸侍並居縁辺まてつとひ集たり、此時備後・主計・丹波三官同道に奥御書院へ集まられ、仍侍中罷出御掟書を奉待、被仰様にと言上あれハ、匠作公聞召て、年寄(歯)はなくて口上不働、御名代私に仰付給はんと御意なさる、三官御尤と承、然はいざ更は罷出よと三官同道申御広間へ出……老中へ申けるは、か程座席庭上迄集まします所へ参申渡子細、思ひの外隙入申さん、各御与中集給て組きりに仰渡されて然へし、御組頭(マヽ)歴へハ私申渡へしといへは、備後守申さるる、尤つね〳〵大形の事ハさる御事なれとも、此度の御用ハ、江戸にて各御急と有て、何も如ニ御存一此程打続御飛脚度々なれハ……早々被仰渡可然と也、扨座上静まりけれハ、鎌田、立なから大音にて覚のままに申渡(後略)

この文章を含む「治代普顕記」(13)は、勘丞の藩内外に関する見聞を、その都度または後年になって記したものであり、その記述は、記憶違いと思われる点を除いて、かなりよく他の史料と一致する。ただ自身の周囲に関することは、まま修飾にわたる嫌いがあるのはこの種の史料の常であり、元和の改革に関しても、彼自身が康豊の「名代」として参画していたためか、この弊から免かれていないフシがある。とはいえ、飛脚の往来頻繁な緊迫した雰囲気の中で、康豊の仰せ渡されの形式で決定が下されたという、事柄の大枠については、否定すべき根拠はない。

そうだとすれば康豊は、改革の政策実現過程においてキイ・ポイントともいうべき位置を占めたことにならないだろうか。確かに改革が終始幕府の指導と援助によって進められたことは、すでに見てきたとおりであるが、それを受け入れるかどうかという点で、給人間の反対を押し切り藩の意見を最終的に決定したのは康豊だったからである。

康豊が、このような機能をもっていた点について、一つだけ例を挙げれば、慶長一九年大坂冬の陣のとき、

一、爰元人数出船之儀、少も雖無油断候、舟・水主思儘ニ不成故我等式各油断之様ニ可被存候、乍去左様之儀ハ其方被存儀候間、非申所候事、

一、此国仕置之儀、何も山分之儀ハ不及申、在々庄屋・長百庄人質可召置と申付候、端々取置候事、

一、留主ニ残候物之儀、重而其方より書付之者とも留置候、惣別常留主居・代官共迄下々之儀ハ不残江戸御普請ニ遣置候故、其身計之躰ニ候へ者、自然国端一揆なと起候時ハ、誰々を遣候物も無之ニ候、当時侍町其外かけり(ママ)ひろく取ひろけ、ようかいも無沙汰ニ候へは、火用心已下何共不及分別事候、我々居候間一人も其方へ遣度事ニ存候へ共、併自然之儀候へハ、公儀旁之儀ニ候間、万事此節と昼夜非油断候事、

一、武道具其外相あらため申付候、是又皆々不存油断候事、

一、吉兵衛儀ハ中村ニ居申候へと其方より被仰儀候、主ハ是非共可罷立と申候へ共、国端之儀ニ候間、堅相留申事候、吉兵事も是非共罷立度由申候へ共、和泉留守之儀専一と存、又は足も不自由ニ候間、旁堅留置候、吉成事ハ其方そはにも被置尤と存、主も其覚悟ニ付而のほせ候事、

一、番等火用心已下堅申付候、無油断候事、

山修理

忠豊(花押)

十月廿三日

松平土佐守殿

人々御中

この頃忠義は、駿府で家康に御目見えした後、指令を待って参戦すべく上方に向かう途上にあった。康豊は国許にあり、右に見られるように藩主の留守万端を取りしきっていた。それには忠義の「書付」すなわち指示によったものと、康豊独自の判断によったものの二通りあったことは、史料の示すとおりである。もっとも忠義の指示といっても、この年忠義はわずか二三歳のことでもあり、主要な点については、幕府の指導を得ていたであろうことは、文中の「公儀旁」という文言からも窺えるところであるが、重要なのは、このような指示を実現する康豊の方法である。例えば「吉兵衛(山内)は中村に居るようにと忠義は指示し、本人は出陣したいという、しかし国端のことであるから堅く相留めた」以下の条文を読めば、それが公儀の指令だからというのではなく、あくまでも康豊独自の説得・指示によって留守の仕置が進められていたことがわかる。少なくとも忠義の留守中の国政は、公儀や藩主から独自な、康豊の政治的権威によっていたのであった。右の事情は、幕府も十分に認めたところであり、だからこそ彼を若年の忠義の後見としたのであろうが、このことについては、次の史料を紹介しておきたい。

(前略)右兵衛様疱瘡被成之由、忠右・善六(鵜殿)・主計(山岡)殿ゟ被申越候、其元ゟ使者御上候ハヽおそく候ハんと存候て、れうじなから其方判形を我々にせて、これゟ使者遣申候、上州迄之書状ニ認候て遣申候、其心得尤候、其方判紙此方ニも候へ共、いつれも当所有之候間、先々我々にせ候て可遣候、猶其方ゟも御老中迄書状御遣候て(後略)

修理(花押)

(慶長十六年)
十一月廿三日

松平土佐守殿

右兵衛様(後の徳川義直)が疱瘡にかかったのは慶長一六(一六一一)年のことで、この時康豊は上方に、忠義は土佐にあった。見舞の使者を国許から出していたのでは時期を失するので、康豊が贋の花押を据えて本多正純宛の文書を作ったという。もっとも、江戸や上方在駐の重臣が藩主の花押の据わった白紙を預り、時々の音信や借用に使ったのは、この頃普通の事柄であった。右の文中にも「其方の判紙は此方にもあるが、宛所が入っているので使えない」とあるとおりである。しかし花押まで作るというのは、この頃としてもいかにも「聊尓《りょうじ》」の沙汰であったに違いない。また受取った正純にしても、康豊と忠義の所在は職掌上十分に掌握していたはずであり、時間的に見て使者の出発地が国許ではあり得ないことも、これまた容易に判断できたはずである。

したがって、このような「聊尓」を認める暗黙の了解が、当時の幕藩間に存在したこと、すなわち彼が場合によっては藩主に代り得る事実上の権能を認められていたことが結論できよう。元和八年の場合も、忠義の決定ではなく康豊の決定として改革が断行されたのは、以上のような幕府老中、家中給人からの信頼と心服を前提とすれば、むしろ当然のことといえるだろう。改革にとって康豊は不可欠な人物だったのである。

## 総　括

以上では、土佐藩の元和改革が借銀整理に端を発しながらも、

㈠当面の借銀返済は、農民の負担増加にではなく、給人の負担に求め、内実は農村整備を目的としたものであったこと。

㈡この方針は、幕府の方針として土佐藩に提示されたものであったが、それを藩内で政策として実現するには、給人層の強い反対を押し切らなければならなかったこと。その過程では、藩主忠義の実父康豊の存在が、決定的な意味をもったこと。

の二点を述べた。

しばらく㈠について敷衍するなら、元和改革の農村政策は、給人の恣意限定・走百姓還住策・諸役の軽減などにおいて寛永期の農政に連続する。むしろ、寛永元年の割地制の端緒的施行、いわゆる「村上改」による荒地・新田・給人知免の調査につづく免引上の努力などから見れば、元和改革は、寛永期農政の出発点に過ぎなかったという評価が妥当となる。そしてその第一歩を踏み出すために、知行地での百姓支配の限定と知行借上げという二重の負担が給人に強制されたのであった。その限りでは元和改革に始まる寛永期土佐藩の農政は、かつて安良城盛昭氏が大名領主の『恣意』による給人「恣意」の限定をめぐって、この「大名」「給人」間の矛盾が、「大名」「給人」を含めた全領主と百姓との間の基本的矛盾に基づいて発生し止揚されるものであると指摘していることの一事例を提供しているに過ぎない。事の本質は百姓の欠落による手余り地発生に起因したからである。

本稿が提起したいのは、㈡として要約したように、それが歴史的に実現されるためには、特殊に政治的な条件を必要としたということである。問題を明確にするために、次の例を挙げてみよう。

山内氏が改革を断行した数日を前後して、幕府は最上氏を改易に処している。理由は、以下の細川忠利文書[14]に明らかなように年寄間の不和にあった。

一、最上事も被成御免、今度新敷御国を被下候と思召候段被仰出候へ共、年寄共両人申候ハ、任御諚国へ参候共、又色々の儀可在候間、最上を守立申儀ハ罷成間敷之由候、何と可被成も知不申候事

また、[15]

一、最上身上相果候様子者、最前最上年寄之内一人、惣を相手ニ仕公事御座候、一人ハ負ニ被仰付、残ル為年寄当最上を守立申候様ニと被仰出処候、年寄共大勢之内両人申上候ハ、主両人を為家中にくミ申候間、只今任御諚国へ罷帰候共、又出入ニ可罷成と存候、其時ハ最上身躰もいかが奉存候間、両人者御暇被下候様ニと堅申上候付、家中左様ニ候而者、何共御仕置可被仰付様も無御座とて、国を被召上之由、諸大名へも被仰聞候（後略）

以上は幕府の公式の説明を伝えたものであるが、当主が若く、かつ凡庸であるとき、先代の年寄との間に不和が生じるのは、当時としては珍しくないことである。最上の当主義俊も当時一七歳、「傾城狂など被成、不似合行儀之由、取さたニて候、御酒過候へは生（性）もなく無行儀之由、皆々御物かたりニて候」[16]という噂の持主であり、家臣といっても一城の主である年寄たちをまとめるには不適任であったらしいことは十分に想像できる。この義俊が家を継いだとき、幕府は同氏の年寄中に対して、祖父義光・父家親のときの仕置を遵守し、これを替える時は幕府の同意を得るよう[17]、いわば直接指導の体制を以て臨んでいたのであるが、これを、幕府年寄—姻戚の譜代大名—忠義—康豊—家臣団という線のでき上っていた山内氏と比較した時、その対照は著しいものがある。

史料の不足のため両藩の比較をこれ以上進めることはできないが、同様な例として寛永二〇（一六四三）年四月の会津加藤家の改易がある。この原因を「徳川実紀」は「藩翰譜」を挙げて、当主明成とその不行跡を直諫した家老堀主水との不和に帰しているが、この点は当時の史料によっても確かめ得るところである。興味深いのは、この一年前の事柄として以下の記録が伝わっていることである。[18]

寛永十九年、会津大守加藤明成の領地に至り、地下仁愛なく無地の弁高を加増し、高を重免を上、百姓悉窮而禿、田宅を捨て、妻子をつれて隣国離散す。出走事昼夜に不限、大水の流れる如く、依之若松より郡代、代官其外大勢出足(マヽ)、関所を押候へ共、不用、他国へ走……都而二千人余出走、其騒動不料是(マヽ)、唯家老、奉行、郡代の悪行故也、依之、近国太守より注進あり、

一読、必ずしも良質の史料ではなく、また出典も曖昧であるが、この類の史実が存在したであろうことは、加藤氏の跡に会津に入封した保科氏が最初に手がけたのが、走百姓の呼戻し・種子貸しなどの諸施策だった事実が裏づける。[19]

周知のように、寛永一九・二〇年は全国的な凶作であり、この認識のもとに幕府は諸大名・旗本に対して、酒造制限など農民の消費を制限させるとともに免下げ・種子貸しなどの手当を十分に行うこと、しかし不作を理由に百姓が年貢を滞らせることがないよう注意すること、の二点を指示している。会津藩では結果的には、この指示が実行されず先の大規模逃散が発生したのであるが、その原因の一半を大名と老臣の対立という藩内の不団結に帰するのは、飛躍に過ぎるだろうか。

つまり問題は次のとおりである。長い目で見たとき幕府は、総体としての領主・農民関係に規定されて、領主階級全体の利益に沿う観点から農政を打ち出していたのであるが、それが実施されるためには将軍―大名―家臣団という人間関係を通じなければならず、初期においては、この関係がスムーズに機能する保証は必ずしもなかった。この関係はしかし、周知のように寛永期を境に変容する。いわゆる初期の名君――君臣関係を中核としたいわゆる封建的倫理のイデオローグにして実践者――の輩出は、その一例である。(本稿の冒頭にあげた池田光政もその一人であった。)この変容を、かつて伊東多三郎氏が行ったように封建的精神の自己展開としてではなく[20]、領主・農民間の対立に規定されたものとして追跡すること。これを近世初期政治史の当面の課題としたい。

（1）谷口澄夫『池田光政』（人物叢書81）吉川弘文館、一九六一年、六八頁。
（2）この前後の記述については、以下を参照されたい。
『大日本史料』第十二編、元和五年六月二日の条・同六年正月二三日の条・同七年是歳の条。『高知県史』近世編（一九六八年）。

また本稿で使用した史料はとくに断らない限りは、「山内文書」（山内豊秋氏所蔵。高知市山内神社および高知県立図書館に保管）、「山内家史料」（稿本。同神社保管）、「藩志内篇」（高知大学所蔵）から引用したものである。
（3）石躍胤央「土佐藩における鉄砲組について」（『徳島大学教養部紀要』四、一九六九年）。
（4）後に見るように、給人に対する反米の賦課に三ツ成として計算されている。
（5）『近世村落自治史料集』第二輯。土佐国地方史料所収の諸法令を参照。
（6）平尾道雄『高知藩財政史』高知市民図書館、一九五三年。
（7）先掲『自治史料集』三三三頁。
（8）(A)・(B)・(C)とも「治代普顕記」。
（9）「南路志」五十五。
（10）『寛政重修諸家譜』巻第六〇八。
（11）同右巻第三一九。
（12）高知県立図書館所蔵。
（13）同右所蔵。『高知県史』（先掲）に解題あり。なお島原の乱史料として著名な「治代普顕記」（内閣文庫）は、本書の抜書きである。
（14）元和八年八月一六日付。「部分御旧記」（熊本県史料）所収。
（15）同年九月一一日付。同右所収。
（16）同年三月九日付佐竹義宣文書、「天英公御書写」上所収。
（17）『大日本史料』第十二編、元和三年三月六日之条。
（18）庄司吉之助『東北諸藩百姓一揆の研究』御茶の水書房、一九六九年、一四六頁。
（19）「会津家世実紀」。

(20)　『近世大名研究序説』(『史学雑誌』五五―九・一一、一九四四年)。

〔後記〕　本稿で使用した史料については、『大日本史料』第十二編之四十七、元和八年八月一四日条を参照されたい。

# 第XI章　幕藩体制の成立と近世的軍隊

## はじめに

本書では、いくつかの章で近世の軍隊について言及してきたが、本章では若干の史料を補足しながら、幕藩体制の成立に近世的軍隊の形成がどのように関わっているか、またそのことが幕藩体制にどのような特質を与えたか、という問題について考えたい。

これは、一般には兵農分離といわれている問題であり、そのかぎりでは従来も「「兵」の形成＝「農」の形成」というような定式のもとに両者の関連が議論されてきている。[1] しかし、それらの議論においては、兵農の分離＝形成によって秀吉が創設した近世的軍隊と、それ以前の戦国大名の軍隊とのいわば質的な差が論じられていないため、全国制圧のための軍隊創設が、どのようにして兵農分離を必然化し、さらに幕藩制の形成につらなっていったのかという問題が、いま一つ解明されないままに終わっている。

問題は、秀吉の軍隊がもった特質と幕藩制の特質とが、兵農分離においてどのように相互に絡みあって存在したかにあるが、この両者の関連について、すでに一九六九年において安良城盛昭氏は「武力的天下統一のための三つの前提条件とその矛盾」という見出しのもとに、次のような指摘を行っている。[2]

秀吉の天下統一は、武力的＝暴力的な過程を通じての全国統一であり、したがって、秀吉にとっては、第一に、武力による天下統一を可能とする強大な家臣団をその根拠地において培養する必要に迫られており、第二に、天下統一過程に必要とする膨大な兵糧米を、根拠地において確保する必要があり、さらに第三に、根拠地における農民の反抗・逃散が防止されねばならなかったが、この天下統一のために不可欠な三つの前提条件は、その第一・第二の前提条件と第三の前提条件の間に明瞭な矛盾関係があり、この矛盾は、新たな農民支配体制の創出なしには解決不可能だったからである。

安良城氏がここで指摘しているのは、㈠秀吉の天下統一のためには三つの前提条件、すなわち①強大な軍隊の給養、②軍隊の補給、③それらを支える農民支配の三者が必要であったこと、㈡①②と③の間には明らかに矛盾があること、㈢その矛盾を一挙に解決するのが「新たに創出された」農民支配体制であったこと、の三点である。そして最後の農民支配体制の根幹となるのが太閤検地であり、それは事実上自立した名子・被官的小農民を含む直接耕作者を検地帳に登録することをその施行原則とし、それは検地帳に登録された百姓の移動禁止や人売買の禁止をはじめとする「小農維持・増大政策」を必然的にともなうことになった、というのが同氏の太閤検地論の核心に他ならないことは、周知のとおりである。また同書の別の場所で同氏は、太閤検地が、「秀吉の天下統一の根拠地である山城地方でまず開始され、秀吉の天下統一の進行にともない、新征服地につぎつぎと施行されていった」ことを、史料にもとづいて指摘している。統一のための軍隊の創設は太閤検地によって可能となり、太閤検地はその軍隊による征服によって施行されたというのであるから、天下統一のための軍隊の創設と太閤検地による「新たな農民支配」の創出を、同氏はワンセットのものとして把握しているといえよう。

具体的には、直接耕作者の検地帳への登録と、実質的に小作料の成立を許さない年貢賦課による「作あい」否定との、二つを原則とする太閤検地の施行によって、村落内の地主的＝侍的農民は、その所有地を没収されて「侍的存在たりえたその物質的基盤を失う」こととなり、農村は「領主—百姓」の単一の関係に編成替された。そして刀狩りが、その仕上げを行うことになる。同時に、農村の編成替による成果として、秀吉は強大な家臣団を給養し、かつ兵粮米を蓄積することが可能になったというのである。すなわち、一方では農村内の侍的農民を中核とした軍事組織を解体するとともに、他方では兵粮米を十分に供給される「強大」な軍団の建設を可能にしたのが太閤検地であり、そのことによって畿内農村は秀吉の全国統一の基地となった、というのが氏の指摘である。

以上は、経済的先進地帯である畿内の位置づけに関連しての指摘であるが、これより先山口啓二氏は、「豊臣政権が畿内・近国における階級闘争と権力闘争を通じて打立てたところの戦略戦術」であり、かつ「封建領主的土地所有と封建小農的土地所有とを同時に確立するという」原理を有する太閤検地が、戦国大名佐竹氏所領の後進地常陸に実施された結果、家臣団の知行は所替えの上で減少され、大名佐竹氏の蔵入地は一〇倍と飛躍的に増大したこと、それによって「従前の本領で培った所従・下人を手兵とし率いる在地領主たちの武装力の集積」ではなく、「鉄砲や鑓を装備する足軽隊を主軸としさらにこの段階の戦闘に必ず付随する大規模な普請や長途の兵粮・玉薬運搬に従う夫役農民のおびただしい人数をともなうところの、集中された」軍隊が創設された、と述べている(3)。増大した蔵入地は兵粮米の供給源であるとともに、足軽隊の給養源であり、また足軽隊が装備する「数やり」(「数」とは、武士が装備する武器でなく、足軽隊のために大量に作られた規格品という意味)や鉄砲などの武器を調達する源ともなった。太閤検地を経た佐竹氏の軍隊では、家臣の戦闘力はこうした大名の足軽隊や兵粮供給・運搬組織と結合してはじめて戦力となった、とされるのである。

右の指摘で重要なことは、太閤検地の前後で大名の軍隊の編成原理が変化したこと、その変化とは、軍事力を支える構成員間の関係の変化——すなわち家臣と所従・下人間の関係から家臣・足軽・夫役農民間の関係へのそれ――であったとされていることであろう。同氏によれば、兵農分離によって兵の対極に同時に創設された農は、軍隊と無関係になったのではない。兵農分離以前と以後では、軍隊における兵農の関係ないしは結合のあり方が変わっただけなのである。そして、その変わった関係を物質的にささえたのが、検地とその結果飛躍的に増大した大名蔵入地であった。

先掲書で安良城氏も指摘しているように、島津氏領の太閤検地にさいしては、「大名とその所領から始まって、その家臣・社寺領まで、具体的に秀吉の指示のまま決定された」(4)。山口氏が紹介した佐竹氏についても事態は同様であった。第Ⅳ・Ⅷ章で引用した天正一八(一五九〇)年七月二七日付南部信直宛秀吉朱印状も「知行方検地せしめ、台所入丈夫に召しおき」と、台所入すなわち蔵入地について指示している。その他の例からしても、秀吉が大名蔵入地の山口氏が指摘した意味における環としての意義を重視していたことは確かであり、これに支えられる軍隊の創設を諸大名は強制されたのである。秀吉の諸大名にたいする軍役は、参陣すべき軍隊の総人数をそれぞれの知行石高から「無役分」を控除した高に応じて指定するという方式で賦課されたが、その人数は大名の統率の下に新たな方式で結合させられた武士・足軽・夫役農民から成っていることが前提だったのである。

ただし、山口氏の先の指摘のうち、具体的に史料を提示して述べられているのは、太閤検地の施行にともなう家臣知行地の変化と蔵入地の創設をめぐる諸事実に限定されており、それによって創設された新たな人的結合関係による軍隊のあり方、およびそれ以前の家臣の本領における人的結合関係を基盤にしたとされる軍隊のあり方については、具体的には示されていない。もっとも前者については、当時(一九六五年)においても、漠然とながらも足軽隊・小荷駄などの言葉から共通のイメイジのようなものは存在していたかもしれない。しかし、後者については個々の家臣がひきつれた集団についてはともかく、それらがどのように戦国大名の軍隊に編成されたのかという点に関して意図的に議論されたことは、ほとんどなかったのではないだろうか。いずれにしても、この段階では氏の指摘は理論的な見通しにとどまるというべきであろう。

しかし、その後の『神奈川県史』史料編の刊行によって、我々は戦国大名後北条氏に関する膨大な史料をいながらにして見ることが可能になった。本書第Ⅷ章は、その条件の上に、戦国大名と近世大名の軍事力構成を比較しようとしたものであるが、紙幅の関係で論旨を省略したところもある。以下では、第Ⅷ章を補いながら、両者の差を再度考えてみたい。

## 一　近世大名の軍隊と戦国大名の軍隊の構成的比較

第Ⅷ章で述べたことを前提に、近世大名の軍隊の全容を示す一例として前橋酒井家の軍隊について述べてみたい。

表1がそれである(この表を構成するそれぞれの備の内容については、すでに第Ⅷ章で説明したが、念のために、第Ⅷ章の本多民部左衛門の備の内容を「押し」すなわち行進の順に整理して、表2として提示しておきたい)。

表1によれば、表高一三万石の酒井家が全力をあげて出陣する時の総人数は、約五四〇〇人、一〇〇〇石あたり約四〇人強の人数である。うち武士が、騎馬・徒士・小姓を合わせて五一八人、足軽が一一二九人、又者(武士の奉公人)が一六九四人(うち一三四人は藩からの「貸し人」である)、職人が三九人、人足・駄馬の口取が一七五二人、合計五四三八人となっている。

**表1**　前橋酒井家の軍団構成(17C末)

| | 武士 | | | | 足軽 | | | | 中間 | 又者 | 職人 | 人足 | 小荷駄 | | 合計 | |
|---|---|---|---|---|---|---|---|---|---|---|---|---|---|---|---|---|
| | 騎馬 | 徒士 | 小姓 | 小計 | 鉄砲 | 弓 | 鑓 | 小計 | | | | | 口取 | 馬 | 人 | 馬 |
| A　小屋懸部隊 | 1 | 1 | | 2 | | —— 10 —— | | 10 | 10 | | 10 | 50 | 10 | 10 | 92 | 11 |
| B ①高須隼人備 | 46 | 2 | | 48 | 60 | 25 | 31 | 116 | 24 | 217 | | 128 | 45 | 45 | 578 | 91 |
| ②松平内記備 | 36 | 2 | | 38 | 60 | 25 | 31 | 116 | 24 | 172 | | 122 | 39 | 39 | 511 | 75 |
| ③松平左忠備 | 36 | 2 | | 38 | 60 | 25 | 31 | 116 | 24 | 166 | | 122 | 39 | 39 | 505 | 75 |
| ④本多民部左衛門備 | 36 | 2 | | 38 | 60 | 25 | 31 | 116 | 24 | 165 | | 118 | 40 | 40 | 501 | 76 |
| ⑤内藤半左衛門備 | 36 | 2 | | 38 | 60 | 25 | 31 | 116 | 24 | 164 | | 111 | 40 | 40 | 493 | 76 |
| ⑥酒井頼母備 | 36 | 2 | | 38 | 60 | 25 | 31 | 116 | 24 | 159 | | 116 | 39 | 39 | 492 | 75 |
| ⑦酒井弾正備 | 15 | 2 | | 17 | 60 | 21 | 31 | 112 | 24 | 131 | | 72 | 30 | 30 | 386 | 45 |
| ⑧若殿様備 | 42 | 21 | 27 | 90 | 48 | | 60 | 108 | 30 | 175 | | 82 | 64 | 64 | 549 | 106 |
| ⑨御旗本備 | 63 | 51 | 57 | 171 | 65 | 48 | 90 | 203 | 98 | 345 | 29 | 258 | 227 | 227 | 1331 | 290 |
| 合　計 | 347 | 87 | 84 | 518 | 533 | 219 | 367 | 1129 | 306 | 1694 | 39 | 1179 | 573 | 573 | 5438 | 920 |

**表2**　前橋酒井家の本多民部左衛門備の内部編成(18C初め)

| | 武士 | 奉公人 | 足軽 | 中間 | 人足 | 口取 | 小計 | 乗馬 | 駄馬 | 小計 |
|---|---|---|---|---|---|---|---|---|---|---|
| 旗　差 | 2 | 5 | 16 | 5 | 4 | 1 | 33 | 1 | 1 | 2 |
| 鉄砲組 | 1 | 5 | 36 | | 11 | 2 | 55 | 1 | 2 | 3 |
| 鉄砲組 | 1 | 4 | 36 | | 11 | 2 | 54 | 1 | 2 | 3 |
| 長柄組 | 1 | 2 | 30 | | 3 | 2 | 38 | 1 | 2 | 3 |
| 騎馬隊 | 22 | 58 | | | | | 80 | 22 | | 22 |
| 目　付 | 3 | 5 | | | | 1 | 9 | 2 | 1 | 3 |
| 太　鼓 | 2 | | | | 3 | 1 | 6 | | 1 | 1 |
| 士大将 | 1 | 27 | | | | 4 | 32 | 2 | 4 | 6 |
| 弓　組 | 1 | 4 | 19 | | 5 | 1 | 30 | 1 | 1 | 2 |
| 小荷駄 | 1 | 2 | 4 | | 2 | 8 | 17 | 1 | 8 | 9 |
| 合　計 | 35 | 112 | 141 | 5 | 39 | 22 | 354 | 32 | 22 | 54 |

これらの数字を評価する上で注意すべきことは、第Ⅷ章でも述べたように、この編成表が戦争の蓋然性がまったくない時期のものだということである。そのことは、第Ⅷ章で指摘したように、小屋がけ部隊が最初に書かれていることにも現われているが、また本陣に配属された職人の人数の少なさにも現われている。本陣の職人二九人の内容は、鉄砲張り二人・鍛冶二人・石切二人・具足師二人・金具師一人・革細工一人・仕立師一人・切付師一人・金掘一人などであるが、実際の戦争を想定するのであれば、この表よりもはるかに多数の職人が動員されたはずである。とりわけ城攻めの場合は、陣小屋の防御のための柵をはじめ、仕寄の柵・井楼・鉄楯の構築・製造、地下から城内に潜入するための穴掘りなどの作業をこなすには、この程度の職人でこと足りたとは考えられないのではなかろうか。すくなくもその可能性がある以上は、表1にいくばくかの職人を加えた全容を想定する余地をのこしておく必要はあるであろう。しかし、総人数という点からすれば、一〇〇〇石に四〇人という数字は、たとえば寛永一〇(一六三三)年の幕府軍役規定が一〇〇〇石に三〇人であり、また島原の乱鎮圧に参加した諸大名に対する幕府の扶持米支給が一〇〇〇石に四〇人だったことからして、初期とあまり変わりはないと考えてよいであろう。[5]また武器などの数についても、同じ規定では、一〇万石の場合、馬上一七〇騎・鉄砲三五〇挺・弓六〇張・鑓一五〇本であるから、一三万石に換算するまでもなく、表1の内容は規定を十分にみたしているといえよう。したがって、表1は、規模・内容ともに初期の編成と大差ないものと考えてよいことになる。

以上を前提にあらためて表1をみると、第一に印象づけられるのは、総人数五五〇〇人弱のうちで武士が五一八人、約一〇パーセント以下に過ぎないことであろう。武士を基準にすると、この軍隊は、武士の約二倍強の足軽、三倍強の又者、同じく三倍強の人足・馬の口取で構成されている。当時の軍隊は武士の他にその一〇倍強の、さまざまの役割をはたす要員を必要としたのである。

第二に印象づけられるのは、総人数に占める非戦闘員の比率の高さである。表1で戦闘員は、武士と足軽の合計一六四七人、それと又者の一部である。戦陣における武士の従者である又者には、戦闘員である若党と、中間・小者以下の非戦闘員があったが、この陣立書には内訳が記されていないので、それぞれの数を確定することはできない。しかし、別の史料に記されたそれぞれの武士の知行石高が、士大将(家老)を別にすると、最高が八〇〇石、最低が一〇〇石、平均二四五石であり、また表1からただちにわかるように武士一人あたりの又者が三人強であることから、若党は武士一人あたり一人程度と考えて大過ないものと思われる。したがって戦闘員の総数は武士(五一八)+足軽(一一二九)+若党(五一八)で、約二二五〇人ということになる。残りの約三三〇〇人のうち旗指しの中間や職人をどちらに分類するかは厄介な問題であるが、いずれにしても少なめにみて三〇〇〇人程度は非戦闘員とすることができる。すなわち、酒井家の軍隊は、多めにみて四五パーセント以下の戦闘員と少なくも五五パーセント以上の非戦闘員とで構成されていたのである。

第三には、藩が経常的に扶持している人数の比率の問題である。すなわち、直接に藩が扶持しているのは、武士・足軽・中間・職人で、合計は約二〇〇〇人弱であり、残りの約三五〇〇人は藩が直接に扶持しているのではないことである。ただし、又者は、武士の知行の中から扶持されているのであるから、これを前者に加えると約三七〇〇人対一七〇〇人と比率が逆転する。

以上、前橋酒井家の軍隊の構成要員を、①身分、②戦闘に参加するか否か、③扶持関係、の三つの指標から見てきたが、これら指標値を異にする要員が、機能的にはこの軍隊において、①武士とその奉公人からなる二二〇〇人の集団、②足軽の集団一一三〇人、③人足・小荷駄からなる一七五〇人の集団にそれぞれ編成されて、ひとつの軍隊を形成していたのである(具体的には、それぞれの備の中においてのことであるが。表2を参照)。もちろん中心的機能は戦闘にあるのだが、それを有効に遂行するために、藩は役割を異にする要員を以上のように編成する必要があったのである。

これらのうち①に属する奉公人は、家臣の知行のうちから扶持されるものである。通説によれば、初期は譜代が多く、次第に一季または年季で雇用される奉公人に変化したといわれるが[6]、第IX章で述べたように、初期から「一季居」の禁制が頻発されていたことから見て、早くから雇用が主流になっていたと考えられる[7]。転封・改易・取り立てなど大名所領の変動がはげしかった初期において、その家臣が譜代奉公人を抱えることがどの程度に現実的であったかを考えれば、これは当然のことといえよう。たとえば加賀前田家は大坂陣にさいして、契約期間が切れたものであっても奉公人を召放すことを禁止していた。少なくも雇用による奉公人を無視しては、この藩は軍隊を編成できなかったのである。これらの奉公人は、第IX章でも触れたように、その主人である家臣の周囲に配置されるのを原則とし、主人の側から切りはなされて別の場所に配置されることはなかった[8]。酒井家の場合、陣小屋が主人と奉公人を合わせた人数を基準に割り当てられていること、また一〇〇石程度の家臣には「貸し人」が配属されていることが、その証拠である。「貸し人」とは、必要なだけの従者をひきいて出陣できない一〇〇石程度の知行取に対して、藩が雇用した人員を従者として貸与するものであるからである。彼らは、若党を除いては、非戦闘員であり、主人の身のまわりの世話と武器などの道具の運搬、主人の乗馬の口取りなどが任務である。『雑兵物語』は彼らの義務として、戦場で常に主人から離れないことを求めているが、譜代の下人であれば当然のことが一七世紀末のこの書物ではわざわざ特記されねばならなかったところに、出替わり奉公人が主流となったこの時期の奉公人の気風が現れている。そうした気風については、近世の都市や雇用関係史に関する長い研究史の触れるところである。しかし、これらの研究史が対象としてきた諸事象の基礎である、近世の武士と奉公人の人的結合関係は、まさに太閤検地によって新たに作りだされたものであることを、ここでは確認しておきたいのである。

次に②の足軽が大名蔵入地からの蔵米を扶持されるものであることは、常識であろう。ここでは、足軽が恒常的に扶持されることによって物頭の指揮下に常時おかれることになったことを指摘しておきたい。足軽に関する史料、とくに初期のそれは少ないが、秋田藩の家老梅津政景の日記(9)によれば、かれはしばしば指南の(指揮下の)足軽に鉄砲の稽古をさせているし、また藩主もその射撃を査閲したりしていることが知られる。このような集団としての訓練は、後に見るような農民を在村のまま武装させて寄親のもとに同心として預ける方式では不可能なことであり、太閤検地を経て新たに作られた人的結合関係により可能となったものである。

最後に③の小荷駄は、農村から百姓の夫役として徴発されたものであり、中世の国役の系譜をひくにせよ、石高がその基準となっている点では太閤検地を前提にした新たな賦課方式である。

## 二　後北条氏軍隊の編成方式

以上と比較するために、天正五(一五七七)年に小田原後北条氏がその支配下の岩槻城主太田氏に指示した軍団編成方式を提示したい(10)(①②などは引用者)。

岩付諸奉行、但、今度之陣一廻之定

①小旗奉行　　中筑後守
　　　　　　立川藤左衛門尉

潮田内匠助

已上、

右、何時も打立の貝を旁爾ニ、小旗悉可相集、於押前物いわせす、いかにも入精可押、小旗数定百廿余本可有之間、改而不足之所をハ、何時も可申上候、以上、

②鑓奉行　福嶋四郎右衛門尉

豊田周防守

立川式部丞

春日余兵衛

已上、

右、鑓奉行申付候、六百本余可有之間、能々相改、不足之所をハ、無用捨可披露候、鑓奉行大事之役ニ候、もみあふ時、押前ニてならさる様ニ、入精可致之候、何時も小旗之集同前、鑓をも可集、

已上、

③鉄砲奉行　河口四郎左衛門尉

真野平太

已上、

右、岩付鉄砲衆五十余挺可有之間、相改、毎度之備ニ不足之所をハ書立、無用捨可令披露、兼日筒をこしらゑ尤ニ候、無嗜ニてさび、引金以下損、かつきたる一理迄之躰、以之外曲事候、能々可入精者也、

已上、

④弓奉行　　尾崎飛驒守
高麗大炊助
已上、
右、四十四張弓衆可有之、能々相改、厳密ニ可仕置、馬上ニ候共、射手衆をハ一所へ集可押候、能々可入精、不足之所をハ相改、無思慮可披露、
已上、
⑤歩者奉行　　山田弥六郎
川目大学
嶋村若狭守
已上、
右、弐百五十余人之歩者相改、毎度致一枚可押、歩者共物いわせへからす、能々可致仕置、
已上、
⑥馬上奉行　　渋江式部大輔
太田右衛門佐
春日左衛門
宮城四郎兵衛
小田掃部助
細谷刑部左衛門尉

已上、

右、五百余騎之馬上、能々相改、備之模様可然様ニ被入精肝要候、猶馬上之押様専一候、五百余騎之内、不足之者相改、不及思慮、可有披露者也、

已上、

⑦歩走廿人之奉行　馬場源十郎

已上、

已上、

右、備之諸奉行、先此度者、大方如件定置候、何も不知案内ニ候間、可有相違候、如何様帰陣之上、心静遂糾明、重而之出張ニハ、入手而可定置候仍如件、

此外、

⑧陣庭奉行　春日左衛門尉

宮城四郎兵衛

細谷刑部左衛門尉

福嶋四郎右衛門尉(中略)

⑨篝奉行(中略)

⑩小荷駄奉行(中略)

已上、

⑪右、定置所如件、

丁丑
七月　（虎朱印）
十三日

この史料の内容に立入る前にまず次のような諸点に触れておきたい。第一は、この時期の岩槻太田氏と小田原後北条氏との関係についてである。太田氏[11]は江戸太田氏とこの岩槻太田氏にわかれるが、岩槻太田氏は小田原北条氏対越後上杉氏・常陸佐竹氏の対抗関係の間にあって動揺が激しく、この丁丑年（天正五＝一五七七）の当主氏房の二代前の当主資正は北条氏に反抗して城から追放され、かわって城主となったその子氏資は北条氏の麾下にあって安房里見氏と戦い永禄一〇（一五六七）年に戦死している。氏房は北条氏当主氏政の二男で、氏資戦死の後に太田氏をついだ人物である。兄の氏直が文禄元（一五九二）年に死んだ時三〇歳と伝えられるので、[12]丁丑年では一五歳以下である。また氏房の祝言が天正一三（一五八五）年に行われていることから考えるともっと幼かった可能性もある。北条氏は岩槻太田氏をのっとるために幼少の氏房を送りこんだのであり、この時期、太田氏の軍事組織が正常に機能していたかどうかには、不安がないわけではない。第二には、この陣立の冒頭に、「但、今度の陣一廻（回）之定」と明記されていることである。この年の五月から閏七月にかけて、北条氏は下総結城の結城氏に対して攻撃をくりかえしている。[13]したがって、この「今度の陣」もこの作戦に関係しているのであろうが、ここに示された編成はあくまでも「一廻（回）」限りの臨時のものであるということである。第三には、これが太田氏の全編成を示すものではないことである。⑧で省略した部分には「太田幕の内」云々とあるが、氏房の旗本ないしは馬廻りの人数はこれには示されていないと思われるからである。

以上のような限界があるにせよ、この陣立には以下のような諸点が示されている。第一は、これが「押」すなわち行軍の順序による編成であることである。そのことは、①に「何時も打立の貝を旁爾ニ小旗ことごとく相集むべし、押し前においてものいわせず、いかにも精を入れ押すべし」とあることで、明らかであろう。「出発の貝を旁爾(旁爾とは、庄園の境界などを示す標識であるから、この場合は休息時から行動時に移る境めを示す合図として、で意味が通じると思われる)に、小旗(小旗とその持ち手)を集結させよ、「押し」すなわち行進に移ったら静粛に」というのである。なお、「押す」という言葉は、②④⑤⑥にも出てくるが、いずれも行進という意味で解釈できる。すなわち、ここに示されているのは、岩槻から約四〇数キロメートルはなれた結城に進撃するための、当面の隊形なのである。

第二には、この部隊は①小旗・②鑓・③鉄砲・④弓・⑤徒士・⑥騎馬・⑩小荷駄の順序で編成されているのであるが、それらの武器と人員は、太田氏に常時扶持されているのではなく、第Ⅷ章でみたように後北条氏から賦課された軍役として各家臣が携行した武器と引率して出陣した人員が充当されている、ということである。すなわち後北条氏は、岩槻太田氏に属する各家臣に対する「着到」の内容―小旗・鑓・鉄砲・弓・徒士・騎馬などの武具とその持ち手をそれぞれ集計し、それを基礎にこの陣立を編成しているのである。このことは、①「小旗数定めて百廿余本これあるべし、不足の所をば、何時も申上ぐべく候」、②「(鑓)六百本余可有之間、不足の所をば用捨(容赦)なく披露すべく候」、③「岩付鉄砲五十余挺これあるべく間、相改め、毎度の備に不足の所をば書き立て、用捨なく披露せしむべし」などの文言に現れている。これらの武器とそれらを使用する人員が城に常備されているのであれば、その員数を調査して不足があればその旨を後北条氏に披露・上申するよう、わざわざ命じる必要はないであろうからである。とりわけ③「無嗜にて錆び、引金以下損じ、かつぎたる一理迄の躰、もっての外の曲事」といわゆる員数合わせを戒めているのは、それらが城付きの武器であればありえないことであるし、また④「馬上に候とも、射手衆をば一所へ集め押すべく候」と騎馬の武士であっても弓の名手は弓足軽とともに同じ隊列内に配置しているのも、そもそもこうした隊列が、家臣から軍役として提供されるはずの武器・人員を集めて構成するものであったことを物語っている。

第三には、⑩小荷駄が最後に行進することになっているのは当然としても、その人数が記されていないことである。第Ⅷ章で指摘したように、後北条氏の軍隊にあっては兵粮が家臣の自弁であったのに対応して後北条氏は兵粮運搬の小荷駄の数には関心をもたず、そのために「着到」には小荷駄は規定されず、したがってこの陣立においても、その人数を記入することができなかったのである。

表3　岩槻旧太田家軍団行軍編成表

| | | |
|---|---|---|
| ① | 旗 | 120 |
| ② | 鑓 | 600 |
| ③ | 鉄砲 | 50 |
| ④ | 弓 | 40 |
| ⑤ | 徒歩 | 250 |
| ⑥ | 騎馬 | 500 |
| ⑦ | 小荷駄 | ? |

以上では、この陣立が、太田氏に属する各家臣に提示された「着到」に規定された武器とその持ち手を、各家臣から切りはなし、武器とその持ち手ごとに編成したものであることを述べた。先の酒井家と比較するために、表3を作製した。もちろん数的に比較できるのは直接戦闘力となる武器の数だけであるが、騎馬・鑓・鉄砲の比率の差は圧倒的といってよいであろう。しかしより本質的な差は、第一に、戦闘力を支える非戦闘員については数的に比較できないというところにあるというべきであろう。第二には、鑓・弓・鉄砲の人数が酒井家の場合は酒井藩が扶持する足軽であり、太田氏の場合は家臣が軍役として提供するものであった、という相違点がある。酒井氏と限らず一般に近世の軍制においては、家臣が引率して出陣した又者を、陣立において家臣から切りはなし他の部署に配属するということはありえないことであり、逆に弓・鉄砲・鑓などの武器を使用する集団を構成するのは大名が扶持する足軽であるのが原則であった。

右の二点のうち第一点は、第Ⅷ章で分析したような「着到定書」の性格から結論されるところであり、後北条氏の軍制一般に適用してさしつかえないと考えられる。しかし、第二の点については、太田氏がたまたま置かれた上述のような事情によって足軽隊を扶持する蔵入地が十分でなかったために、たとえ右のように武器ごとの編成が戦闘に有効なことがわかっていても、これを編成できなかった可能性がある。事実、永禄二(一五五九)年「小田原衆所領役帳」によれば、後北条氏から扶持をうけた「足軽衆」が、上野平井・上野前橋・駿河泉頭などの支城を預かる家臣の指揮の下に配属されていたことが知られる[14]。また、上野福島に知行をもつ宇津木氏が預かる「鉄砲衆」一〇人に対し、天正一〇年代に毎年合計一〇〇貫文の扶持が後北条氏の蔵から支給されていた事例もある[15]。したがって、後北条氏が蔵入地ないしは蔵米から扶持される「足軽衆」「鉄砲衆」などの創設に無関心であったということはできない。

しかしながら他方で後北条氏は、「着到定書」によって家臣から軍役として徴収した人数を家臣から切りはなして武器ごとの集団に編成する方式を、以下の史料が示すように[16]、すてきれなかったようである。

着到
拾本　小旗持
拾挺　鉄砲放　何も指物可有之、
拾張　射手　何も指物可有之、うつほ可付之、
弐本　手鑓
三拾八本　長柄
拾八騎　何も可有指物、
弐騎　自身

弐本　自身之指物持、
八人　御両所馬添之手明　何も指物、
以上百人
右、自今以後申定処如此、重而之自陣者厳密ニ御嗜、専一候、然者、旗本之一手ニ可申合候条、合しるし可為団候、大小・模様者、可為御随意候、百人共ニ団可被為指候、仍如件、
天正十一年癸未
二月廿八日
両後閑

後閑両氏は、天正一〇年本能寺の変の後に後北条氏に服属した上野の豪族と思われるが[17]、以後も一貫して客分のあつかいをうけており、この文書の口調にもそのことが現れている。しかし、同一一年以降は一〇〇人の軍役を賦課され、後北条氏の旗本に配属されており、軍役に関しては一般家臣と同様のあつかいであったと考えられる。この着到においてまず明らかなのは、規定された一〇〇人のうち、二騎は後閑両氏「自身」である。そして、その「自身」につき従うものとして「自身の指し物もち」二人と両人の「馬ぞいの手明き」八人が定められている(この他に、足軽などが使う鑓である「長柄」と区別して「手鑓」二本が定められているが、これも後閑両人が使う鑓とその鑓持である可能性が高い)。後北条氏の軍制においても、先の酒井家と同様に、家臣がひき連れる人数を陣立において家臣から切りはなさないという原則があれば、このような注記は不要であったはずである。逆に、太田氏の陣立にあったように、切りはなして編成するのが原則であったからこそ、このような注記が必要だったのではないだろうか。

以上のように後北条氏は、その軍隊の編成方式において、①「着到定書」にもとづいて家臣が軍役として提供した人数を切りはなして編成する、②蔵入地から扶持される人数を編成し、支城に配属する、の二兎を追っていたのである。二兎を追うというのは、これらの二方式は相互に矛盾すると思われるからである。なぜならば、常識的に考えて、②の方式での人数増大には蔵入地の拡大を条件とするし、それは、①の方式での人数増大と競合するからである。

このジレムマを避けるために同氏が採用した具体的な方策が、在地の百姓を有力家臣の与力として付ける方法であった。たとえば池上裕子氏によれば、秩父孫二郎は天正一〇年の北条氏邦「着到定書」で一三九人(騎馬三三・小旗六・指物三・鑓六三・弓二一・鉄砲一三)の軍役を賦課されているが、このうち一〇四人は、四方田雅楽之介など二人(自身騎馬と弓・鑓など一人)の軍役をはたす、いわゆる「一騎合」の同心である「秩父衆」によって担われている。[18] おなじく池上氏によれば、これらの同心、たとえば天正四年に氏邦から騎馬・鑓などの軍役を賦課された「荒川衆」は、家臣の所領内に在村しながら「むなへつ御しやめんのうへハ、いつれも大途之御ひくわんたるへく候間、しよとうくよく〳〵たしなみ、はしりめくるへき事」と棟別銭を赦免(免除)されて「大途(後北条氏当主)の御被官」すなわち後北条氏の直臣と規定され、諸道具(武器)を用意して戦闘に参加すべきことを命じられている。[19] この荒川衆の場合、天正一六年になってはじめて、家臣の所領内の開発地に施行された検地によって創設された蔵入地若干を支給されている。このように、新たに給地を支給せず取りあえずは棟別銭赦免程度の扶持で新たな戦闘要員を創設する方式を、極端にまでおしすすめたのが、あまりにも著名な天正一三年の「当郷にこれある者、侍・凡下共に廿日倩(雇)うべく候、(中略)ことごとく弓・鑓・鉄砲、何にても得道具を持ち、何時なりとも一左右次第罷り出づべく候」[20]、同一五年の「当郷において、侍・凡下を撰ばず、自然御国用のみぎり召し使わるべき者を撰み出し、その名を記すべき事」「この道具、弓・鑓・鉄砲三様の内、何なりとも存分次第」「腰さし類のひら〳〵武者めくように支度いたすべき事」(21)などの文言を有する動員令であることはいうまでもないであろう。この動員令には代償として「あい嗜む者ハ、望み次第御恩賞あるべき事」が示されており、後北条氏は、彼らを農村から切りはなして恒常的に扶持するのではなく、在村のままわずかの恩賞で参陣させようとしているからである。

したがって、この方式は極端にまで進めると結局はせっかく打ち出した蔵入地を喰いつぶしていくという意味で上記①の方式にかえっていくものであった。つまり後北条氏は、その有力な対抗者であった太閤検地施行以前の佐竹氏と同様に、蔵入地を十分には確保できず、したがって上記①②の対立を最後まで解消できず、豊臣秀吉との対決を前に①の方式を領国内でせいいっぱい追求せざるをえなかったと考えられるのである。

重要なのは第Ⅷ章で指摘したように、①の方式は、在村の軍役負担者の村落内における位置を通じて、戦闘員と非戦闘員を動員するものであったことである。少なくも片足をこの上に載せているかぎり、後北条氏は家臣の村落内における支配を否定することはできず、また彼らを城下に集住させることもできないであろう。そして、兵粮とその運搬にあたる小荷駄も彼らの負担であったから、後北条氏は、その供給源としての蔵入地も、またそれを運搬する小荷駄を領国から直接に徴発する必要もないということになる。したがって、家臣の抵抗を排除してまで兵粮の供給源として蔵入地を創設する必要も、また小荷駄を動員する体制を本格的に構築する必要もなかったということになる。

このように考えると、後北条氏の軍団編成方式と、秀吉が近畿地方において創設し諸大名に強制した軍団編成方式とは、それぞれ異質な領国支配方式に依拠する、まったく異なるシステムであり、前者から後者へのなしくずし的移行は不可能なものであったことは、明らかであろう。その間には中央権力の強力による太閤検地の施行が不可欠だったのである。そして、その強力の下で諸大名がいかに困難な対応を強いられたかは、先掲山口論文によく示されている。

## 三　百姓還住と近世的軍隊における濫妨・狼藉の禁止

以上においては、戦国大名の軍隊と近世大名の軍隊が、それぞれ異質な領土把握にもとづく異質な編成原理を基盤としていることを述べた。この原理の差は、それぞれの軍隊が進攻した場所における濫妨・狼藉にたいする態度の差としても窺うことができる。

軍隊の濫妨(掠奪)・狼藉(暴行)については、「乱世」と題する別稿[22]で、以下の主旨を述べたことがある。①濫妨・狼藉は戦国期の戦争においては正当な行為とみなされており、いわば戦争のつきものといってよい行為であったこと。②軍隊の司令官は、礼銭などを代償に禁制を発行し、指揮下の軍勢に対して場所を限定して濫妨・狼藉を禁止することがあったこと。③信長の武田攻め以降、禁制が被進攻地の農村に進攻軍の側からいっせいに発給されるようになった。とくに秀吉の小田原攻めにおいては禁制の他に、軍律によって全進攻軍にたいして特定の場所(敵地)を除き、濫妨・狼藉が禁止されたこと。④大坂の陣においても合法的とみなされた特定の場所における濫妨・狼藉は、公儀が平和を保障していることを民衆に実感させる役割をながく果したこと。

以上のうち、②から③への移行が可能になった条件として、別稿では戦国大名の軍隊では兵粮自弁が原則であり、そのために兵粮とその運搬手段を敵地に求める必要性があったこと、それにたいして近世大名の軍隊では、兵粮とその運搬手段を動員者の側で準備したため、兵粮を敵にもとめる必要がなくなったことを挙げた。しかし、これは濫妨・狼藉の禁止が可能になった理由でありえても、秀吉が積極的に濫妨・狼藉を禁止しなければならなかった理由にはなりえない。別稿で引用したように小田原攻めの時、秀吉の軍律をうけて家康が自己の軍勢に示した軍律[23]は「下知なくして、男女乱取りすべからず、若しこれを取り、陣屋にかくし置かば……」としているが、このように「かくし置く」ような人員は、運搬に使役する以外の目的で濫妨されたと考えられるからである。

別稿で濫妨・狼藉の実態を示す史料として挙げたのは関東のものに限られていたので、他地域の例を示す意味をかねて、以下に若干の史料を追加すると、まず秀吉の軍隊においてもある時期までは濫妨・狼藉は公認されていたことが知られる。

一き《紀伊》の国いつき《一揆》おこり申候時、やまと大なごん《大和大納言》さま、其時ハみのゝかみ《美濃守》殿申候つる、人しゆ《人数》御いたし《出》候て、きの国内りやうちん《竜神、紀伊日高郡》といふ城へ御よせ被申、城あけ申由ニて候まゝ、みのゝかみ《美濃守》様ハ人しゆ《人数》ゟさきへ、そはの物《側の者》はかりにて御越候へハ、いつき《一揆》道ヲとりきり、てつほう《鉄砲》うちかけ候へハ、そんしのほかとりみたし《取り乱し》、てなと《手》をい《負い》申物《者》もあり、あとゟ人しゆ《人数》かけあしにて御そへ、みな〳〵参申、其いつき《一揆》をしたい《慕い＝追撃する》候て、くひ一つ我等取申、くひ、しろ《城》ニて御らん被成候、つかいハくわ山さこん《桑山左近貞晴》殿ニて、御ほうひ《褒美》として、我等とらへ申せかれ《倅》五人あけ《上げ》申候へハ、ふたい《譜代》ニいたし申候へと御ちき《直》に御申候てくたされ《下され》候、

この覚書[24]の記主本城悪右衛門は、丹波の地侍で明智光秀に仕えて本能寺攻めにも参加した経歴をもつ。光秀没落の後に秀吉の弟大和大納言秀長に仕え、天正一三(一五八五)年秀吉の紀州攻めの一環として竜神城を攻めた秀長にしたがった時の覚が右の引用部分である。その時に、彼は五人の「倅」を捕らえ、秀長に差し出したところ、「譜代」にするようにと五人を与えられた、というのである。明らかにこの年までは秀吉の軍隊においても人の

濫妨が公認されており、その目的は下人とすることだったといえるのである。

次に九州について、来日した宣教師は天正一四年に豊後臼杵を攻めた島津氏の軍勢による濫妨について、次のように報告している。(25)

敵勢が臼杵城を包囲していたのは、わずか三日間に過ぎなかった。(中略)人々が証言するところによれば、敵は臼杵地方からだけで、婦女子を含めて三千の捕虜を連行したらしいとのことである。

薩摩軍が豊後で捕虜にした人々は、肥後の国に連行されて売却された。その年、肥後の住民はひどい飢饉と労苦に悩まされ、己が身を養うことすらおぼつかない状態にあったから、買とった連中まで養えるわけがなく、彼らをまるで家畜のように高来(島原半島)に連れて行って(そこで)売り渡した。かくて三会や島原の地では、時に四十名(もの)売手が集まる(有様で)、彼らは豊後の婦人や男女の子供たちを(貧困から)免れようと、二束三文で売却した。

このような濫妨が行われたことに関しては、翌年の九州平定後に秀吉が九州の諸大名にたいして所領内に居住する豊後国の男女を還住させるよう命じていることからも傍証される(たとえば島津氏に与えられた秀吉朱印状(26)には「先年豊州において乱妨取の男女之事、分領中尋ね捜し、有り次第帰国之儀申し付くべく候」とある)。そして右の宣教師の報告によれば、これら「乱妨取りの男女」は明らかに下人として連行するために、または下人として連行したのちに売買するために捕らえられたのである。

人の濫妨の目的が右のようなものであったとすれば、秀吉による濫妨・狼藉の禁止は、人売買の禁止、および農民の人返しと密接に関わらざるをえないことになる。事実、小田原攻めに際し前田利家を総大将とする北国口の軍勢の一翼を構成した上杉景勝にあてた、次の秀吉朱印状(27)は、その間の関係を以下のように述べている。

其面之儀、利家相越具申通、被聞召候、此中無油断由、尤被思召候、仍国々地下人百姓等、小田原町中之外、悉還住之儀、被仰付候条、可成其意候、然処、人を売買仕候由候、言語道断、無是非次第候、云売者、云買者、共以罪科不軽候、所詮、買置たる輩、早々本在所へ可返付候、於自今以後、堅被停止之間、下々厳重ニ可申付候也、

卯月廿七日　(秀吉朱印)

羽柴越後宰相中将とのへ

右の朱印状で本題と考えられるのは、一行めの「仍」以下であるが、それはまた(A)「国々地下人……可成其意候」、(B)「人を売買……無是非次第候」と(C)「云売者……下々厳重ニ可申付候也」にわかれる。そして(A)と(B)とは「然る処」という接続詞で結ばれている。

まず(A)で「還住之儀を仰せ付けた」といっているのは、別稿で紹介した以下の秀吉「掟書」[28]に関連があると思われる。

条々　　相模国西郡飯田郷

一地下人・百姓等、急度可令還住事、

一軍勢甲乙人、立帰百姓之家不可陣取事、

一対土民・百姓、非分之儀申懸之族有之者、可為一銭切、并麦毛不可刈取事、

右、若於違犯之輩者、速可被処厳科者也、

天正十八年四月　日　(秀吉朱印)

小田原の陣で秀吉は、農村にいっせいに禁制を発給し、また軍律で軍勢の濫妨・狼藉を禁止したのであるが、

それらの他に、右のような禁制類似の文書を発給して(類似の文書というのは、この掟書が禁制と同様に充所がなく所付を有しながら、他方で各条の中に「……せしむべき事」「……べからざる事」と禁止と命令を示す語句を含むことによる。ただし機能的には、これを秀吉麾下の軍勢に提示して「非分の儀」を申しかけられることを防止したという点で、禁制と同様であったと考えられる)、逃亡した百姓に還住を命じ、同時に軍勢の濫妨・狼藉を禁止した。ここで濫妨・狼藉の禁止と百姓の離村逃亡・還住との関係について考えると、濫妨・狼藉の禁止が還住を条件として保障されたことは、大坂の陣当時に摂津平野に対する禁制をめぐって先掲別稿「乱世」で指摘したとおりである。したがって、小田原攻めに際しての禁制・軍律・上記掟書などによって濫妨・狼藉が禁止されたのも、百姓還住の強制にみあう措置だったということができる。

景勝充秀吉朱印状は、こうして秀吉が後北条氏の領国の百姓に還住を命じ、それに伴う措置として軍勢の濫妨・狼藉を禁止していることをまず述べる(ここで「小田原町中の外」といっているのは、小田原は後年の大坂のように濫妨・狼藉勝手次第の場所(先掲別稿「乱世」)とされたことを意味するものと思われる)。したがって、景勝もこの旨を心得て、部下の軍勢に濫妨・狼藉を禁止して還住した百姓に平和と安全を保障せよというのが、(A)の部分の含意であると考えられる。

(B)の内容は、人売買が行われているという秀吉の事実認識を述べたものであり、(C)はその事態に対する秀吉の対策である。そして(A)(B)は「然る処」で接続されている。したがって、(B)の「人を売買仕候由候」は、(A)の意図するところに反する事態であり、だからこそ「言語道断、無是非次第」なのである、と理解すべきであろう。そして一般的に人売買といっている以上その対象となる人は、濫妨された者だけでなく、相対で、つまり戦国時代であれば合法的に売買された者をも含むと考えなければならない。つまり、戦国期の慣習での合法・

非合法に関係なく、また当事者の意思にも関係なく、売買された者はすべて元の在所にもどせというのが、(C)における秀吉の意思である。そうだとすれば(A)の「還住」とは、単に住民が自分の意思で帰り住むことを奨励しているのではなく、住民の意思にかかわりなく還住を強制する措置であり、百姓を土地に縛りつける、より一般的な政策の一部とみなすべきなのである。すなわち、安良城氏によれば[29]、秀吉以降の近世権力の原則的政策となった人売買の禁止は、奉公人の年季制限とならんで、太閤検地の施行原則によって検地帳に登録された百姓の譜代下人化を防止するとともに、「地に着いたるもの」すなわち土地緊縛下の百姓「経営数」維持・増大政策の一環と位置づけられている。したがって濫妨・狼藉の禁止は、戦時においてこの政策を保障する措置と評価すべきであろうし、秀吉の征服戦争は、単に相手の戦国大名を征服するだけでなく、麾下の軍勢が制圧した地域において還住を強制し、征服完了後の検地の前提を準備するものだったといえよう。このように考えると、前掲史料が示すように、秀吉が豊後から濫妨されて連れ去られた百姓の「人返し」を九州諸大名に命令しているのも、また天正一九年の大崎・葛西の一揆の発端にあたって、その当事者の木村吉晴が「古奉公人・地下年寄三〇人」を「はたもの」にかけて処刑しながら「脇百姓は見分け、ことごとく助け申候」と報告しているのも[30]、秀吉においては征服が同時に百姓の土地緊縛であったという関係をものがたるといえよう。

兵粮の補給を組織化した秀吉の軍隊は太閤検地の結果可能になったものであるが、戦場から逃亡した百姓を還住させ、検地の成果を保障する濫妨・狼藉の禁止は、こうした軍隊において初めて可能になったのである。太閤検地は、そのような意味で相互にささえあい、かつ同時に対立しあう「兵」と「農」との関係を創設したといえるのではあるまいか。そして、このようにして成立した「兵」は、「農」をその兵站にくみこむことにより、はじめて軍隊を編成することが可能になり、「農」を支配することができたのである。

## 四　近世的軍隊に固有の問題

歴史的事実に即していえば、右の過程は、安良城氏が指摘しているように、秀吉の軍隊による全国征服の過程として進行した。秀吉は近畿地方を基地として創設した自己の軍隊により各地を征服し、武力を背景に強制的に施行した検地にもとづいて、安堵または新規に取り立てた大名に秀吉の意図にあった内容の軍隊を作らせ、所領の規模に応じた人数の軍役を賦課し、新たな征服戦に動員した。先の島津氏や佐竹氏がその一例である。この他にも、第V・VIII章で見た天正一八（一五九〇）年七月の南部氏に対する指示も、その例であった。すなわち秀吉は、蔵入地の創設、家臣の城を破却してその妻子を城下に集めることなどを指令しているのである。続いて秀吉は石田三成に対する朱印状で、人売買の禁、武家奉公人の確保と百姓の土地緊縛、刀狩り、人返しなどについて指示しているが、これを全国に拡大したのが、第IX章で検討した、いわゆる「身分法令」である。この法令は、「唐入り」の期間に限ってであるが、武家奉公人が奉公先を離れること、および百姓の離村を禁じたもので、明らかにそれ以前の法令の延長上にあるからである。

注意すべきは、こうした軍隊の創設と維持に関わる法令は、その内容自体が、検地によって創設された体制の維持に密接に関連していることであろう。検地の結果はいうまでもなく百姓の土地緊縛によって維持されるのであるが、この原則はいわゆる「身分法令」により全国的にはじめて公布されたからである。また、この法令に規定された武家奉公人も百姓の土地緊縛があってはじめて安定的に確保される性質のものだからである。この法令の「在々百姓等」が「田畠をうち捨て」都市に出ることの禁止を受け継いで、すくなくも政策的には、江戸幕府も諸大名も、第IX章の「一季居」の禁令でみたように、年季のあけた武家奉公人は農村に帰り耕作に従事すべきものと考えていたからである。

さらに秀吉は朝鮮においても、軍隊の濫妨・狼藉を禁止して「山上り」した人民を還住させ、指出を徴して年貢と夫役を賦課する方針をとっている。秀吉は、朝鮮国王に「堪忍分」を充行おうとしていたが[31]、このことも秀吉が朝鮮の国土をどのように支配しようとしていたかを物語っている。「堪忍分」とは、生活のために与えられる軍役のかからない土地であり[32]、これを国王に充行おうとしたことは、他の土地には役をかける構想があったことを示すからである。

もちろん現実の事態は、朝鮮人民の抵抗などにより、この秀吉の構想のとおりには進行しなかった。しかし、このような構想が存在したこと自体は、秀吉が軍隊の創設→征服→検地→軍隊の創設という際限のない過程を追おうとしていたことを示している。秀吉はみずからが創設した軍隊を絶えず動員状態に置くことで体制を維持・強化しようとしていたといえるであろう。しかし、この方針を続けるかぎり、近畿地方を征服の根拠地とすることで発生したと先に安良城氏が指摘した矛盾が、全国規模に拡大されることになる。城下町に集住した武士は、奉公人と小荷駄の陣夫と結合してはじめて戦力として機能したのであるが、その奉公人や陣夫は、強大な軍事力を背景としたいわゆる「身分法令」の「一町・一在所」を成敗するといった厳しい法度によってはじめて確保可能であったからである。そしてこのことは、「唐入り」の敗北が決して朝鮮人民の反撃だけによったのではないことを示しているといえよう。

秀吉の創設した軍隊は、長期作戦にたえ、また機動性の点で戦国大名のそれをはるかに凌駕する軍隊であった。しかし反面では、百姓の土地緊縛を前提としながら、緊縛の対象である百姓を戦場に動員することではじめて存続が可能な軍隊であった。秀吉はこの矛盾を上述のように際限のない動員により解決しようとして失敗したのであった。

続く江戸幕府においても、事態は同じであったはずである。

秀吉の死後、朝鮮からの撤兵に成功した家康は、二度と海外に侵攻しようとはしなかった。しかし、家康は、征夷大将軍になると同時に、全国の大名に江戸市街地の普請、つづいて名古屋城の普請を賦課した。家康の死後に幕府の実権をにぎった秀忠は、大坂城の普請と江戸城天主台の普請を諸大名に賦課している。[33] このうち大坂城の普請は、元和五(一六一九)年に始まり、事実上は寛永六(一六二九)年まで一一年間つづいた。三代将軍家光も秀忠の死後に、江戸城石垣と桝形の普請を賦課している。[34]

これらの普請には、農村から百姓の役として徴発された人夫が使役されたのはいうまでもない。たとえば、元和八年江戸城天主台の普請の一部を分担させられた肥後熊本五二万石の加藤忠広は合計四九六八人の人夫を江戸に動員したが、その内訳は、「鉄砲衆(鉄砲足軽)一二〇八人」「家中役人(家臣が供出した奉公人)二六九〇人」「千石夫(夫役として徴発された百姓)七一〇人」「水夫(水夫役として浦方から徴発された水夫)三六〇人」であった。[35] これらの数字には、蔵入地から扶持される足軽を普請に使役して農村にかかる負担を小さくしようとする努力がうかがわれる。しかし、家中が供出した人夫を含めて(この人数も所詮は農村から調達されるものである)残りの約三七〇〇人は農村から調達されているのである。

戦争や普請へのこうした農村からの動員が、農民にとってどのような意味をもったかを示す史料はかならずしも豊富ではないが、さしあたって次のふたつを紹介したい。ひとつは、寛永一五年、津藤堂藩が島原の乱への動員を想定してたてた計画に関するものである。[36]

態御飛札、忝致拝見候、然ハ、奉行人之儀、其元御老衆と御寄合被成、御相談之様子被仰下、承届申候、

①一三百石より内弐百五十石、弐百石、百五拾石之衆へは、三人宛御渡可被成との御相談、尤ニ候、

②一三百石より之上衆へは、百石に壱人宛御渡可被成よし、御尤存候、

③一取替之儀、壱人に拾俵つゝ、只今銀子ニ而相渡候、自然日数四十日より内に御帰陣候はゝ五俵取かへし、并に四十日過候はゝ一人壱年を七石之切米に相定、日算用に可被仰付由、食は主人よりくわせ、御普請仕候か、ほね折申候はゝ、昼食喰わせ、常之奉公人並に可被仰付由、此段、爰元組頭衆へ相談仕、是より可申上候、

④一江戸詰衆之出入[人]之儀、何程と指出にて御渡し被成、百石に壱人宛ノ外ハ、御渡候儀成間敷由、御尤候、

⑤一下々奉公人之儀、大和・山城・伊賀・伊勢御吟味候上にて、人数御書付、目録四ヶ国一所に加判ニ而御上ヶ可被成由、御尤存候、爰元・山城・大和吟味出来次第ニ、書付其方へ進、懸御目可申候、弥江戸江之儀者、四ヶ国申合、連判ニ而目録上候様に可仕候、

⑥一懸り人之儀、千石に拾人宛当申候共、其人を御領内江かけ申候はゝ、耕作なりかね可申候間、此御談合より多くは人御出し候儀成間敷候得共、当分之御用かんじんに御座候間、此御書付ノことくに御出候はては不叶儀と思召候由、御尤存候、爰元も其通に御座候、

⑦一右一つ書之通は、定而蔵物成取候衆の事存候、所取候衆は、面〳〵知行所之者御連可被参候、左候はゝ、後々耕作之事に御[か脱]まひなく入次第に召連可被参候、是は御老衆致相談、高百石に何程と公儀より

極候様に爰元も談合可仕旨存候、其元も左様御相談可被成候、猶追而可得御意候、恐惶謹言、

寛永十五年正月廿八日

加納藤左衛門

西野佐右衛門

百々太郎兵衛様

井上重右衛門様

右の書状は、藤堂藩の国許の当局者が在江戸当局者からの諮問に答えた意見交換の文書である。内容が、島原派兵の準備に関するものであることは、第三条に「御帰陣」の言葉があることによって知られる。すなわち、島原に出陣する家臣が島原にひきつれるために、「常の奉公人」(第三条)以外に新たに必要とする「下々奉公人」(第五条)をどのようにして確保するかというのが、この意見交換のテーマである。ただし、その方策は、「蔵物成取候衆」のそれと「所取衆」のそれとでは、当然ながら異なっており(第七条)、前者については藩が「御吟味候上」で人数の目録を作り(第五条)、一〇〇〇石に一〇人の比率で徴発して(第六条)「取替」(前渡し)など待遇等を定めた上で(第三条)知行高に応じて家臣にひき渡し(第一・二条)、後者についてはそれぞれの知行所の者をそれぞれの責任においてひき連れる、としている(この藩でも第Ⅷ章の会津藩と同様に、平時は軍役規定より少ない奉公人ですませていたことが知られる)。重要なことは、「其人を御領内江かけ申候はヽ、耕作なりかね可申」と予想しながら、「当分の御用かんじんに御座候間、……此御書付のごとくに御出候はでは叶はず」と判断していることであろう。これは蔵入地についての予想であるが、家臣の知行地についても、家臣は「後々耕作之事に御かまひなく」奉公人を徴発するであろうから、藩で「高百石に何程」と人数の基準を定めるべきだ、としている。蔵入地にせよ知行地にせよ、奉公人の動員は「耕作なりかねる」事態を招くというのが藩当局者の認識である。

次に以下の会津藩(蒲生家)領陸奥会津郡上荒井村百姓の訴状[37]は、戦争や普請への知行地からの奉公人の動員の実態を示している。

謹上　上荒井村百姓迷惑仕候

惣高四百五拾七石、此内百五拾石永荒、残而毛付三百五拾弐石に付而物成三ッ九分成に相済申候、氏郷様御代・越国御代・当御代之さやうに　御指出し申上候、

今度之給人衆、

①一百姓之女子御とり上被成候て、百五石の永荒をもおしこみ四百五拾七石に付て五つ二分物成に相とられ申候、迷惑仕候、

②一慶長七年に御くらにてもみ御とり被成候時、もみは用所無之とて六合すりに算用在之候而、まし米を御とり被成候、迷惑仕候、

③一慶長八年分に御くらにてもみやみ申時、又女子お御とり上、物成三分おこされ申、さやうに御座候へば、右物成ゟ外に一ッ六分おこされ申、迷惑仕候、拾年としに色〱御わひこと申候へて一分ゆるされ申候、

④一七人御給人衆之内、八島三右衛門殿、別御非分被成候事、

⑤一慶長九年夫銭迷惑仕候、九百五十文出し申候、百姓には百日つもり二百文仕(使)銭被下候へ而、残七百五十文は只御とり被成候、迷惑仕候、

⑥一入くさ五月五日ゟ九月晦日迄、以上百四五駄入申候、迷惑仕候、

⑦一入わら弐百六十そく、ぬか大俵拾俵入申候、迷惑仕候、

⑧一戸ロ山方御普請に奉公人おは御越なく、あらい村の百姓ばかり御出し、迷惑仕候、

⑨一弐拾六文か年貢出し申候わき百姓の一人子を御とり上、草履とりに被成候、そのおやに少も諸役御宥免なく候、迷惑仕候、
⑩一去年御人数しらべ被成候時分、あらいの百姓二人奉公人に御出し被成候、御陣所をも御座候はゞ、奉公人にめし可被仕(使)由御意に、迷惑仕候、
⑪一江戸御普請に参候者に、米一せおひつゝ相渡し被成、江戸之ねに代御とり被成候、迷惑仕候、
⑫一慶長拾年分夫銭弐百七十文御とり被成、ぬか・わら右ごとく、入くさ同前に候、
⑬一慶長十一年夫銭八百九十七文御とり被成、百姓之使銭には一日に二分づゝ被下候て、残代物只御とり被成候、入くさ・ぬか・わら、右ごとくに御座候、迷惑仕候、
⑭一慶長十二年分には、かねの銭三百文とられ申候へて、江戸御普請に一人つめとふしに仕候、また爰元にて諸役少も有捨無御座候、
⑮一御子息左衛門殿も、三右衛門殿も御意見を以、夫銭・諸役義同前に御座候て、迷惑仕候、はる中も、免同諸役之事も、十日におよびつめ申候へて、いろ〳〵御わひごと申上候へ共、少も御ゆるし無御座候、あまりに〳〵迷惑仕候、いつかたへもまかりうせ申度候へども、御法度に御座候て、かやうに申上候、御披露、

この訴状が作製されたのは慶長一三年の頃と思われるが、そうだとすれば蒲生家が慶長七年に再度入部して以来わずか数年の間に行われた給人の非法が、ここには列記されていることになる。全一五か条のうちで、年貢に関するものが最初の三条で、あとは、いわゆる役、すなわち夫銭、現夫および奉公人の徴発、入草・入藁などいわゆる小役の徴収に関連した非法である。まず夫銭に関するものを見ると(⑤・⑥・⑦・⑫・⑬)、それらは夫銭を

取り立てながら別に現夫や小役を徴発したというものであり、二重徴収になるので非法としているのである。⑧は、近在の普請に常抱えの奉公人は出さず、知行地の百姓だけを動員したというのである。⑨は、脇百姓の子を強制的に草履取奉公に召出しながら、諸役を免除しなかったというものであり、これも二重取りである。これらは平常時の非法であり、額もせいぜい数百文であるが、問題は戦争と普請への動員である。⑩によれば、すくなくも家臣は、軍役に応じた奉公人を常時召抱えていたのでなく、藩の人数調べに際しては急遽知行地から百姓を呼び出して員数を合わせたのである。そして出陣の際は、戦場に連れていくというので、迷惑(困惑)しているというのである。大坂陣当時の加賀藩や後の会津保科家の例からすれば(第Ⅸ章)、これが非法なのかどうかには疑問の余地があるが、いずれにせよこの藩においても家臣は軍役相当の奉公人を常時抱えていたのではなく、陣触れ時に知行地から百姓を奉公人として徴発していたといえよう。幕府の普請への動員についても同様に⑪の「江戸普請」については幕府の普請か否か確証はないが、⑭の慶長一二年には蒲生家は江戸城堀の普請を命じられている(38)、知行地から人夫が動員されており、そのことをめぐって非法が発生しているのである。あまりの「迷惑」さに農民は「いずかたへも罷失せ申し度」いが、御法度を守り欠け落ち・逃散に訴えることはしないでいる。こちらが御法度に従っている以上、藩の責任で給人(知行主)の非法を取り締まってほしいというのが、この訴状に現れた農民の論理である。

以上の、藩当局の認識と、訴状に現れた給地(家臣知行地)の実態に鑑みて、軍役の賦課、それもほとんど連年の「際限のない(39)」それが、体制の基盤である農村を荒廃にみちびかざるをえない体のものであったことは、明らかであろう。もちろん、藩の側でも日傭の雇用など種々の対策を講じるので、大名への軍役賦課がそのまま直ちに農民の大量動員に結びつくのではない。しかし、それらの対策は所詮は農民の負担に転嫁されざるをえない性質のものである。その一端が、第X章で述べた高知山内藩の事態である。この藩は、福島正則改易にともなう広島出兵と大坂城普請によって財政難におちいり、その結果として農村では深刻な疲弊が進行し、それらの打開のために幕府の主導により、役賦課に際して百姓の負担を軽減することを主眼とする藩政改革が強行された。この藩では幕府の指導を受け入れる素地としての人的結合関係があったために、改革は一応成功したのであるが、そのような素地を欠いた最上家は改易された。

すなわち山内家の場合、伯父一豊の跡をついだ当主忠義の実父つまり初代の実弟康豊が健在で、幕府の有力者松平定勝・稲葉政重の指導を藩内でうけいれる受け皿となったという事情があった。これに対し、山形最上藩の場合、三代目当主義俊は元和三年に跡をついだ時は一二歳、幕府は、初代・二代の「仕置」を踏襲すべきこと、新たに奉行を任命したり、加増または新参者を召しかかえる時は幕府の承認を経ることを命じた上で、跡職を安堵している。これより先慶長一六年に肥後熊本加藤清正が死去した時、幕府は五人の年寄(家老)から「虎藤(忠広)幼少に御座候とて、諸事我儘に仕間敷候……如何様之知音、又者親子兄弟親類と云共、虎藤に存替、贔負偏頗之覚悟存間敷事」[40]という誓詞を出させている。幼少の主人が家中の統制を失うことを予防する措置といえるが、最上家に対する命令も同様の対策であったと考えられる。しかし義俊は「行儀之躰、更々人外之由にて候、酒ニ被酔候へハ、きちがいにて候」という性向もあって、初代義光の兄弟をも含む、義光以来の大身の家老たちを統率しきれなかったようである。表4に示したように、彼らは大名に匹敵する規模の知行の主でまた支城の主でもあった。彼らは自前の軍隊をもち、また独自に知行地支配をおこなっていたという点でも、大名に比すべき存在であった。幕府の公式説明によれば、「家中年寄之内一人、惣を相手ニ仕公事御座候、一人ハ負けニ被仰付、残る年寄として当最上を守立候様ニと被仰出候処、年寄ども大勢之内両人申上候ハ、主両人を家中としてにくみ申候間、只今御諚にまかせ国へ罷帰候共、又出入ニ可罷成と存候、其時ハ最上身躰もいかゞニ奉存候間、両人者御暇被下候様ニと堅申上候付、家中左様ニ候而者、何共御仕置被仰付様も無御座とて、国を被召上」[41]というものであった。すなわち、主人である当最上(義俊)を年寄共(家老)が一致して守り立てるようにという幕府の説得を、二人の年寄が拒否したので、幕府は、これでは「何とも御仕置仰せ付けられよう」もないとして、最上家を改易としたのである。

**表4**　最上氏家老一覧

| 家老 | 石高 | 支城 |
|---|---|---|
| 清水大蔵 | 2万7000 | 清水 |
| 山野辺右衛門 | 1万9000 | 山野辺 |
| 上山兵部 | 2万1000 | 上山 |
| 大山内膳 | 2万7000 | 大山 |
| 楯岡甲斐 | 1万7000 | 楯岡 |
| 本城豊前 | 4万5000 | 本城 |
| 志村伊豆 | 3万 | 酒田 |
| 寒河江肥前 | 2万7000 | 寒河江 |
| 野辺沢遠江 | 2万 | 野辺沢 |
| 氏家左近 | 1万7000 | 氏家 |
| 里見民部 | 1万7000 | 長崎 |
| 松根備前 | 1万2000 | 松根 |
| 鮭延越前 | 1万1000 | 鮭延 |
| 滝沢兵庫 | 1万 | 滝沢 |
| 東根源右衛門 | 1万2000 | 東根 |

このようにして、大身の家臣が藩中藩を形成する感の強かった初期の藩は、彼らをも日常運営機構にくみこんだ藩へと変貌していくが、この変化は、初期の大藩における自前の軍団の長としての家老から(最上・蒲生型)、大名に給養される騎馬隊・足軽隊の長としての家老へと(姫路酒井型)、家老の軍事的位置の変化する過程でもあった(姫路酒井家の藩祖忠世は、天正一八年の三〇〇〇石から秀忠の年寄として立身して元和二年三万五〇〇〇石、同八年一二万二五〇〇石)[42]。それにともなって、初期のいわばなま身のパーソナルな関係に依存していた大名の立場も、地位そのものに基づくものへと変化した。いわゆる藩政の成立であり、それによって幕府はその政策が藩領域内のすみずみにまで浸透する保障を得たことになった。これにともない、将軍の地位も安定し[43]、社会全般における政治的地位の伝統化がもたらされることになった。

この過程で重要なことは、上記高知山内藩の場合にせよ、山形最上藩の場合にせよ、幕府の処置はその軍事力によって強制されていたことにある。山形最上家の改易に際しては、山形をはじめ領内一五の城の請取に、周辺の諸大名が動員され、軍勢を派遣している。つまり、初期藩政改革の強制は改易を背景としており、その改易は幕府の諸大名に対する動員力によって保障されていたのである。こうして、幕府による「際限ない」軍役動員それ自身が、その必要を顕在化させない状況をつくり出したのであった。

他方、この状況の下では次章で見るとおり、武士の日常的な軍役奉公をささえる武家奉公人の問題が、大きな意味をもつことになったのである。

（1）　たとえば朝尾直弘『日本近世史の自立』（校倉書房、一九八八年）に収録の諸論稿。
（2）　安良城盛昭『太閤検地と石高制』ＮＨＫブックス、一九六九年、一二〇頁。
（3）　山口啓二『幕藩制成立史の研究』校倉書房、一九七四年、八三頁。
（4）　安良城、前掲注2書、一四二頁。
（5）　中村質「島原の乱と佐賀藩」（『九州文化史研究所紀要』二四、一九七九年、のちに藤野保編『佐賀藩の総合研究』吉川弘文館、一九八一年に収録）。
（6）　南和男『江戸の社会構造』塙書房、一九六九年、第三章第一節。
（7）　たとえば、播磨明石城主小笠原忠明は寛永一〇年豊前小倉への所替に際し、前城主の細川氏への書状で以下のように述べている。「丹羽五左衛門・秋山与一右衛門と申者、先様越申候、（中略）播磨国之者今度国替ニ付而、下々欠落仕候間、先様遣申候者共、人をも不召連、見苦敷躰共ニ可有之と存候、」（「細川家記」忠利二十五、史料編纂所所蔵）。譜代の奉公人が主流であれば、このように無人で行列がくめず見苦しいということは、なかったはずである。また寛永一四年島原の乱の初期に、松倉氏の家臣から幕府目付にあてた「覚」には、「爰元にて召置候下々、多分一揆之者共之縁類ニ而御座候得ハ、侍ともならては心を置不申者無御座候、其外は無心もとまてにて御座候」（「島原日記」一、東大総合図書館所蔵）とあり、「侍」（若党）を除く奉公人の大半が一揆の縁類、つまり地元から雇用したものであったことが示されている。
（8）　大名陪臣の例をあげると、高知山内氏の家老山内右近の家臣浅野某（二〇〇石）は、大坂の陣に「若党壱人・甲持壱人・道具

供廻りのそれであることは、一見あきらかであろう。

持壱人・指物持壱人・長柄弐本弐人・馬取壱人・具足箱壱人・人足三人、〆十壱人」(五藤家文書)で参加している。この構成が

そうでない例をあげておくと、

①寛永期の米沢上杉家では、家臣が軍役として公儀(藩)に足軽をさし出す「公儀江出人」の制度があった(藩政史研究会編『藩制成立史の綜合研究　米沢藩』吉川弘文館、一九六三年、三八六頁)。

②寛永九年、熊本加藤氏の改易のとき、豊後岡中川氏(七万石)は城受取として五四二五人という途方もない人数を派遣したが、その際に「鉄砲　百弐拾弐丁　但、家中のもの丶筒也、あとにそろへもたせ申候」と家中が提供した人数をまとめて編成している(神戸大学文学部日本史研究室編『中川家文書』臨川書店、一三二頁)。

(9)『梅津政景日記』九(『大日本古記録』岩波書店、一九六六年)の索引「足軽」。

(10)『神奈川県史』史料編　古代・中世(3下)、八四三頁(神奈川県、一九七九年)。

(11)『岩槻市史』古代中世史料II・岩付太田氏関係史料(岩槻市、一九八三年)巻頭解説を参照。

(12)『戦国人名辞典』吉川弘文館、一九六三年。

(13)『結城市史』四、結城市、一九八〇年、五七六頁。

(14)杉山博校訂『小田原衆所領役帳』諸足軽衆(近藤出版、一九六九年)。

(15)先掲『神奈川県史』九七五・一〇一二・一〇五〇・一〇八一・一〇八二・一〇九七頁。

(16)同右書、九九一頁。

(17)同右書、九八五頁。

(18)池上裕子「戦国大名領における所領および家臣団編成の展開」第4表(永原慶二編『戦国期の権力と社会』東京大学出版会、一九七六年)。

(19)同右論文、九二頁。

(20)先掲『神奈川県史』一〇七一頁。

(21)同右書、一一二五頁。

(22)『歴史学研究』五七四号、一九八七年。

(23)　中村孝也『徳川家康文書の研究』上、日本学術振興会、一九五八年、七六一頁。
(24)　「佐々木信綱氏所蔵文書」二(史料編纂所所蔵影写本)。
(25)　松田毅一・川崎桃太訳『フロイス日本史』二、中央公論社、一九七七年、二七八頁。
(26)　『島津家文書』一、三六二頁(『大日本古文書』)。なお先掲『中川家文書』の解説(三二四頁)を参照。
(27)　『上杉家文書』二、二二二頁(『大日本古文書』)。
(28)　先掲『神奈川県史』一二七六頁。
(29)　安良城盛昭『幕藩体制社会の成立と構造』第一版、御茶の水書房、一九六九年、第二章第七節。また牧英正『近世日本の人身売買の系譜』(創文社、一九七〇年)序章を参照。
(30)　『浅野家文書』七八頁(『大日本古文書』)。
(31)　北島万次『朝鮮日々記・高麗日記』七八頁(『日記・記録による日本歴史叢書』そしえて、一九八二年)。
(32)　高木「関東戦国文書の二三の用語」(『栃木県史研究』二四号、一九八三年)。
(33)(34)　『国史大辞典』(吉川弘文館)の「江戸城」および「大坂城」の項目。
(35)　『部分御旧記』三(『熊本県史料』近世編三、一九六五年、熊本県)一〇八頁。
(36)　『宗国史』下、二五六頁(上野市古文書刊行会、一八八七年)。
(37)　『新編会津風土記』二、八六頁(『大日本地誌大系』、雄山閣、一九三二年)。
(38)　『東京市史稿』皇城編一、四九五頁。
(39)　山口、先掲書、六九頁。
(40)　『大日本史料』第十二編、慶長一六年二四日条。
(41)　同右書、元和八年八月二一日条。
(42)　『寛政重修諸家譜』二、三頁。
(43)　この時期の政治過程の動向については、高木「将軍家光と天皇」(歴史学研究会編『民衆文化と天皇』青木書店、一九八九年)を参照。

# 第XII章　寛永期における統制と反抗

## ――寛永軍役令への一視点――

## はじめに

近世に中央権力によって制定されたいくつかの軍役令について体系的に検討したものに先学三人の業績がある。[1]軍役体系を領主的土地所有体系の原理ないしは権力編成の原理を表現するものと位置づけ、これを本格的に検討した最初の業績は佐々木潤之介氏のそれである。その後、山口啓二氏、北島正元氏が、軍役体係の位置づけについては佐々木氏のそれをほぼ前提にしながら、佐々木氏の分析を検証し、部分的に批判を加えている。とくに、北島氏のそれは史料的には現在において知りうるものを網羅しており、これによって佐々木氏の事実認識に変更を迫る点もすくなくない。さらに近年になって根岸茂夫氏が「慶安軍役令」が実在しなかったことを論証し、[2]これにより、寛永・慶安の両軍役体系の差を強調する佐々木氏の説は軍役を根拠とした議論としては、有効性を失うにいたっている。このような状況にある三氏の軍役体系理解を今ここでとりあげるのは、三氏の軍役体系分析の方法に共通の弱点があると考えるからである。それは三氏ともに軍役令に示された軍役の量――人馬・武器などの数量――を主たる根拠にして、幕藩制軍隊の特質を論じ、また各軍役令に示された軍役体系の変化を通じて、幕藩制のあり方を議論しているからである。たとえば佐々木氏は軍役の数量的特徴をもとに戦国大名上杉氏と豊臣氏の軍役体系を比較し、両者を同じ質の体系と結論している。しかし本書第Ⅷ・Ⅺ章でるる述べたように、戦国大名の軍隊と豊臣氏のそれは、まったく異質なものであり、数量的特徴の類似から両者の同一性を推定できるようなものではない。また同氏は、下禄の旗本、とくに一〇〇〇石以下のそれらの石高当たりの軍役の量が高禄の旗本のそれに比較していちじるしく高いことに着目して、この期の軍隊においては軍役は下層家臣に転嫁される、すなわちこの期の軍隊は主として下層家臣の提供する要員により構成されるとする説を次のように展開する。(3)

（前略）かりに、寛永一〇年の軍役規定に則って考えると次のようである。いま、知行高二〇〇〇石の旗本なり藩士Aなりがいたとする。彼の負担すべき軍役人数は、規定上四三人である。そして彼の家臣に、禄高二〇〇石のものが五人B～Fいたとする。禄高二〇〇石の軍役人数は、規定上八人である。計算上次のようになる。Aにとって、知行高二〇〇〇石のうち、B～Fに二〇〇石ずつ配分したのだから、一〇〇〇石が直轄領である。B～Fは、それぞれ八人ずつの軍役を負担しているから、その軍役量は、計算上四〇人であるとすると、Aが自ら出さなければならない軍役人数は、わずか三人である。

つまり、Aは石高一〇〇〇石について三人、B～Fは石高一〇〇〇石について四〇人の、それぞれ軍役人数を負担するのである。これが不均等性の本質である。

右の例は、石高こそ違え、Aを大名としてもよいし、B～Fを藩士・旗本・御家人としてもよい。そして、各藩の実体は、だいたい、このような特徴を示している。

佐々木氏のこのような議論がはたして成立するかどうか、禄高二〇〇〇石の旗本に禄高二〇〇石の家臣が存在したかどうかという点から吟味してみよう。寛永の軍役規定では、二〇〇〇石の軍役は確かに四三人であるが、その内容は「弓一張、鉄砲二挺、鑓五本」である。一方、同じ規定では二〇〇石の軍役は、「侍・甲持・鑓持・挟箱持・小荷駄・沓取各一人、轆《ろう》二人、すべて八人」である。轆とは馬の口取のことであるから、この内容は明らかに馬上の旗本に従う一団の供連れを示している。ところで、この寛永の規定で、軍役内容に馬上が現れるのは三〇〇〇石(馬上二騎)からであり、馬上五騎は六〇〇〇石に相当する軍役である。諸藩の実態としても、二〇〇石は馬上の身分であり、また馬上五騎を従えるのは四〇〇〇石(鳥取藩)、五〇〇〇石(会津藩)の身代である。(4)二〇〇〇石の旗本に二〇〇石の家臣五人はいなかった。佐々木氏の議論は、寛永の軍役規定に則るといいながら規定から離れ、また諸藩の実態とも離れた架空の議論なのである。

さらに同氏は、「主要な軍役を負担するのは、各藩の多数の下禄武士であり、少数の上級藩士の場合はその藩士の家臣」であるという主旨の右の議論に続けて、大名の軍隊の鉄砲の大部分が大名の管理下にある城付の鉄砲であるという事実を指摘し、下禄武士によって提供される「軍事労働力」と大名管理下の武器とが結合して大名の戦力となる、という議論を展開している。しかしこの議論は、次のふたつの点で実態に反している。ひとつは、藩士とその従者は一体として行動するのが原則であり、したがって、藩士の従者が大名の鉄砲と結合することはあり得ないこと。いまひとつは、大名の鉄砲と結合させられるのは、大名蔵入地から扶持される足軽隊であるということである。同氏のこの議論は、足軽隊の存在という近世的軍隊のひとつの特質をも見おとす結果になっている。

近世軍隊の編成方式全体を考え、それを基礎にして軍役規定に示された内容を検討するというのが、正しい方法なのではないだろうか。少なくも、軍役規定に示された人馬・武器がひとつの軍隊に編成された姿を想定することが、軍役規定分析の前提であろう。とはいえ、それほどむずかしいことを考えているのではない。姫路酒井家の陣立書に示されていたように、大名の軍隊は、(1)大名自身あるいは家老を指揮者とするいくつかの備からなり、(2)それぞれの備は主として、①騎馬隊、②足軽隊、③小荷駄隊から構成されること、(3)①を構成する騎馬の武士がひきつれる軍役人数は原則として彼らの側からひき離されることはなく、その供廻りを構成したこと、などの知識で当面はこと足りると思われる。要は、将軍の大名に対する、あるいは大名の家臣に対する軍役規定から、その表面には現れていない部分を補って、どのようにして全体像を構成し、また武士と従者の一団をどのような姿としてイメージするかにあるが、このことは、幕府の軍役規定を考察する場合はとくに重要と思われる。幕府軍役規定、ことに寛永のそれは、周知のように禄高一〇〇石台の旗本から一〇万石までの大名を対象にしているからである。

つまり大名であれば、その戦闘力は先の①②③で構成されている。これに対し、大番・書院番・小姓組番などの騎馬隊に属することを本来のあり方とする旗本は、本質的には①の構成要素である。つまり、軍役規定によって幕府が大名に要求している戦闘力は①②③を編成した結果としてのそれであり、旗本に要求しているのは基本的には彼自身とその「鑓脇」を固める侍(若党)のそれである。そして、旗本が一人の武士として馬上で出陣する以上は、その供廻りには侍だけでなく、馬の口取り・鑓持・甲持以下のいわゆる「中間・小者」を必要としたのである。さらに、戦闘力をささえるそれぞれの所領内の人的・物的要素の差に配慮すると、構成のレベルを異にするこの両者の人数が、石高に対して均等になることは、本来あり得ないのではあるまいか。戦闘力の追求を第一義とする限りにおいて、両者がひとつの均等な体系に統一されることは期待できない。

寛永の幕府軍役規定は、大名・旗本それぞれに対する質の異なる要求を、武器の数、総人数といった量のレベルで、一本に接続したものである。そしてその接続の際のひとつの基準は、これらの数量に対する当時の武士一般がもったある種のこだわりないしは感覚から発生した、高禄者のそれはより低禄者のそれを下まわらないとい

表1　寛永10年2月幕府軍役表

| 石　高 | 人数 | 馬上 | 侍 | 鉄砲 | 弓 | 持鎗 | 鎗 | 旗 | 𩏄 | 小荷駄 | 挟箱 | 甲持 | 沓取 | 他 |
|---|---|---|---|---|---|---|---|---|---|---|---|---|---|---|
| 200 | 8 | | 1 | | | 1 | | | 2 | 1 | 1 | 1 | 1 | |
| 300 | 10 | | 2 | | | 1 | | | 2 | 2 | 1 | 1 | 1 | |
| 400 | 12 | | 3 | | | 2 | | | 2 | 2 | 1 | 1 | 1 | |
| 500 | 13 | | 4 | | | 2 | | | 2 | 2 | 1 | 1 | 1 | |
| 600 | 15 | | 5 | 1 | | 2 | | | 2 | 2 | 1 | 1 | 1 | |
| 700 | 17 | | 5 | 1 | | 2 | | | 2 | 2 | 1 | 1 | 1 | |
| 800 | 19 | | 5 | 1 | | 3 | | | 4 | 2 | 1 | 1 | 2 | 1 |
| 900 | 21 | | 6 | 1 | 1 | 3 | | | 4 | 2 | 2 | 1 | 1 | |
| 1000 | 23 | | | 1 | 1 | ＊3 | | | | | | | | |
| 1100 | 25 | | | 1 | 1 | 3 | | | | | | | | |
| 1200 | 27 | | | 1 | 1 | 3 | | | | | | | | |
| 1300 | 29 | | | 1 | 1 | 3 | | | | | | | | |
| 1400 | 31 | | | 1 | 1 | 3 | | | | | | | | |
| 1500 | 33 | | | 2 | 2 | 3 | | | | | | | | |
| 1600 | 35 | | | 2 | 2 | 3 | | | | | | | | |
| 1700 | 37 | | | 2 | 2 | 4 | | | | | | | | |
| 1800 | 39 | | | 2 | 2 | 4 | | | | | | | | |
| 1900 | 41 | | | 2 | 2 | 4 | | | | | | | | |
| 2000 | 43 | | | 2 | 2 | | 5 | | | | | | | |
| 3000 | | 2 | | 3 | 3 | | 5 | | | | | | | |
| 4000 | | 3 | | 5 | 3 | | 10 | 1 | | | | | | |
| 5000 | | 5 | | 5 | 5 | | 10 | 2 | | | | | | |
| 6000 | | 5 | | 10 | 5 | | 10 | 2 | | | | | | |
| 7000 | | 6 | | 15 | 10 | | 10 | 2 | | | | | | |
| 8000 | | 7 | | 15 | 10 | | 20 | 2 | | | | | | |
| 9000 | | 8 | | 15 | 10 | | 20 | 2 | | | | | | |
| 10000 | | 10 | | 20 | 10 | | 30 | 3 | | | | | | |
| 20000 | | 20 | | 50 | 20 | | 50 | 5 | | | | | | |
| 30000 | | 35 | | 80 | 20 | | 70 | 7 | | | | | | |
| 40000 | | 45 | | 120 | 30 | | 70 | 8 | | | | | | |
| 50000 | | 70 | | 150 | 30 | | 80 | 10 | | | | | | |
| 60000 | | 90 | | 170 | 30 | | 90 | 10 | | | | | | |
| 70000 | | 110 | | 200 | 50 | | 100 | 15 | | | | | | |
| 80000 | | 130 | | 250 | 50 | | 110 | 15 | | | | | | |
| 90000 | | 150 | | 300 | 60 | | 130 | 20 | | | | | | |
| 100000 | | 170 | | 350 | 60 | | 150 | 20 | | | | | | |

＊は，原史料では2.

う原則への――この点については後に述べる――配慮だったと考えられる。
この原則に配慮しながら、どのようにして大名・旗本にたいする軍役をひとつの規定にまとめることが可能だったのか。この疑問を念頭に、以下においては寛永の軍役規定を分析し、それ以前の軍役規定と比較することとしたい。

**表2** 幕府軍役人数表

| | ① | ② | ③ | ④ | ⑤ | ⑥ | ⑦ | ⑧ | ⑨ |
|---|---|---|---|---|---|---|---|---|---|
| 石高 | 一〇〇石×一・五 | 一〇〇石×三 | 大坂夏陣扶持 | 寛永10 | 寛永10＋① | 寛永10扶持 | 元和9上洛 | 寛永3上洛 | 寛永11上洛 |
| 100 | 1.5 | 3 | 12 | | | 7 | 7 | 7 | |
| 200 | 3.0 | 6 | 14 | 8 | 9 | 10 | 10 | 10 | |
| 300 | 4.5 | 9 | 16 | 10 | 11 | 12 | 12 | 12 | |
| 400 | 6.0 | 12 | 18 | 12 | 13 | 14 | 14 | 14 | |
| 500 | 7.5 | 15 | 20 | 13 | 14 | 16 | 16 | 16 | |
| 600 | 9.0 | 18 | 22 | 15 | 16 | 18 | 18 | 18 | |
| 700 | 10.5 | 21 | 24 | 17 | 18 | 20 | 20 | 20 | |
| 800 | 12.0 | 24 | 26 | 19 | 20 | 22 | 22 | 22 | |
| 900 | 13.5 | 27 | 28 | 21 | 22 | 23 | 23 | 23 | |
| 1000 | 15.0 | 30 | 30 | 23 | 24 | 24 | 24 | 24 | |
| 1100 | 16.5 | 33 | 以下百石に三人 | 25 | 26 | 25 | 24 | 25 | |
| 1200 | 18.0 | 36 | | 27 | 28 | 26 | 24 | 26 | |
| 1300 | 19.5 | 39 | | 29 | 30 | 27 | 24 | 27 | |
| 1400 | 21.0 | 42 | | 31 | 32 | 28 | 24 | 28 | 二千石以下は本役 |
| 1500 | 22.5 | 45 | | 33 | 34 | 29 | 25 | 29 | |
| 1600 | 24.0 | 48 | | 35 | 36 | 30 | | 30 | |
| 1700 | 25.5 | 51 | | 37 | 38 | 31 | | 31 | |
| 1800 | 27.0 | 54 | | 39 | 40 | 32 | | 32 | |
| 1900 | 28.5 | 57 | | 41 | 42 | 33 | | 33 | |
| 2000 | 30.0 | 60 | | 43 | 44 | 34 | 30 | 34 | 30 |
| 2100 | 31.5 | 63 | | | | 35 | | 35 | 二千石以上は半役 |
| 2200 | 33.0 | 66 | | | | 36 | | 36 | |
| 2300 | 34.5 | 69 | | | | 37 | | 37 | |
| 2400 | 36.0 | 72 | | | | 38 | | 38 | |
| 2500 | 37.5 | 75 | | | | 39 | 37 | 39 | |
| 2600 | 39.0 | 78 | | | | 40 | | 40 | |
| 2700 | 40.5 | 81 | | | | 41 | | 41 | |
| 2800 | 42.0 | 84 | | | | 42 | | 42 | |
| 2900 | 43.5 | 87 | | | | 43 | | 43 | |
| 3000 | 45.0 | 90 | | | | 45 | 45 | 45 | |

(注)
①一〇〇石あたり三人としたときの半役。②同右あたり三人としたときの本役。③大坂夏の陣の扶持米規定。④寛永一〇年二月一九日付常備人数の規定・同一六日付「軍役の制」。⑤右に旗本本人を加えた数。⑥同一六日付「月俸の制」。⑦元和九年将軍上洛の供奉の扶持米支給人数。⑧寛永三年の同右人数。⑨寛永一一年の同右人数。

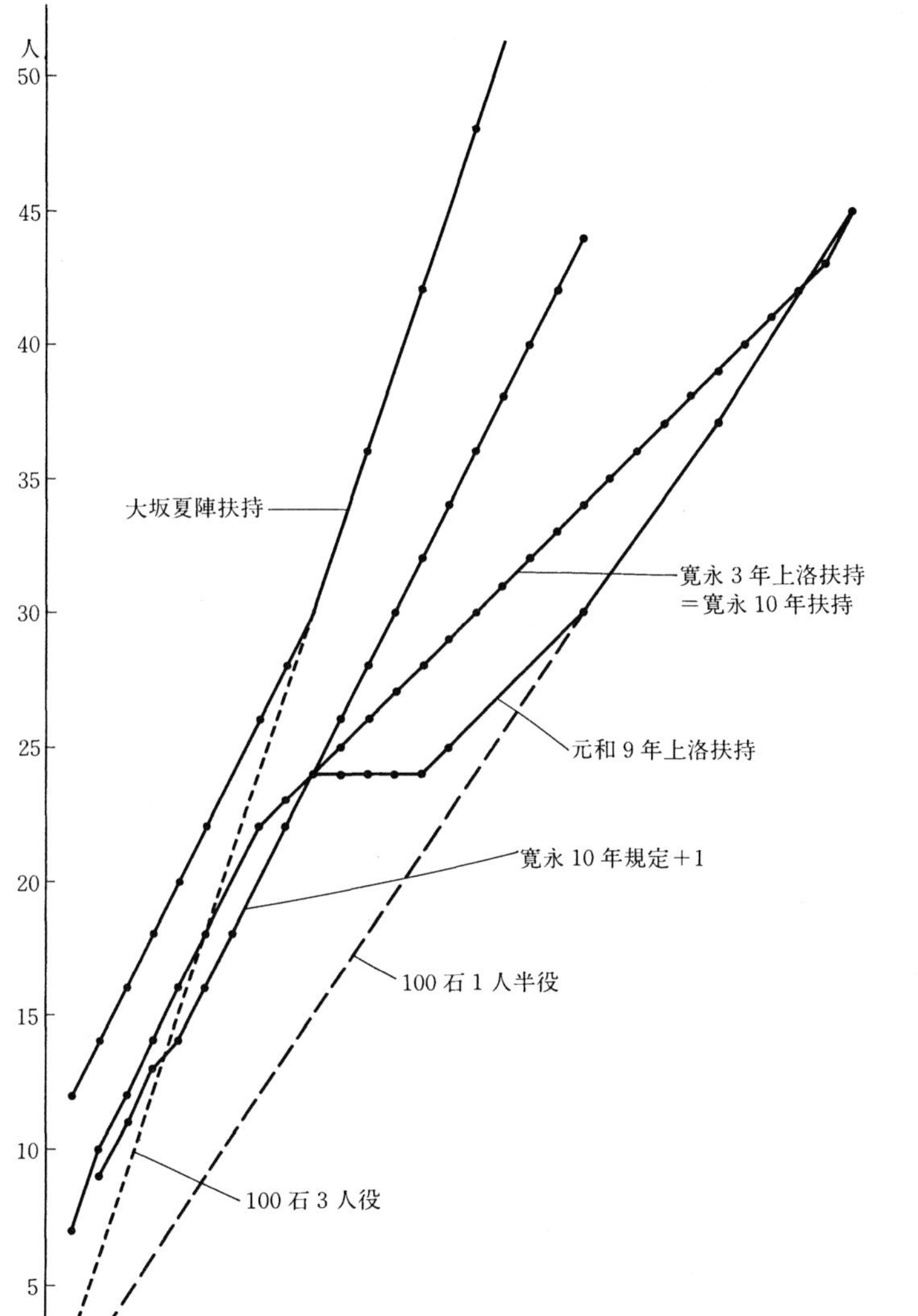
人
50
45
40
35
30
25
20
15
10
5
0
0
500
1000
1500
2000
2500
3000 石
大坂夏陣扶持
寛永 3 年上洛扶持
＝寛永 10 年扶持
元和 9 年上洛扶持
寛永 10 年規定＋1
100 石 1 人半役
100 石 3 人役

**図 1**　軍役人数の比較

# 一

まず寛永の軍役令の全貌を提示すると、寛永の軍役令といわれるものは、①一〇〇〇石から一〇万石までについての軍役規定、②一〇〇石から一万石までの扶持米支給規定、③一〇〇〇石以下についての軍役規定の三つからなっており、秀忠の死の翌年の寛永一〇(一六三三)年二月一六日に①②が、同一九日に③がそれぞれ公布されている。

すなわち、当時右筆が日ごとにつけていた「江戸幕府日記」[5](寛永一〇年春)によれば、次のとおりである。

二月十六日、一今度軍役積御定ニ付、拾万石ヨリ千石迄之面々登城、於御小広間、掃部・下総・大炊・讃岐、右之趣被申渡畢、

二月十九日、一御目付衆・御使番衆先日被仰出軍役之儀御赦免、馬人常可相嗜旨、被仰出云々、一御花畠・御書院・大御番衆千石以下衆、武具相嗜、人馬可随其分限、

付、得道具可持旨被仰出云々、

これによれば、まず一〇〇〇石から一〇万石までの旗本・大名にたいして軍役の「積」(計算またはその基準)が井伊直孝など幕府年寄から告知され、三日後に、目付・使番などの役職についている旗本は右の軍役規定の対象外とすること、ただし日頃から人馬を「嗜」んでおくべきこと(この「嗜」は、後に引用する新井白石の用語では「心がける」に相当すると思われる)、また花畠・書院・大番のいわゆる三番に属する旗本は、武具を日頃から「嗜」むこと、分限すなわち禄高におうじて人馬を抱えること、などが家光の「仰せ出され」として伝達されて

いる(ただ、右の「仰せ出され」のうち「得道具」とは得手とする道具すなわち武器という意味であるから、これを「可持」というのは「武具相嗜」と重複する。この点についての解釈は当面保留しておきたい)。

ところで、右の「日記」には「軍役積」の具体的内容は記されていず、それは後年に編纂された「憲教類典」による他はない。いま、これを正確に引用した「徳川実紀」[6]から孫引きすると、まず①は「千石人数廿三人、持鑓二本、弓一張、銃一挺、千百石廿五人、持鑓三本、弓一張、銃一挺、千二百石廿七人、持鑓三本、弓一張、銃一挺、(中略)二千石四十三人、銃二挺、弓一張、鑓五本、三千石馬上二騎、銃三挺、弓二張、鑓五本、四千石、馬上三騎、銃五挺、弓二張、鑓十本、旗一本、一万石馬上十騎、銃廿挺、弓十張、鑓三十本、たゞし対の持鑓ともたるべし、二万石馬上廿騎、銃五十挺、弓二十張、鑓五十本、旗五本、対持鑓上に同じ、(中略)十万石馬上百七十騎、銃三百五十挺、弓六十張、鑓百五十本、旗二十本、対鑓ともたるべし」とある。続いて扶持米の規定は「百石七人、百五十石・二百石は十人、二百五十石十一人、三百石十二人、(中略)二千八百石四十二人、二千九百石四十三人、三千石四十五人、四千石六十人、(中略)九万石千三百五十人、十万石千五百人たるべし、これは上洛并に日光山御参の時の制なり、軍陣には一倍増して賜はるべし、碓井・小仏・箱根・白河の関をこえば、これも一倍たるべし、四関の中は遠近にかゝはらず、五割増て下さるべし、府下并に一日往来の地は、増加あるまじ」というものであった。

次に一〇〇〇石以下の軍役については、「弐百石は、侍・甲持・鑓持・挟箱持・小荷駄・沓取各一人、すべて八人、三百石は、侍・鑓・小荷駄各二人、鑓持・甲持・挟箱持・沓取各一人、すべて十人、四百石は、侍三人、鑓持・鑓・小荷駄各二人、甲持・挟箱持・沓取各一人、すべて十二人、(中略)九百石は、侍六人、弓一張、銃一挺・鑓持三人、鑓四人、小荷駄・挟箱持各二人、甲持・沓取各一人、すべて廿一人たるべし」とある。

以上を表・グラフにしたのが表1および図1であるが、これらを参照しながら特徴的な点を列記すると、第一に、「嗜」むべき人馬・武器などの道具の規定が、一〇〇〇石以下と以上では別々に告知されたこと、第二に、一〇〇〇石以下では人員とそれぞれの役割が具体的に指定されていること、第三に、一〇〇〇石から二〇〇〇石までは総人数が指定されているが、三〇〇〇石以上では騎馬・鉄砲・鑓・弓・旗の数のみであることなどが、まず指摘できる。安永期において旗本の九七%が三〇〇〇石以下であったという鈴木寿氏の調査結果[7]が寛永期にもほぼあてはまるとすれば、ひと口にいって旗本と大名は、軍役の指定のしかたそのものが別になっていたということである。

規定の具体的内容もこのことを支持している(以下、表1・2、図1を参照)。

規定の馬上・武器の数量を見ると、騎馬隊・足軽隊といえるものを編成できそうなのは、せいぜい一万石以上であるし、旗本の場合、とりわけ一〇〇〇石以下を対象とする③の侍(若党)・甲持・鑓持・挟箱持・沓取・馘(馬の口取り)といった人数の内容は、先に触れたように騎馬で出陣する旗本の前後を囲む供連れを示しているからである(したがって、ここに示された人数には旗本本人は含まれていないと考えなければならないので、グラフには各一をプラスした数字で記してある)。このグラフを見ると、五〇〇石から二〇〇〇石までを対象とする軍役人数は一〇〇石増加するごとに二人増という勾配の直線上にあり、二〇〇〇石以下の旗本の軍役がひとつの体系上にあることが判明する。

次に武器の数量で、九〇〇石以下と一〇〇〇―二〇〇〇石、一〇〇〇―二〇〇〇石と二〇〇〇石以上をそれぞれ比較すると、武器の数量の変化と石高の変化は相互になだらかな関係にあり、とくに目に立つような断絶はない。すなわち、武器の数量において、一〇〇石台に対する軍役と一〇万石に対する軍役とはひとつの体系の上にあるかのように見える。すなわち一見したところ、この規定は、将軍が全国の武士を戦争に動員するための、整然とした体系的基準のように見えるのである。

まず、この軍役規定が実際に戦争への動員を想定して作られたということを確認しておきたい。第一に、この規定の③に小荷駄が存在することから、これが江戸や国許を離れた長期の出動を想定してのことであることは、容易に推定される。つまり出陣や将軍上洛の供奉などである。そこで、実戦のための規定であることが明確な大坂夏の陣の馬上・武器などの規定と寛永の規定のそれとを比較すると、前者においては一万石の軍役は「鉄砲廿挺、鑓五十本、(但、持鑓共)弓十張、騎馬十四騎、旗三本」であり、後者のそれは「銃廿挺、鑓三十本、弓十張、馬上十騎、旗三本、ただし対の持鑓ともたるべし」(記載の順序は大坂夏の陣の規定にあわせて変更)である。比較すると、鑓と馬上の数が寛永の規定では軽減されているが、その軽減の程度は次に見るように扶持米規定の一万石の場合の、「陣」では三〇〇人、上洛供奉では一五〇人といった変化に照応する規模ではない。したがってこの規定は、実戦への出陣のためのものといえるのである(なお、馬上・武器の規定の変化については山口・北島両氏がすでに全般的に検討しており、それによれば、万石以下の軽減のしかたは一万石の場合よりも激しいことが指摘されている。しかし、一万石の場合だけが供奉の馬上・武器がとくに高くなければならない理由もないので、軽減されてはいるが、実戦への動員を想定した数と考えておきたい)。また旗本層で比較しても、一〇〇〇石の場合、大坂の陣では鉄砲二挺・鎗五本・弓一張に対し寛永では鉄砲一挺・鎗三本・弓一張で、若干軽減されているものの実戦向けと判断してよいであろう。武器の面から検討した限りでは、この規定は実戦向けであったのである。

ところが、実際にこの規定の軍勢を、②扶持米支給規定にもとづいて戦争に動員したとすると、次のように奇妙な事態が起きるのである。

規定の②は、直接には将軍「上洛并に日光山御参」の供奉軍勢に対する扶持米支給人数を定めた規定である。第Ⅷ章で述べたように扶持米は動員された総人数に対して支給されるから、この数字は各大名・旗本が将軍供奉に際して動員すべき総人数を示している。グラフに明らかなように、一〇〇〇石以下では、②の扶持人数が③の軍役人数をやや上まわり、一〇〇〇石以上二〇〇〇石以下では、①の軍役人数より低いが、一〇〇石当たり一・五人の線を上まわっている。そして全体としては、三〇〇〇石・四五人の点を変曲点に、それ以上では一〇〇石に一・五人の直線になり、以下ではそれを上まわる数字となっているのである。こうしてみるとこの扶持米規定は、将軍供奉に際して石高当たり相対的により多くの人数を必要とする旗本層(とくに一〇〇〇石以下)と一〇〇石当たり一・五人でよい大名層を対象とするふたつの体系を、高禄者は低禄者よりも多くの人数をひき連れるという原則に配慮しながら、三〇〇〇石・四五人の点で接続するために一〇〇〇石・二四人と三〇〇〇石・四五人の点を直線で結んだものであることが明白となる。

このことは、②の「軍陣」の際の規定を吟味するとより確実になる。すなわち②は、直接には将軍の「上洛并に日光山御参」の供奉のための規定であり、「軍陣」すなわち戦争への動員に際してはこの二倍を扶持すると記している。しかし、この文言にしたがって機械的にすべての数字を二倍にすると奇妙なことが起きる。それは、たとえば一〇〇石の扶持人数は一四人、二〇〇石の扶持人数は二〇人という、三〇〇〇石以上の軍役の一〇〇石三人に比較しても、またそれよりも軽減されている二〇〇〇石以下の①③で定められた規定に比較しても、途方もない数字になることである。これは、とても負担できそうもない非現実的な数字であり、また旗本の供連れの大部分が非戦闘員であることを考えれば動員する側にとっても無意味な数字である。したがって、この規定はすくなくも文言のとおりには、戦争に際して発動できない、ということになる。つまり、異なるふたつの軍役体系を上洛・日光社参供奉のレベルで一本につないだため、戦争の際に適用すると問題が生じるのである。このことはまた、この規定作製に際して戦争の現実性がもはや真剣には考慮されていないことを示しているのではないだろうか。

それでは、①③の規定では、何故②のように総人数を記す方式が使用されなかったのか。三〇〇〇石の一〇〇石当たり三人役は九〇人、これに対して①の二〇〇〇石の役は四四人である。いま仮に、二〇〇〇石・四四人と三〇〇〇石・九〇人の二点を結ぶとすれば、その勾配は一〇〇石の増加に対して四・六人となり、一〇〇石当たり三人と比較すると一倍半というきわめて厳しく、不自然なものとなる。右のように戦争の現実性が考慮されていない時期に、そのような不自然を冒してまで、あえて総人数で結ぶ必要もなかったのではないだろうか。というよりも、むしろこの不自然さを隠すためにこそ、総人数で結ばずに馬上・武器の数量で結ぶ方法がとられた、と考えるべきであろう（この推定が正しいことは、家光が作らせたが結果的には公布されなかったいわゆる「慶安の軍役」が、二〇〇石・五人を最低に、以後一〇〇石増加当たり二人増の勾配――これは寛永の規定の二〇〇〇石以下の勾配と同じである――の直線で、一〇万石・二一五五人までを結んでいることからも確かめられる。つまり将軍供奉に必要な旗本の人数規定を基準として、全体を破綻なく体系づけようとすると、一〇〇石当たり三人の方を変更しなければならなかったのである）。

以上では、(1)寛永の軍役規定が旗本と大名に対するそれぞれ異なる体系を接続したものであること、(2)それは、戦争の非現実性を背景として将軍上洛などの供奉の人数を規定することを直接の目的としていること、の二点を主張した。

右の主張を確かめるため、以下ではこの規定の前後の軍役、扶持米規定を提示し、比較、検討したい。その際は、寛永の規定の提示のしかたが一〇〇〇石以下、一〇〇〇石—二〇〇〇石、三〇〇〇石以上で差があったことに留意して、総人数ないしは扶持人数の規定、武器などについての規定のそれぞれについて別々におこなうのが妥当であろう。

まず家康が全国の大名を動員・指揮した最初は慶長五(一六〇〇)年の上杉景勝攻めであるが、この時の軍役が一〇〇石当たり三人であったことは、当時在坂中の島津義弘(維新)から国許の義久にあてた四月二七日付書状[9]に「今朝内府様に罷出、庄内表之御礼申上候、(中略)随而、長尾殿上洛延引ニ付、様子為被聞召、伊那図書殿并御奉行中ゟも使者を被相添、去月十日伏見御打立、(中略)其返事により内府様可被出御馬に御定候、(中略)爰元は百石に三人役に被仰付、奥州へ出張申候由候」とあることによって知られる。周知の長尾(上杉景勝)殿の上洛問題について内府様(家康)から旗本の伊那図書らが使者として会津におもむき、その様子によっては、家康自身が会津征伐に発向する、ことが決まった。その際に「爰元」から会津に向かう軍勢の軍役は一〇〇石に三人だというのであるが、この「爰元」が在坂の諸大名であることは、この後の歴史の展開が物語っている。したがってこれは、諸大名にたいする規定ということになる(なお、この時期においてすでに家康は一〇〇石三人という軍役を強制できたことに、および同年七月七日付の家康の軍法一五条が諸大名を拘束したこと——外様大名である大洲加藤家にも原本が残っている[10]——とともに注意しておきたい)。

次に総人数の規定が判明するのは、大坂夏の陣の時である。すなわち「武家要記[11]」は、慶長二〇年四月日付の五〇〇石から一万石に対する武器の規定とともに、同日付の次のような「御陣御扶持積」と題する規定を掲載している。

御陣御扶持積

| | | | |
|---|---|---|---|
| 一百石 | 拾二人 | 一二百石 | 拾四人 |
| 一三百石 | 拾六人 | 一四百石 | 拾八人 |
| 一五百石 | 廿人 | 一六百石 | 廿弐人 |
| 一七百石 | 廿四人 | 一八百石 | 廿六人 |
| 一九百石 | 廿八人 | 一千石 | 三十人 |
| 一千百石 | 三十三人 | 一千二百石 | 三十六人 |

（中略）

一九千九百石　二百九十七人　一壱万石　三百人

以上

慶長廿年四月日

これによれば、一〇〇〇石以上については一〇〇石当たり三人役であるが、以下は一〇〇石を一二人として一〇〇石増すごとに二人増という規定になっている。この規定は一〇〇〇石・三〇人が変曲点となって以上と以下が連続するように作られているのである。またこれと比較すると寛永の二〇〇〇石以下にたいする規定が軽減されていることが指摘できる（なお、先に寛永の扶持米規定を機械的に二倍すると、とくに一〇〇〇石以下では途方もない数字になると述べたが、この大坂夏の陣のそれと比較してもそうであることに注意しておきたい）。

次に元和九（一六二三）年将軍父子上洛に際しての扶持米規定は、以下のとおりである。(12)

御上洛御供之衆御扶持方被下覚

一百石　七人

一百五拾石　　十人
一二百石　　十人
一二百五拾石　十一人
（中略）
一七百五拾石　廿一人
一八百石　　廿二人
一八百五拾石　廿二人
一九百石　　廿三人
一千石　　　廿四人
　但、千石より千四百石迄者可為同人数、
一千五百石　　廿五人
一二千石　　三十人
一二千五百石　三十七人
（中略）
一五千石　　七十五人
一一万石　　百五拾人
一二万石　　三百人
一三万石　　四百五拾人

元和九年五月十一日

この規定では、二〇〇〇石・三〇人が変曲点となって、以下と以上とが接続されている。すなわち、以上は一〇〇石当たり一・五人である。また二〇〇〇石以下のうち、さらに一〇〇〇石以下では寛永の規定の③と同じであり、一〇〇〇石から二〇〇〇石では寛永の①よりは小さい数字となっている。グラフを見ると、一〇〇〇石・三〇人の点で一〇〇〇石以上の線と連続させるために、一〇〇〇石から一四〇〇石までを横ならびにするなど、かなり数字を操作した形跡が窺える。

この三年後の寛永三(一六二六)年に家光は二度めの上洛をおこなうが、この時の供奉規定は、史料の形式は元和九年と同じであり、内容は寛永一〇年の②と同じである。(13) グラフで見ると、三〇〇〇石以上と以下との接続は、元和九年の場合よりも滑らかになっている。

寛永一〇年の翌一一年、家光は三度めの上洛をする。この時の規定は、「江戸幕府日記」(寛永一一年春)に、「十九日(正月)、一諸物頭被為召、今度御上洛供奉召列人数之儀、弐千石以下ハ本役、弐千石以上ハ可為半役、雖然役人ハ御用之足次第可召列之旨、被仰出之」とある以外は知られていない。二〇〇〇石以上の半役は一〇〇石当たり一・五人役であるから、二〇〇〇石の人数は三〇人である。一方、本役を前年の規定のとおりとすれば二〇〇〇石の人数は四三人であるが、一〇〇石当たり三人役と解釈すれば六〇人である。いずれにしても、この規定を文字どおりに実施すると明らかに破綻が生じる。したがってその解消のために、それ以前の上洛時のような処理が施されたはずであるが、具体的には不明である。

# 二

次に、騎馬・武器の数量について比較する。ただし、この比較は先にもふれたように、山口・北島両氏がすでにおこなっており、その大筋については異を唱える点もないので、以下では鑓だけに比較を限定する。というのは、寛永の規定では一〇〇〇石から二〇〇〇石までの鑓は「持鑓」と記されているからである。「持鑓」とは、足軽の「長柄」に対して、行軍時は鑓持の中間に持たせ、戦闘に際しては馬上の武士自身が使う鑓である。一〇〇〇石以下の規定では鑓の数は「鑓持何人」と表現されているので、これも「持鑓」である。つまり二〇〇〇石以下の旗本の鑓はすべて「持鑓」である。他方でたとえば先に一部を紹介した大坂夏の陣の規定には、「鑓五十本、但、持鑓共、」[16]と記されていた[14](元和二＝一六一六年の規定も同じ)[15]。また、天正一八(一五九〇)年小田原陣の家康の軍法、先にも触れた慶長五(一六〇〇)年会津攻めの時の家康の軍法[17]、慶長一〇年の秀忠の軍法[18]、大坂夏の陣の秀忠の軍法[19]、ほとんど同内容のこれらの軍法には例外なく「持鑓者軍役之外たる間、長柄を差置持する事、堅令停止、但、長柄之外令持者、主人馬廻ニ一本たるへき事」という規定が存在する。

「持鑓は軍役の外」から、すくなくも旗本については「軍役の鑓はすべて持鑓」への変化である。この変化の意味を知るには、武士の馬廻に持鑓を立てる慣習の意味を考えなければならない。

①『雑兵物語』[20]〇鑓担小頭(成立は一七世紀後半)

先鑓の内でも、はやく勝負のはじまるは、御侍衆の鑓からだぞ。(中略)惣ふじて御持鑓かつきは、江戸廻りでは御道具のものとて高給金とりてやつこはすれど、物まへでは預りものだ所で、我役にはたゝない。数鑓は、おのかまゝに鑓をふりくり廻すさひて、歴々の御侍衆と替事はないもんだ程に、能々腰骨をつよくして、おくれないやうに覚悟をしろ。又御持鑓担は、かならず〳〵我用に立たらば、うろたへ者の腰ぬけ同前だ程に、後生一大事にひつかついて、働かないか手柄だぞ。

②『翁草』[21]○使者の麁相（成立は一八世紀後半）

御老中、其外権門の対客日に、御旗本小士罷出、退出の時、自分の鎗を呼ども、鎗持見えず、（中略）詮方なく鎗無しに次の権門方へ志して行ける処に、向ふより同様なる小士来り、互に知己故、斯る事にて、鎗無しにて迷惑せりと噺せば、夫は気の毒なり、鎗無しには如何なり、我等は幸ひ勤仕舞、是より罷帰れば、某の鎗を借し申べし、（中略）其意に任せて鎗を借り、今一軒の対客を無滞勤て帰る路すがら、往来の人怪げに彼人を見る、（中略）不図後を顧れば、最前供を外せし自分の鎗持、何つの間にかは供をして跡より来る、僅上下四五人の人数にて、二本道具を持たせる故、人々不審して笑ひたるなり、

③『下馬のおとなひ』[22]○諸家の行列（成立は明治）

定の時を報れば、諸家皆その邸をいづ、大小の家に従ひて、供連に格あれど、まず国持といふ限は、最先に一人道見といふ者をたゝす、（中略）鑓は最先なるも、先箱の次なるも、乗物の前なるも後なるもありて、二本持するは常にて、三本なるもあり、鑓の長さは、大船の帆柱に比して、頭の大なるは若き侍のたばねたる頭より大なるが多し、妾の枕にものする主人が、白くほそきうでには、この鑓たへじなど、やうなき思ひやりさへさせらるかし、（中略）鑓は二の手もて一筋こそつかへ、二本三本ともたせ、（中略）いひもてゆけばあやしからざるはあらざりけり、

①では、数鑓（長柄）に対する持鑓が、武士が戦闘に使用するものであること、また、この時期にすでに「奴を

する」という言い廻しが成立していたことが知られる。この言葉については未詳であるが、「やっこを振る」については「奴が鎗・挟箱を持って行列の供先を勤める時、左右の手を大きく振る。またそれに似たさまをいう」と『日本国語大辞典』にある。鎗は片手であるからまだしも、挟箱を持つと両手がふさがるので「左右の手を大きく振る」のはムリであろうが、③の省略部分には、供連れの徒士について「はかまの裾高く引揚げ、はぎをあらはし、腰刀いかめしく、両手を振りて、さはらばきらむ、よらばうたむの面構して練りゆく」とあり、いずれこれに類似の姿を言うのであろう、と想像しておきたい。また①と②からは、一般には武器を意味する道具という言葉がとりわけて鎗を指すようになっていたこと、その道具は、武士が江戸市中を往来する供連れに欠かせぬものであり、これを何本立てるかは、供連れの人数とともにその武士の格式を表現する手段となっていたことがわかる。さらに③によれば、その道具は、とても実用にはなりそうもないほど長大かつ重いものであり、それを何本も持たせることの無意味さは、時代が変われば、はっきりとわかる体のものであった。

寛永期の江戸を描いたとされている『江戸名所図屏風』[23](五島美術館所蔵)には、熊毛などの鞘をつけた、この③に相当する持鎗を何本も立てならべた行列が描かれている。すでに寛永期から、右の史料に見たような持鎗と、それを組みこんだ行列が成立していたのである(絵画史料によって持鎗の発生をあとづけるのは興味深い課題であるが、いまはその蓄積がない)。

したがって寛永の軍役規定で二〇〇〇石以下の鎗がすべて持鎗になったということは、この規定が、もはや戦闘を第一義的目的とせず、何よりも行列を組むことそれ自体を直接の目的としたことを意味している。

先に、寛永の軍役の二〇〇〇石以下に対する規定が、大坂夏の陣よりも軽減されていること、これを一〇〇石当たり三人役の大名クラスに対する軍役と結ぶと破綻が生じること、そして、それはまた元和九年、寛永三年の将軍上洛供奉規定の人数とほぼ同じであること、さらに扶持米規定を規定の文言のとおりに陣に適用するとこれまた破綻が発生することを指摘した。この軍役が将軍供奉の行列のために作られた規定であり、またその際に戦争の可能性が考慮の外におかれていたとすれば、これらは当然のことというべきであろう。

軍隊と武器の本来的機能はいうまでもなく人を殺傷することにある。他方で軍隊と武器はその存在そのものが、人を威圧し靡き伏せさせる機能をもつ。それらの存在そのものの背後に、人はそれらが前者の機能を発揮する場面を想像するからである。旗・楽器などは軍隊の行動の目じるしであり、それ自体は殺傷する機能をもたないが、軍隊や武器を連想させる故に、やはり後者の機能を発揮する。後者は前者に裏打ちされてはじめて機能するものであるが、多くの場合、軍隊や武器においては両方の機能が同時に期待され追求されている。しかし、後者の機能が前者から独立してそれ自体が肥大化し、前者の機能はほとんど零に近づく場合もある。儀仗兵などがその例である。また持鎗のように実用に耐えない武器は、すでに青銅器時代において発見されている。

行列は、現代のデモンストレーションのようにそれ自体が見る者と参加者双方にある効果を発揮するのであるが、とりわけ軍隊のそれは、その装備や隊伍を通じて、戦う以前に敵を圧倒し、味方を鼓舞し、見る者を靡かせる効果を発揮する。したがって多くの場合、軍隊は戦闘力とともにこの行列の効果をも考慮に入れて設計される。すでに何度も指摘されてきたことであるが、また第I章以下でも指摘したように、後北条氏は家臣に対する軍役規定で、騎馬の武士の出立、武器の色などを細かく指定し、また農村から徴発するいわゆる農兵に対しても「武者めくよう」な姿を要求している。さらに、軍隊の行列が発揮するこの効果がそれ自体として重視され追求されることも多い。この効果がどんなに重要でかつ真剣に追求されてきたかは、ナチス・ドイツ、メーデーの赤の広場、天長節の代々木練兵場などを例にあげるまでもないことであろう。第I章で触れた、江戸城から岩槻に向かう後北条氏隠居の行列もそれであり、寛永期の将軍上洛の行列もそれである。

将軍から陪臣までを含め、武士による支配の究極的根拠は、彼らが天下の秩序を武力によって保障していることにあり、軍隊の後者の機能、すなわち武威を見せつけることは、そのことを諸階層に確認させるもっとも有効な方法であった。近世において行列がとりわけ重要視された所以である(なお、行列をはじめ武威を認知させるさまざまな手法については渡辺浩「御威光と象徴」[24]を参照されたい)。

たとえば元和九年秀忠・家光の上洛の行列について醍醐三宝院門跡義演はつぎのように書き記している。[25]

七月十三日、大納言殿当地御通、供奉衆猛勢也、伏見城江御着、於門前見物申訖、(中略)水戸宰相殿殿(しんがり)也、鉄放六百丁ハカリ、鑓三百歟、騎馬数百輩、見事ノ見物也、鷹以下暦々驚目、

このように行列は貴賤の見物の対象であり、それだけに猛勢ぶりを演出する必要があったのである。また義演は総勢の殿を勤めた水戸家の行列については武器と馬上の数を記録しているが、このような行列の内容の記録は、近世を通じて無数に残っており、行列に対する人々の関心の高さを物語っている(それらには、ちょうど上空から眺めたように行列の各構成員の位置を正確に記入している場合が多い)。早い例では、秋田佐竹家の家臣梅津政景は元和八年駐留先の山形で、新城主として初入りする鳥居忠政の行列を「御先道具、のほりさを廿弐本・鉄砲百四拾三挺、但袋なし・鉄砲弐百丁、赤しやう〳〵皮袋有・弓七拾六丁・鳥毛さやの鑓百三丁・黒しやう〳〵ひの袋ニ入鉄砲弐拾八丁・弓拾張・とらのかわのうつほ・具足ひつ四つ・挟箱拾五・馬五疋、内三疋ハまきへ鞍鐙、弐疋ハとらのかわのうつかけ、まきへの筒ニ入鉄砲弐挺・鑓四丁・かま壱丁・長刀壱えた・乗物三丁・鑓弐丁、馬上ニ而御父子三人、騎馬御供三百五拾五騎、道具ニ付候騎馬此外也、御下衆持道具、黒しやう〳〵ひの袋かけ鉄砲廿六丁・まきへの弓立七張・弓うつほ拾四丁・鑓拾六挺、其外御供衆持鑓ハ壱丁、弐丁宛馬上の先也」[26]と記

録している。猩々緋(羅紗)の袋に入れた鉄砲、鳥毛鞘の鑓、「一丁、二丁宛」の持鑓など、これを『信長公記』首巻の信長・斎藤道三参会のくだり[27]と比較すると、作者ははじめて舅と対面する信長の異様な風体については細かく筆をつかっているものの、その行列そのものについては「御伴衆、七・八百甍を並べ、健者先に走らかし、三間間中柄の朱やり五百本ばかり、弓・鉄砲五百挺もたせられ」と実にあっさりと記述しているに過ぎない。行列自体の変化もさることながら、記録者の対象への関心の差は歴然としているといえよう。太田牛一に比して元和末年の記録者の行列への関心は、はっきりと武威の側に傾いているのである。

そして寛永の軍役はこの傾向を公認した、というよりも積極的にこれを供奉の行列に採用したのである。ただし、上述したような武威の性質から、幕府は、自身がもはや実戦への動員はありそうもないなどと考えていることを、公表することはできなかった。実際に適用すると破綻が生じるにもかかわらず、「陣」に際しては二倍扶持するといい、また供奉の必要から割りだした旗本の「軍役」を、一〇〇石当たり三人役という大名の軍役と結ぶために手のこんだ操作をしたのも、行列の背後にいつでも発動できる武力があることを、貴賤の見物人にだけでなく行列の参加者にも信じさせるためであった。

寛永の軍役令は、その本質は将軍供奉の行列のための「人数積」であったが、その背後にフィクションとしての実戦動員のための「積」を置くという、二重構造をもっていたのである(この後者を取りはらい、旗本の供奉行列の線をそのまま延長して大名の「軍役」としたのが、いわゆる慶安の軍役令であった。これにより、幕府の軍役体系には、旗本から大名までが一本の直線の上に載るという斉一性がもたらされた。ただし、この軍役令は公布されていないのである。なお三氏には共通して、いわゆる慶安の軍役令にいたる一連の幕府軍役令は、幕府が統一的軍役令に諸大名を包摂していった過程を示すという見方がある。これに対して筆者の考えは、先にも触れたように、すでに慶長五年において一〇〇石当たり三人という共通する基準で諸大名が動員されており、かつ共通の軍法が施行されていたのであるから、すくなくもこの時点において、統一的軍役は存在していた、というものである。ただ、統一的ということを斉一的と解釈するなら、大名と旗本を包摂する斉一的軍役令は本来あり得ないものであり、強いてそれを求めるなら、いわゆる慶安の軍役令が唯一のものである。しかし、その成立は、その「陣」への適用を放棄したために可能になったことと逆説的な関連にあることを強調したい)。

以上では、①騎馬隊、②足軽隊、③小荷駄で構成される大名の軍隊と、本来的には①に所属する旗本の軍隊とでは、その石高当たりの人数は本来一致するはずがない、という想定に立って寛永の軍役令を分析した結果、右のような結論に達した。それでは、石高当たりの旗本の人数が実戦においても行列においても、大名よりも際だって多いのはなぜだろうか。この傾向は、旗本ほど顕著ではないにせよ、下禄の藩士についても指摘できる。このことの基本的理由は、最初に指摘したように彼らが馬上で出陣したからである。しかし、それだけでなく、旗本自身がそれを望んだという事情も、その一半であったと思われる。このことは、右に述べた行列に対する関心の高さを考えれば、ある程度は推察されることであろうが、なお以下の新井白石『白石建議』(28)により、その間の事情の一端をかいま見ることとしたい。

## 三

『白石建議』全八編は、新井白石が幕府老中の諮問に答えた意見の控である。その一—三編については、『折たく柴の木』に大要次のような記事がある。

①壬辰の年(正徳二年)の二月ごろ、白石は、「前代より此かた、諸大名に課せらるゝ所の役重く、これにくはふるに奉献の物又多し、天下の士民窮り苦しむ事の、悉くこれによれり」という認識にもとづき、江戸城門番(譜代大名が勤めた)の人数、および参勤交替の供廻りの人数を軽減することを建議した。「およそ大名・旗本の公約は軍役を基準とすべきである。その軍役も、寛永の軍役は元和の軍役より軽く定められている。けだし、泰平の世につれて『虚費』が増すことに配慮しての軽減である。まして現在においては、さらに役の軽減が計られねばならない」からである。この建議は採用され、そのとおりの御沙汰があった。(29)

②翌年三月、彼は同様の認識のもとに、間部詮房に以下のように提案した。「奢侈と物価高のため、旗本は通常の公務を勤めるのも困難で、まして関所を越えての勤務は大変に難儀なこととなっている。奢侈は『流弊となりて既に年久しければ、その心には分限に過ぎにし事と思ふも、私には節倹に随ひ難き処』もあるようである。旗本らから意見を集め、それに従って『よろしく御沙汰あらん事こそ』願わしい」。この提案によって、旗本から意見が徴されたが、白石もまた建議書三冊を提出した。しかし白石の建議は採用されず、箇条ごとにその採用しがたい理由を記した付札を付けて白石に返却された。(30)

『御触書寛保集成』(31)御門番勤方等之部に「八四二　正徳二辰年六月」として、「(一)所々御門番人数之覚、(二)諸大名参勤之節召連候人数之定条々」という老中御書付が採録されている。白石の回想①のとおり、「御沙汰」が出たことが確認される。しかし、同年一〇月の六代将軍家宣の死をはさんで、翌三月の白石の建言は採用されず、付札とともに返却された。この三冊の建議書の写が、『白石建議』一―三である。

これらを一読すると、その主張の特徴は①②で要約したところと、ほぼ同じところにあるようである。旗本の窮乏の原因がその分限に過ぎた奢侈にあると考えていることは当然としても、それを「私」には、つまり個々の旗本の努力では解決できない、社会的な積年の流弊と捉えるところに、白石の特色がある。だからこそ、それを改めるには、将軍の「御法度」による他はないのである。しかも、その「御法度」にしても、①においてその根拠が寛永の軍役に求められたように、それは『建議』においても家康から家光までの法度の精神――もちろん白石の解釈を通じてであるが――に置かれている。この点では白石も時代の子というべきであろうか。

『建議』の論理的構造は以上のとおりであるが、内容的構成は「一」「二」が建議、「三」がその根拠となる前代の諸法令集となっている。いま白石が依拠するこれらの法令を通覧すると、現存の幕府法令集などには見えないものもあるが、他方では、明らかに年代の誤りと思われるものも含まれている。「一」「二」において引用されている法令の年代などにも誤りを指摘できるが、論旨に影響するものではない。なお、根岸氏が指摘しているように、いわゆる「慶安の軍役」には一切触れるところがない。

次に白石の法令の解釈は、それ自体同時代人の解釈として尊重すべきであろうが、まま強引なところも見うけられる。たとえば、

元和九年・寛永三年、台徳院様・大猷院様御父子ともに御上洛の御時供奉の面々人数御定并御扶持方御定の事、御軍役の本役にひきくらべ見候に、二千石已下は、或は四分が三、或は五分が四ばかりの御役に相当り候ひき、(中略)次に慶安元年大猷院様日光御社参等の時供奉の面々人数定并御扶持方定の事、二千石以下、或は御軍役の本役、或は三分二役、二千石以上は四万石迄は半役、五万石以上は事の外に御役軽く候て、或は三分が一二、或は四五分が一の御役にて、十万石以上は皆々馬上四十騎に過ず、諸道具等馬上の数に応ずべき由を載せられ候き、此外又遠国の面々は、二万石以上四分が一役を始として、十万石以上もわずかに馬上十五騎を限られ候き、此等の御例をかんがへ候に、御代々の間、御陣の外に御軍役の本役を用ひられ候御事

はいまだ其例無之、御上洛、日光御社参などの御時に候とも、供奉の面々、千石以下少身の輩の外、二千石以上の面々は、人数多く候も半役を限とし、少くしては御軍役の三分四、五分が一を以て、其分限に随ひて其御定有之候歟、（以下割注）（しかれば、よのつねの御使等に本役よりも過ぎ候て多くの人数引具し候事は、尤以て不法の事と申すべく候、）

議論の目的は、最後の「しかれば、世の常の……」を導き出すことにあり、その根拠として将軍上洛・日光社参の時の供奉人数を、軍役の本役——一〇〇石当たり三人——と比較し、それらが、一〇〇〇石以下を例外として、半役ないし何分の一役かに軽減されている事実を提示することにあった。一読論旨明快であるが、事実関係についてはどうであろうか。白石のあげる事実を表2の数字および付注の史料と対比すると、事実関係の上では、ほぼ支持される議論である。ただ、上洛供奉の扶持人数について白石は、元和九年・寛永三年ともに二〇〇〇石以上を半役としているが、先に見たように元和九年は二〇〇〇石以上、寛永三年は三〇〇〇石以上が半役であった。この点を修正すれば、全体の首尾は一貫する。

それでは一〇〇〇石以下の例外はどのように処理されているのかというと、それは右の引用で「（中略）」としたところに割注の形式で、次のように説明されている。「此故を察し候に、二千石以上は御軍役の人数も多く候へば、半役の人を引具し候とも、猶人すくなからず候、千石以（下）上の面々、もとより御軍役の人数も少く候に、半役に候てはあまりに人すくなくなり候故に、御役重くかゝり候事は少身の難儀とも申すべく候へども、事勢におゐてしからざる事を得べからず候、〇五分が四と申すは、たとへば千石の御陣扶持は三十人分に候処に、御上洛の時は廿四人扶持を被下候き、三十人を五つにわかち候へば五六三十人に候を、四六二十四人扶持を被下候へば、五分が四の御役と申候、四分が三と申す事も、此例を以てはかりしるべく候、又一万石は三百人分、十万石は三千人付の御陣扶持の法に候、何処に、御上洛の時は、一万石に百五十人分、十万石に千五百人分被下候、これすなはち半役に候」。後半に見えるように、白石の「本役」とするのは、一〇〇石当たり三人役のことであり、この点は一〇〇〇石以下についても同じである。したがって、一〇〇〇石の本役三〇人に対して上洛供奉の扶持人数二四人は五分の四役、八〇〇石の本役二四人に対して供奉の扶持人数二〇人は四分の三役となるのである。しかし、二〇〇〇―四〇〇〇石ではグラフに見られるように、扶持人数のほうが「本役」を上まわる。白石はこの点には触れずに、上洛の供奉人数は「御陣」のそれを下まわると主張したのである。もっともこの点は前半で、小身の旗本は「半役に候てはあまりに人すくなく」と、大身と同じ基準では人数の絶対数が不足する(先項でのべたように、供連れの行列を組む絶対数が不足するのである)という説明を援用すれば、それですむことかもしれない。しかしそれならそれで、その説明が欲しいところではある。

このようにやや強引なまでに、白石が軍役の本役と上洛供奉人数の関係を主張したのは、彼が相手としたのが、以下のように、「世に申しふらし候」「年久しき」「古来の例」であったからに他ならない。

『建議』において白石は、「御旗本衆中御奉公の儀に付、分限不相応の物入有之候事は、在番并遠国御使等の事と可仕候」という認識のもとに、それらに任命された旗本が召し連れる人数について、まず問題にする(在番とは、二条城・大坂城・駿府城などを交替で旗本が番をすることであり、享保の足高制の規定によれば、その番頭は五〇〇〇石相当である。また、遠国御使とは、高家をはじめ使番などの役にある旗本が、将軍の使、目付・奉行などの役目を帯びて、京・大坂その他の各地に派遣されることをいう)。これらの現状について白石は、次のように指摘する。

まず二条・大坂在番の事、番頭衆各其身上同じからず、組頭衆も又其身上同じからず、然るに、世に申ふらし候所は、大番衆の事は或は十万石の大名の格式に候、或は城主の格式に候など申す事にて、其身上の大小によらず、召具し候人数も、もたせ候兵具も皆々万石以上の格式に準じ、在番の間の諸式も其身上の大小を論ぜず、皆々古来の例に任せられ、組頭衆の事も、組頭の格式と申す事有之候て、これも其身上の大小に係はらず其例に準じ候事も相聞候、此事、たとひ古来の例、年久しき事に候とも、尤以て不可然事に候歟、続けて白石は、その「不可然」所以を「大番頭には三四千石の人もあれば万石以上の人もある。二条・大坂城番の大番頭には禄高一倍の合力が扶持されるので、その差は六千石と二万石となる。これで同じ供連れを編成していたのでは、その費用を弁じられるわけがない」と指摘している。

次に白石は、「御旗本衆江戸廻召つれ候供人の数の事」を問題とする。旗本の市中往行の供連れについては「古来よりして分限に過ぎ人多く召つれ候方は其衆中多く有之」と考えられ、すでに寛永九年七月(同五年二月の誤りと思われる)、寛文六年七月の二度にわたって供連れの人数を規制する御定が公布されていることに、白石はまず言及する。それが近年になると「寛永の比には承も及び候はぬ」「対の挟箱・合羽箱・押さへ足軽・先供・立傘」などで供廻を飾る風習が発生するに到り、寛永の往時にくらべてもさらに供連れの人数が増加したこと、そして「近年以来男女の奉公仕るものも年々にすくなくなり候」傾向のなかで、とくに小身の面々ばかりでなく、しかるべき身上の旗本も、これらの供連れの大半を日傭で充足することになっている、というのが彼の現状認識である。こうした実態は、先の寛永の「御定」の奥書に、供連れの人数を制限するのは「人をも吟味し相抱ゆべきため」であると書かれている主旨にもあい反することであると白石は指摘する。すなわち、「打見の所人多きやうに仕候はんと、やとひの人等召つれ候はん事は、武士の家を出候時に供人引つれ候は、なに事の備に候と申す事の本意をも失ひ候て、寛永の御旨にも相たがひ、不可然」というのである。

さらに白石は、このように供連れの外見をかざる風潮の原因について以下のような事情を挙げる。第一は、「近年以来世に申ふらし候所は、芙蓉ノ間御役人衆中はさき供・引馬・対の挟箱・おさへ足軽引ぐし候格式に候など申す事にて、千石にもたり候はぬ衆も其例に准じ候故に、此度なども其身少身の事を嘆き申され候御役人も有之候」というものである。芙蓉間詰めは、奏者番・留守居・郡奉行(二〇〇〇石)・町奉行(二〇〇〇石)・作事奉行(二〇〇〇石)・勘定頭(一五〇〇石)・長崎奉行(三〇〇〇石)・佐渡奉行(三〇〇〇石)などであり[32]、これらのうち奏者番・留守居などは譜代大名から任命されるが、町奉行以下は旗本の役で、足高制の役高は括弧内のとおりである。足高制創設以前において、もし一〇〇〇石以下のものがこれらの役に任命されれば白石が述べるとおりの事態が生じたのは、当然といえるであろう。第二の事情は、先の寛永および寛文の「御定」の奥書に「諸役人は制の限にあらず」という文言があることである。彼によれば、この文言は「諸役人には供連れ人数の制限がない」と解釈されて、上記のような「格式」発生の根拠となっているというのである。第三は、このように諸役人についての例外があるかぎり、一般旗本の「御役無之人の中に、いかでか御役候人々に劣るべきなど存じ候も、又はうら山しき事に存じ候なども候て、供人を増し候」という事態が必然であったという事情である。

右のような弊風を改めるため白石は将軍の仰せ出されによってあらためて供廻りの人数を制限することを提案するのであるが、以上のような認識によりそれは、役人を例外とせず、さらに「江戸廻引つれ候ばかりの人も候へば事済候事のごとくに心得られ候人も出来候はんには、尤以て不可然御事に候へば、寛永の御定書のごとくに、江戸廻の供の人数減じ候やうに被仰出候事は、御軍役の人馬・諸道具等の心がけの事、いかやうにもとりつゞかれ候ために候由」を強調したものでなければならないとするのである。

以上では、『白石建議』一―三から、旗本の奉公人の人数についてだけ白石の議論を紹介してきた。しかし、この『建議』は、その冒頭に「庶政建議」と題されていることからも察せられるように、その対象は奉公人の人数だけでなく、旗本の衣服・交際・家作など旗本の生活万般にわたっている。いま、その項目だけを列挙すれば、「在番衆并遠国御使相勤候衆中召つれ候人数、持せ候道具の事、付残番中番頭・組頭衆振廻等の事」「御旗本衆中江戸廻召つれ候供人の数の事」「貴賤の衣服の事」「振舞の料理の事」「信物の事」「屋作の事」「老中・若老中対面のため伺候の人々の事」などである。これらについての白石の議論の基調は、すでに人数についてのそれからも知られるように、「御軍役の人数・兵具等におゐては常々其備怠りなく候事、御旗本の衆中物心懸あるべきは職分の事に候、然るに近世に至りては其軍役ほどの人馬等の事は沙汰に及ばず、歌うたひ・舞まひ候女などの数多く集めをき、花木魚鳥その余翫器等の類は多くたくはへをき候て、兵具等の数は備らず候人々も有之」と軍役の人数・武器を確保するために、旗本はそれぞれの身上に応じた生活をするべきだということにあった。

この基調にもとづく建議は、しかし幕府の採用するところとはならなかった。白石はついに「格式」をうち破ることはできなかったのである。

# 四

以上で紹介した、身上以上に旗本が生活万般を飾ることをもって「格式」とする傾向は、すでに家光の治世においで見出すことができる。大御所秀忠の死後、名実ともに権力を掌握した家光が旗本の窮乏対策に腐心したことはすでに指摘されているが(33)、その過程に右の『白石建議』の基調を重ねてみると、それは以下のように旗本層の右の傾向に対する家光の格闘の跡とも見ることができる。

まず、関連した事柄を年表に整理すると左表を得る。この表に見られるように、家光は寛永九年六月、小十人組の番士および徒歩の士に加増したのを最初に、旗本に対する加増、切米の地方直し、合力米支給制度の創設、恩借などの措置を講じる一方で、並行して旗本の年貢収入、武器・奉公人数の調査を行うとともに、いわゆる諸士法度を二度にわたって公布し、かつ旗本にたいする監察を強化して、その統制を強めようとした。さらに、寛永一〇年代の後半から慶安にかけては(この間に寛永一九・二〇年の大飢饉が発生している)、旗本に対する倹約令が頻発されていることが目につく。この時期、旗本の財政窮乏が顕在化し、家光がその対策に追われていたことは、以上によっても明白といえるが、それでは家光はその原因をどのように認識し、その是正を通じて旗本にどのようなあり方を求めたのであろうか。

**幕府軍役・旗本統制関係年表**

| | |
|---|---|
| 慶長五 | 家康、景勝討伐軍に一〇〇石三人役を賦課す(「薩藩旧記雑録」)。 |
| 慶長一〇・八 | 五〇〇石以上の旗本などの軍役(武器・人数)を定める(「武家要記」)。 |
| 慶長一四・一・二 | 一季居の禁令。 |
| 慶長一五・四・二 | 一季居の禁令。 |
| 慶長一七・八・六 | 一季居の禁令。 |
| 慶長一九・一〇・四 | 大坂出陣の軍役を定める(内容は右に同じ)(「武家要記」)。 |
| 元和一・四 | 大坂出陣の軍役を定める(一〇〇〇石以上百石三人扶持。以下は不整。別に武器の規定あり)(「武家要記」「譜牒余録」)。 |

| | |
|---|---|
| 元和二・六 | 軍役の制度を再令する（内容は右に同じ）（「東武実録」）。 |
| 元和二・一〇 | 一季居の禁令。 |
| 元和四・二・一八 | 一季居の禁令。 |
| 元和七・二 | 一季居の禁令。 |
| 元和八・六 | 一季居の禁令。 |
| 元和九・五・一一 | 上洛供奉の人数の扶持方を定める（「東武実録」）。 |
| 寛永二・八・二七 | 一季居の禁令。 |
| 寛永二・一二 | 上洛をひかえ、奉公人に暇を出すことを禁止（『日本財政経済史料』）。 |
| 寛永三・五 | 上洛供奉の人数の扶持方を定める（「東武実録」）。 |
| 寛永四・一・一八 | 一季居の禁令。 |
| 寛永五・二・九 | 旗本の登城・市中往還の供まわりについて定める（「東武実録」）。 |
| 寛永八・一一・五 | 奉公人の衣服について定め、小者が勝手に若党となることを禁止（「東武実録」）。 |
| 寛永九・三・一六 | 日光社参供奉の人数について定める（「東武実録」）。 |
| 寛永九・六・一四 | 旗本に一〇か年の年貢額を上申させる（「日記」）。 |
| 寛永九・八・二五 | 小十人組番士・歩行士に加増（「日記」）。 |
| 寛永九・九・一八 | 大坂・二条白在番の大番士に知行からの年貢と同額の合力を与える（「日記」）。 |
| 寛永九・九・二九 | 旗本の法度を定める（「東武実録」）。 |
| 寛永九・一一・一八 | 目付に旗本の綱紀を監察させる（「東武実録」）。 |

寛永一〇・二・七　三番の旗本に二〇〇石宛を加増（「日記」）。
寛永一〇・二・一六　軍役人数割を定める（「徳川実紀」）。
寛永一一・一・一九　上洛供奉の人数について定める（「日記」）。
寛永一二・三・九　配下旗本の善悪を各頭に調査させる（「日記」）。
寛永一二・七・七　譜代大名・旗本に計五〇万両余を貸与する（「日記」）。
寛永一二・一二・一二　旗本の法度を定める（九年より詳細）（「御触書」）。
寛永一三・一・一九　日光社参につき、一季居奉公人の召放しを禁じる（「日記」）。
寛永一六・二・二三　中間・小者・草履取の給金を定める（「日記」）。
寛永一六・四・二二　諸大名に倹約を命令（「日記」）。
寛永一六・五・二三　旗本に倹約の励行を命じる（「日記」）。
寛永一六・一二・二二　幕府諸役所の経費節減を命じる。
寛永一七・一・一一　旗本に倹約の励行を命じる（「日記」）。
寛永一七・一・一三　旗本に倹約励行などを命じる。
寛永一七・一・一五　譜代大名・旗本に倹約を励行させる（「御触書」「日記」）。
寛永一七・一一・二五　旗本の倹約励行について査察させる（「徳川実紀」「日記」）。
寛永一八・六・五　一季居の禁令。
寛永一八・六・二四　旗本の奉公人について書き上げさせる（「徳川実紀」「日記」）。
寛永一九・六・一〇　大番の旗本に倹約の励行を命じる（「徳川実紀」）。

寛永二〇・二・一一　旗本の困窮の理由を上申させる（「徳川実紀」「御触書」）。
寛永二〇・二・一八　旗本の困窮の理由を上申させる（「徳川実紀」「御触書」）。
寛永二〇・三・五　大番の旗本に倹約の励行を命じる（『日本財政経済史料』）。
寛永二〇・一〇・四　群参の時の供づれを減少すべきことを令す（「御触書」）。
正保五・一　日光社参につき、一季居奉公人が暇をとることを禁じる（「日記」）。
慶安二・一　日光社参につき、一季居奉公人が暇をとることを禁じる（相対は良い）（「御触書」）。
慶安二・三・六　諸大名に倹約を命じる（「日記」）。
慶安二・三・一〇　旗本に倹約を命じる（「日記」）。
明暦一・八・二　一季居の禁令。
明暦三・二・九　旗本に倹約を命じる（「日記」）。
万治二・八・二　一季居の禁令。
万治二　日光社参供奉の人数を定める（「御触書」）。
寛文一・六・一二　一季居の禁令。
寛文三・二　日光社参供奉の人数を定める（「御触書」）。
寛文六・七・一三　登城および市中往還の供づれ人数を制限する（「御触書」）。
元禄一二・九　大名・旗本の市中往還の供づれ人数を制限する（「御触書」）（享保三年にも）。

家光が諸大名・旗本に対して、この時期一般的に何を求めたかは、大目付制度の創設に関わる史料とされている「東武実録」の以下の記事に示されている。[34]

同十八日、水野河内守・秋山修理亮・井上筑後守・柳生但馬守四人ニ被仰出サル、趣

条々

①一諸大名・御旗本へ万事被仰出御法度之趣、相背輩於有之者、承届可申上事、

②一対公儀諸人不覚悟者在之者、承届可申上事、

附、諸事御奉公たての儀并不作法成もの承届可申上事、

③「一年寄中、其外御用人并諸役人・代官以下ニ至迄、御奉公たて仕者、又御うしろくらき者於有之者、承届、可申上事、」

④一御軍役嗜之分承届可申上事、

⑤一諸奉公人、大小にかきらす身上不成候者、様子承届可申上事、

⑥一民つまり草臥候儀なと承届可申上事、

⑦一不依何事諸人迷惑仕儀於有之者、承届可申上事、

寛永九年申十一〔二〕月十八日

「秋山修理
水野河内
柳生但馬
井上筑後」

「東武実録」は、この「条々」の日付を一一月としているが、「江戸幕府日記」[35]の記事、『徳川禁令考』[36]『伊達治家記録』[37]の同文の史料から、一二月の誤りであることは明白である。また、「東武実録」は「　」内を欠いている

ので、後二者の記事で補った(とくに、偶数の条書を避ける慣行から考えて、全七か条が原形であることは疑いないと思われる)。次に三者について本文を比較すると、平仮名を片仮名に、漢字を仮名に置き換えた程度の差はあるが、それ以上の違いはなく、「御旗本」「御用人」「年寄中」といった待遇表現も完全に一致している。したがって、この「条々」は、幕府年寄中の立場から書かれたものであり、日付の下の「　」内の四人は、一見したところ差出のように見えるが、内容的には充所であることがわかる。

ところで、水野河内守(守信)・秋山修理亮(正重)・井上筑後守(政重)・柳生但馬守(宗矩)の四人は研究史の上では、この時に大目付に任命されたとされており、右の七か条も以後の大目付の職掌となったとされているものである。(38) 確かにこれらの箇条に示された、諸大名・旗本に対する将軍の要求はきわめて概括的なものであり、また、世の平和と繁栄を保障すべき将軍が、「民つまり草臥候儀」「諸人迷惑仕儀」に関心を示し、予めそのようなことがないように配慮するのも当然のことといえるであろう。したがって、この「条々」には、前後の情勢から独立しておよそ大目付たるものの役割を定めたという一面があることは、否定できないところであろう。しかし、その間にあって「諸奉公人」(旗本以下の直臣)の財政状態に関心を示した⑤は、やや具体的な問題の存在を背後に予想させる点で、他の六条とは異なるものが感じられるのではないだろうか。上述のように、この時期、家光が旗本の財政問題に腐心していたことを想起すれば、なおさらである。こう考えると、この時期の家光には大目付を任命して諸大名・旗本の統制を強化せざるをえない事情があった、と見るべきであろう。

問題を旗本層に限定すれば、年表に示したように家光は、これより三月前にいわゆる「諸士法度」九か条(39)を旗本に与えている。

①一侍之道無油断、軍役等可相嗜事、

②一不寄何事其身可随分限、私之奢仕間敷事、

③一被行死罪者在之時、被仰付候者之外、一切其場へ不可懸集、（後略）

附、喧嘩・火事之時も同然（後略）

④一徒党をむすひ、或かたん（後略）

⑤一構在之奉公人不可抱置事、

⑥一跡目之儀、養子は存生之内可得御意（後略）

⑦一物頭・諸奉行人、依怙於在之者、急度曲事可被仰付事、

⑧一諸奉行人并代官以下、買置商売仕候者可為曲事事、

⑨一諸役人、其役之品々常可致吟味、油断有之は可為曲事事、

右条々可相守此旨者也、

寛永九年申九月廿九日

類似の例から考えて家光の黒印状であったと思われるこの九か条の法度は、内容的に㈠軍役に関すること（①）、㈡分限を越えた「私の奢」の禁止（②）、㈢武士の統制に関すること（③④⑤⑥）、㈣役人の心得に関すること（⑦⑧⑨）に大別できるであろう。もちろんこれは外面的な分類であり、さしあたってのものに過ぎず、この法度を内在的かつ統一的に理解するためには、当時の旗本の生活や意識の実態、それを支えた物質的環境のあり方と、それらに対する家光の意識の両側面から、各条の内的関連を探ることが必要であり、それなしには①の「侍之道」の意味を家光の意識に即して明らかにすることはできないであろう。本項はそうした作業の一部として、とりあえず

㈠㈡㈢の関連をさぐろうとするものである。

この観点から類似の法令を捜すと、三年後の寛永一二(一六三五)年三月九日、家光は小姓組・書院番・大番の頭を召出し、「組中善悪之儀可被為尋問之間、兼而其吟味可仕之旨」[40]を命じ、その暮れの一二日には九年の法度をさらに詳細にした法度二三か条を下している[41](なお、ほとんど同じ主旨の法度が寛文三(一六六三)年にも出ている[42])。

条々

①一忠孝をはけまし、礼法をたゝし、常に文道武芸を心かけ、義理を専に、風俗をみたるへからさる事、

②一軍役如定、旗・弓・鉄砲・鑓・甲冑・馬皆具・諸色兵具并人積、無相違可嗜之事、

③一兵具之外、不入道具を好、私之おこり致へからす、万倹約を用へし、知行水損・旱損・風損・むしつき、或船破損、或火事、此外人も存たる大成失墜は各別、件之子細なくして、身体不成、奉公難勤輩は、可為曲事事、

④一屋作、小身之輩に至迄、近年分に過美麗におよふ、(後略)

⑤一嫁娶儀式、近年小身之輩に至迄、甚及華麗、(後略)

⑥一振舞之膳・木具并盃台金銀彩色停止之、(後略)

⑦一音信之礼儀、太刀・馬代黄金壱枚或は銀拾枚、随分限、以此内可減少(後略)

⑧一被行死罪者有之時は、被仰付輩之外、一切其場え不可懸集事、

⑨一喧嘩・口論堅制禁畢、若有之時令荷担者、其咎可重於本人、惣て喧嘩・口論之刻、一切不可馳集事、

⑩一於殿中万一喧嘩・口論有之節は、番切相計へし、猥に他番より集るへからす、番無之座ならは、其所に

近き輩、可計之、（後略）
⑪一火事若令出来は、役人并免許之輩之外不可駈集、（後略）
⑫一本主之かまひある者を不可相抱、（後略）
⑬一諸家中におひて、大犯人あらは、縦親類縁者たりと言ふとも、直参之輩取持、相かこふへからさる事、
⑭一知行所務諸色、相定まる年貢所当之外に非法をなし、領地亡所にいたすへからさる事、
⑮一知行境野山水論并屋敷境、於何事も私之諍論致へからす、若申分あらハ、番頭・組頭可令相談、番頭なき者は其なみの輩に談合に及可済之、有滞儀ハ、達役者、可受其差図事、
⑯一組中并与力・同心、他之組と申分在之時は、其組之荷担いたさす、番頭・組頭互に及相談、可済之、若滞儀あらは、役者に達し、可受差図事、
⑰一百姓公事、双方自分之於為知行所は、其地頭可計之、相地頭之百姓と公事いたさは、其類之頭番頭・組頭相談を以捌へし、番頭なきものは、其並之輩寄合済へし、惣て滞儀あらハ、役者に達し、捌を請へき事、
⑱一跡目之儀、養子は存生之内可致言上、末期及（中略）
⑲一結徒党、致荷担、或妨をなし、或ハ落書・張文・博奕・不行儀之好色、其外侍に不似合事業仕へからす、
⑳一大身・小身共、自分之用所之外買置、商売之利潤之かまひ致へからさる事、
㉑一歩行若党衣類、さや・ちりめん・平嶋・羽二重・絹・紬・布・木綿之外停止之事、
附、弓・鉄砲之者、絹・紬・布・木綿之外不可着之、中間衣類、万木綿可用之事、
㉒一物頭・諸役人、万事に付不可致依怙、并諸役之者其役之品々常に致吟味、不可油断事、
㉓一上意之趣、縦如何様之者申渡と言ふとも、不可違背事、

右、可相守此旨、若於違犯之族は、糺其咎之軽重、急度可処罪科者也、

寛永十二年十二月十二日

まず㈠の軍役に関する条文は、寛永九年の法度では第一条だけであったが、一二年の法度では、同年六月の「武家諸法度」第一条「文武弓馬之道専可相嗜事」を想起させる①と、規定された軍役の人馬・道具を日頃から準備しておくことを命じた②に分かれている。これからすると九年第一条の「侍之道」とは、とりあえずは①の内容、つまり「忠孝」「礼法」「文道武芸」「義理」「風俗」などの言葉で表現されるものであり、具体的には②以下の規定で展開されることになる何かということになるであろう。

次に㈡「私の奢」の禁止に関しては、寛永九年では一条だけであったのに対して、一二年では③―⑦、および㉑の六か条が充てられ、屋作・嫁娶の儀式・振舞・音信・奉公人の衣類など具体的に規定されるに至っている。そして③によれば家光は、旗本たちが武器の他に「不入道具を好」み「私の奢」をするから「身体不成、奉公難勤」状態になると認識していたのである。

㈢統制に関することについては、一二年では⑨―⑳および㉓がそれに該当する。一言でいえば武力の私的行使またはそれに連なるようなことがらの禁止である。たとえば⑮⑯⑰において「私之諍論」を禁止しているのは、それが旗本相互の喧嘩に発展することがあったからに他ならない。一例をあげると寛永一六年に家光は町奉行酒井因幡守を追放に、小十人頭小林新平を切腹に処したが、その理由は「今度酒井因幡守・小林新平知行所両度人返之出入有之ニ付、従最初下々ニ而難取扱之、依不相済達上聞、始終委細ニ被遂御穿鑿之処、新平申懸非拠之儀、剰不堪私之憤、互可相果之旨、因幡守方へ通書状之条、一向其理、如此之所為偏同乱心之者、不届之至也」(43)というものであった。

それでは、こうした㈢統制の問題と㈡「私の奢」の禁止とは、どのような関連にあるのであろうか。この問題を考えるために㈡に関する史料について補足すると、まず年表に見られるように、奢侈の禁止・倹約令は家光の時期にしばしば繰り返されている。これらの中には、寛永一九・二〇年の大飢饉の時期のものもあるが、越えて慶安二年にも、また四代家綱の明暦三年、寛文三年にも出されている。とくに寛文三年の倹約令は、寛永一二年のものとほとんど同内容である。

倹約の対象も、たとえば以下の寛永一七年の「定」[44]に見られるように、軍役の嗜を第一として分限にしたがった生活を守るべしという観点から、振舞・供連れの人数・衣装・屋作・料理・諸道具・土産・物見遊山など生活万般におよんでいる。こうして、寛永期の倹約令は『白石建議』の関心に連続するのである。

定

①一御軍役、御上洛之御供、御奉公之道、常々被心懸、相嗜、随分限、身上罷成候様可被心得事、

②一御番衆自然振舞被仕候ハヽ、一汁三菜外香物、酒三返たるへき事、

③一供に被連候時小者等、此以前御定之外被召具間敷候、
附、かいらきさや・太刀・大脇指・だてもの・手ふり・つくりひけ、菟角人之目にかゝり候、如斯之者御制禁之上、抱被申間敷事、

④一自今以後、小袖并肩衣、定紋之用意無之、有合に可被致着用事、

⑤一小者・中間給分之儀、此以前如御定、才覚次第相抱可被申事、

⑥一屋作并諸道具以下妻子衣類等至迄、分限に随ひ、被致結構間敷事、

⑦一浪人つきあひ仕、并料理道具・数奇道具好、貯被致間敷事、

⑧一二条并大坂在番勤、江戸ゑ罷下節、雖親類縁者、為土産音信うかハれ間敷事、
⑨一遊山・見物は不及申、用なくして寄合事、惣てむさと町ありき被致間敷事、
右九ヶ条之趣、能々可被致相嗜、各進退不便之由、今度達高聞候、此以前御旗本衆中身上不成旨達御耳、応其分限、以来進退相続候様にと被思召、御知行御加増被下、其以後も被為加御介抱候処、今度諸番衆中并諸役人等至迄不勝手之由、再三被及聞食、御不審被思召候、依之番頭・組頭并諸役人等迄様子御穿鑿之上、如斯被仰出候、然上は向後別て万事相嗜、身上相続候様可被得其意候、若右之通違背之仁於有之は、急度言上可仕候条、当其時刻、違諍無之様、兼て其覚悟可有之候、已上、
寛永十七年辰正月十三日

これによれば、家光と幕府当局は、分限に過ぎた奢侈が旗本の「不勝手」の原因と考えており、「御軍役……御奉公之道」①をふりかざして倹約を強制しているのである。しかし、各条を読むと「定紋之用意無之、有合に」④など倹約の対象が細部にわたっている他に、「かいらきさや……莵角人之目にかゝり候」者の召抱え③、浪人つきあい⑦、「むさと町ありき」⑨など倹約の強制というよりは風俗の取り締まりというべきものが目につく。第二次大戦中の「欲しがりません……」の倹約強制が実は風俗・思想の統制と一体であったように、家光の倹約令も倹約に名を借りて風俗・思想の統制を意図していたのではないであろうか。

この点で直ちに想起されるのは、「かいらきさや……莵角人之目にかゝり候」者③の風俗は「かぶき者」のそれであることである。「かぶき者」とは、近世初期の江戸や京都を異様な風体で横行した無頼の徒とされているが、その属性については(1)衣装・髪型・髭などの風体上、および風俗上の特徴、(2)若党以下の武家奉公人を中心とするが、「かぶき者」とよばれる旗本など大身の武士もすくなからず存在したこと、(3)主従の関係よりも、自己

の武士としての一分(体面)や仲間の義理を優先させる独特の気風、の三点が研究史上指摘されている(すなわち、(3)の独特の気風が(1)の異様な風体に象徴されているのであるが、私見によれば、近世の武士はその性質の一側面として大なり小なりこの傾向を備えており、「かぶき者」はこの側面が極端に肥大したものに過ぎないと考えられる。本項で下敷としている北島正元「かぶき者」がうきぼりにした「かぶき者」の性格は、(45)したがって「近世武士の『かぶき者』的側面」と読みかえる必要があることになる)。

これらの点について、簡単に史料を挙げて確認すると、まず(1)(2)については、少年の頃「かぶき者」にかぶれていた徳川光圀をいさめた近臣の言葉がある。(46)

小野言員諫書を上る事

一、世上にて取沙汰仕候は、□□□にて横柄をなされ、御つ□□□突き込みざしに御差し、御前へ御抜き出し御歩きなされ候御身形、両の御手を御振合はせ、人に御逢ひ御礼なされ候体、殿中御あるきなされ候御姿、はすは者、歌舞伎者に少しも違ひ□□□きかぶき人にて御座候、(下略)

一、(上略)三味線の御沙汰、木綿の御小袖に天鵞絨の御襟御指し候を御召し、御打帯御腰に御巻き、御馬屋へ御出で、草履取、はすは者の物申すやうに、よろず御意なされ、おろ〳〵しく御座候て、御かぶきなされ候と、諸人挙りて広く沙汰仕り候事、

一、御鷹野の御装と仰せられ候て、木綿の御着物、いろ〳〵伊達に御染めさせ、天鵞絨の御襟御差し候を御召し、御馬屋へ御出でなされ候を、他所の者見申し候て、是も御旗本にて取沙汰仕り候は、権現様の御孫様にて、草履取のまなびをなされ候事、御勿体なき事にて候、(下略)

この諫言によれば、この近臣が光圀を「かぶき」者と認定したのは、そのふるまいと衣装とによっており、外

見的特徴が「かぶき者」を見分ける特質の一つであったこと、そうした特徴は「草履取のまなび」としているように、すぐれて奉公人階層のものであったことが、明らかである。また、このような連中がえてして第VIII章で述べた「一季居」であった事情については、江戸近郊川越の商人の自伝『榎本弥左衛門覚書』[47]の以下のような記事が参考になる。一〇代には自身が「かぶき者」であったと自認する弥左衛門には、彼をつけねらうやはり「かぶき者」の権十郎という仇敵があった。弥左衛門が一五のとき喧嘩して権十郎の額を傷つけたからである。弥左衛門と決着をつけるため権十郎は奉公先の江戸の町家を無断でぬけ出したため、請人に見放されてしまう。彼は第VIII章の「一季居」になったのである。そのような彼を抱えたのが旗本であった。『覚書』には「請人をはなれ候間、町奉公不罷成候に付、長坂ちやり九郎殿とやらんへ奉公に罷出、又喧嘩を仕出し相手を切ころし、しばられ候へども、……身代金四両御取候て、御助被成候由聞候」と記されている。次にこの「長坂ちやり殿」とは、鉄砲頭・御持筒頭などを勤めた一〇八〇石取りの旗本長坂丹波守信次(血鎗九郎)で、彼自身も旗本井上正継・稲富直賢の喧嘩の仲裁に失敗して正継に突き殺されたという人物であった。[48]報告をうけた家光は、ともに死亡した両当事者を「一時のいかりに乗じ、君恩をかへりみず身を失ふこと尤ひが事なり」「近年しきりに眷遇の恩顧をわすれたる挙動いとひが事」という理由で改易に処し、信次の遺領も「和平の作法をみだりたること、老人につかはしからざる挙動」として没収している。[49]両当事者は、先の酒井因幡・小林新平と同様「君恩」を忘れて「私の憤」に身をまかせた点で「かぶき者」といえるが、権十郎の主人血鎗九郎も、彼らの同類として処分されたのであった。

このように奉公人に「かぶき者」を抱える武士の気風について加賀藩の年代記は次のような話を伝えている。[50]

今年金沢・高岡にかぶきものと名付、あふれもの多し、両所にて六十三人捕へて悉斬罪せらるる、此棟梁、御小性永田牛之助並永田乙部と云者也、牛之助は神尾図書宅にて切腹、(「菅家見聞集」)

三壺記に云、慶長十五年の頃、中納言利長卿越中高岡に在城し給ひ、小性組永田牛之助方に尾張牢人石原手筋之助と云者を抱へ置けるよし聞召され、彼者早々取て出せと牛之助へ仰せ渡されける、牛之助、左様の牢人は手前に居申さず、其上抱置ても、捕て出すと申す武士は有間敷と取合ず、彼手筋之助には路銀をとらせ上方へおとしけり、

厳密にこのとおりであったかはともかく、すくなくも武士の「かぶき者」がこのような気風のもち主であったことは動かぬところであろう。事実の問題としても、以下のようにこの時期の加賀藩は「かぶき者」の取り締まりを強化している。すなわち同藩は、この事件が起きたとされる慶長一五年の翌一六年には、「家中之面々、又若党人以下かぶきもの抱置候事雖申出、尚以堅令停止畢、見付聞付次第、たれ〳〵たりといふとも、其主人可為曲言事」「又若党・小者等に到まで、かぶきもの於相抱は、其主人可為越度」といった文言を有する法度を出し(51)、また同一七年には「自今以後、抱置候もの共儀、不相届仕合於有之者、其もの丶事は御詮次第搦捕指上可申候、主人手前之儀者、如御定過怠之銀子上可申候、若彼いたずらもの搦捕上不申候者、主人越度可被仰付候、為其御請状如件」という請状を家臣に提出させている(52)。武士の面目にかけて、主命にさからってもその抱える家来を文字どおりに庇護する(抱える)のが、武士の「かぶき者」であった。

『徳川実紀』慶安四年正月二八日条の次のような記事も、こうした観点から理解すべきであろう。「この日、目付もて令せられしは、例年のごとく諸家に仕ふ奴僕更替する時期なれば、兼て仰出されしごとく、衣服の制にそむけるもの、かぶきもの捕へんため、歩行目付を巡視せしむれば、奴僕等におごそかに命ずべしとなり(憲教類典)」。第IX章で触れたようにこの頃の出がわりの期日は二月二日であった。自身も「かぶき者」である主人の庇

護を離れて浪人となり、市中に出た機会をとらえて、幕府は奉公人の「かぶき者」を査察しようとしているのである。

実際、以下の例は、旗本層のこのような気風が改まらないかぎり、下層の「かぶき者」を根絶することが困難であったことを示している。「正月七日、一未上刻牛込筋御鷹野出御、以次而酒井讃岐守下邸江御成、於路次松平新五左衛門徒同心之者（立原久大夫・白崎八左衛門）卒爾罷出、及御覧之処、不相応足軽之身着肩衣・袴、美麗之出立、不用倹約為奇怪之間、即時雖為斬罪、当年初而讃岐守宅江入御之砌也、亭主可存迷惑被思召、旁以不被及其儀、然間被召出新五左衛門、物頭仕者兼々不申付之故如此之式、懈怠之至、不届被思召之由、甚有御気色、仍彼弐人之同心、新五左衛門被召預云々」[53]。寛永一七年正月のこの事件は、禁止されている服装をした同心（足軽）がたまたま行列からはみ出して家光の目にふれたために起きたものである。家光に懈怠を叱責された物頭は、このような服装を知りながら黙視していたのである。翌日家光は弓・鉄砲組の物頭を呼び集め、老中などを通じて「向後歩同心者絹・紬・木綿之外一切不可着之」旨を改めて徹底させ、さらに同一一日には大番・書院番・小姓組番の番頭・組頭を登城させ、「組中之輩、先年御加増、其上拝借金重畳御憐愍之処、不要倹約、或致過分之奢、或好無益之費、身体窮困之由、及上聞、甚以不当之企、奇怪至極也、是併番頭・組頭不守上意就猥之働如此之所行与被思召也、向後不届之族有之者、番頭・組頭急度可申上之、不然而若脇々ヨリ於被聞召者、其身之事者不及沙汰、番頭・組頭可為越度之旨」を面命している。二人の足軽の物頭だけがたまたま禁制の服装を見のがしたのではなく、家光の認識によれば「上意」をないがしろにする傾向は、番頭・組頭という旗本の中核であるべき部分においても一般的だったのである。そしてさらにこの二日後に出されたのが、先の寛永一七年正月一三日付の老中による「定」であった。箇条書の奥に記された「定」の趣旨が右の家光の面命のそれに一致しているのは当然のこととして、ここで注意すべきは、この「定」においてはたまたま家光の目にとまった二人の足軽の服装の問題が、旗本の生活のあり方全般の問題に発展させられていることであろう。こう見てくると、家光が問題としたのは旗本の生活のあれこれの問題でなくその全般、ひいては彼らの生活の根底にあってそれを支えている気風だったと考えざるをえないのではあるまいか。「諸士法度」(二)の「私の奢」は、あれこれの奢侈の問題ではなく、とりもなおさず(三)統制の問題だったのである。

そうだとすれば、足軽や奉公人の規制の問題は、実は旗本の規制の問題だったのであり、従来は主として近世都市における雇用労働の観点から問題とされてきた第Ⅸ章の「一季居」禁令も旗本の問題であり、旗本の登城ならびに江戸市中往還の供廻りの人数をそれぞれの旗本の禄高に応じて定めた寛永五年二月九日の「定」(本書二七二頁)も、あらためてこの観点から考えてみなければならないであろう。家光にとっては、旗本が身上に過ぎた供廻りを召し連れること自体が問題だったことになる。

たとえば寛永一九年六月九日、家光は前年の三月畿内・西国を巡視させた御勘定井出十左衛門を改易としたが、その理由は「六月九日、一井出十左衛門御改易、是、去年御国廻西国筋へ被差遣之刻、不応身躰兵具持せ、私奢仕、剰不似合買物以下仕之由、達御耳、如此被仰付候也[54]」ということにあった。「兵具を持せ」るとはその持手としてそれだけの供廻りを召し連れるか、あるいは巡見先に提供させることに他ならないが、これが「私奢」とされたのである(ちなみに『徳川実紀』はこの部分を「分外に兵具をもたらしめ、華奢のふるまひ大かたならず」と翻訳している。つまり「奢」という言葉を、「贅沢」ではなく、「おごりたかぶった挙動・行為」と、『実紀』の編者は解釈しているのである)。この言葉は先の「諸士法度」でも、「不寄何事其身可随分限、私之奢仕間敷事」(寛永九年②)、「私之おこり致へからず……身体不成、奉公難勤輩は、可為曲事」という文脈で使われていた。いうまでもなく「私」とは「公」に対しての「私」であるが、巡見使に関連したものとしては、寛永一〇年正月六日付の巡見使に対する条目[55]はその第一条で、「今度国廻之刻、以御威光何事ニよらす奢仕間敷候、勿論召連候下々迄堅可申付事」と命じている。これによれば旗本が規定以上の供廻りを召連れることは、将軍の「御威光」を掠める私的な奢だったことになる。つまり、ここでは将軍の威光と旗本の権威とが、供廻りの人数すなわち行列の人数の多寡を素材として対比されているのである。これは、本章第三節で述べたように、行列が武威を表現するものであったからに他ならないであろう。

大名・旗本・大名家臣など武士が抱える奉公人は、将軍・大名からの知行によって給養されるものであるが、なお武士の私的軍隊の構成員の性格を維持していた。そうした私的軍隊が、秀吉の「惣無事」により武力の私的行使を禁止されて、すべて公儀の軍隊に編成されたのである。この結果、個々の武士のひきいる軍隊は、私的軍隊であると同時に公儀の軍隊を構成する一要素であるという二重の性格をもっていた。したがって大名・旗本の登城または江戸市中往来の行列も、将軍の武威を示すと同時に個々の大名・旗本の武威をも表現する二重の性格をもたざるをえないのは当然であろう。ただし、それが将軍の武威を現すのは、その行列がたとえば寛永の軍役規定に示されたような将軍供奉の行列に違和感なく組みこまれるものであること、そしてそのことを通じて当該の軍隊が最終的に将軍の統制下にあることを、見るものが了解できるような場合に限ってである。これに反して、諸士法度に違反するような、規格外の人数の異様な行列は、私的軍隊の武威をひけらかすことによって、自己の武士としての「一分」や仲間の義理のためには統制に違反して省みない気風を表現しているといえよう。このような「私の奢」に家光が激怒したのも、当然といわねばならない。

年表に見られるような家光の旗本対策は、以上のような旗本の気風——ただしそれは、白石が記しているように、大坂城番など将軍が任命した役職にふさわしい「格式」を主張するものであったから、反逆といえるほどのものでなく、せいぜい反抗と呼ぶべきものであるが――との格闘のあとという一面を有しており、軍役規定は彼が依拠できる最後の砦だったのである。

## おわりに

最後に、残された課題として以下の点に注意しておきたい。

それは、右の寛永五年供連れ人数規定は、「私の奢」の禁止を規定制定の直接理由とはしていない点に関してである。すなわち、この「定」は、箇条書の奥書で「此御定之儀ハ、人をも吟味いたし可相抱ため被仰出候」とその制定理由を説明している。この意味は、白石も指摘しているように「武士の家を出候時に供人引つれ候は、何事の備に候」ということ、言い換えれば、いざという時に役だつ供連れを編成するため、ということである。ここでは、したがって、「私の奢」はそれ自体が禁止の対象であるというよりも、先に指摘した「諸士法度」におけると同様に、身上に過ぎた奢→財政逼迫→軍役の「嗜」の欠如という一連の論理の出発点に位置づけられてはじめて、その禁止の理由が説明されるものとなっている。これは、先に寛永一七年正月一三日付「定」の制定過程から指摘した家光の真意からかけはなれた、まわりくどい理由づけといわなければならない。家光の真意は直截に「私の奢」を問題としているのに対して、「諸士法度」では軍役の不履行と結びつく限りにおいてそれは非難すべき行為とされているからである。このまわりくどさには、第Ⅰ章で紹介した喧嘩の両当事者に対する池田光政の態度とも共通する、一種の歯ぎれの悪さが感じられはしないだろうか。光政は喧嘩を否定する原則から、喧嘩をしかけた側を切腹させる一方で、喧嘩を避けた側をも「あまりにおんひん(穏便)の仕合(挨拶、あしらひ)」[56]という理由で改易とした。家光も光政も「かぶき者」的気風を正面からは否定しにくかったのである。そうだとすれば、第I章で述べた近世の武士が直面したジレンマの深刻さが、あらためて確認できるのではあるまいか。

そうだとすれば、そのようなジレンマを内包した武士社会の脆さが、あらためて指摘されなければならない。もちろんこの脆さを繕うために、氏家幹人氏『江戸藩邸物語』[57]が紹介しているようなさまざまな作法が編みだされはしたのだが、このような社会が長く続いたのは何故であろうか。おそらくはこの問題は、庶民との関係において解かれることになるであろうが、この疑問を次の課題として提示しておきたい。

(1) 佐々木潤之介『幕藩権力の基礎構造』2幕藩制下の軍役(吉川弘文館、一九六四年、改定版、同館、一九八五年)。北島正元『江戸幕府の権力構造』第三章第二節(岩波書店、一九六四年)。山口啓二「藩体制の成立」(『岩波講座日本歴史』一〇、一九六二年、のち『藩制成立史の研究』校倉書房、一九七四年に収録)。
(2) 「所謂『慶安軍役令』の一考察」(『日本歴史』三八三、一九八〇年)。また、久留島浩「近世の軍役と百姓」(『日本の社会史』4、岩波書店、一九八六年)の注(28)を参照。
(3) 「軍役論」(日本歴史学会編『日本史の問題点』吉川弘文館、一九六五年)一六七頁。
(4) 「軍役」(『国史大辞典』吉川弘文館)の項の付表を参照。
(5) 史料編纂所架蔵写真帳(原本は市立姫路図書館所蔵)。
(6) 『改定増補国史大系』三九(吉川弘文館、一九四一年)五八五―五八七頁。
(7) 鈴木寿『近世知行制の研究』(日本学術振興会、一九七一年)第二章第五表。
(8) 『大日本史料』第十二編、元和元年四月四日条。
(9) 参謀本部編『日本戦史』関原役　文書補伝第十七丁。
(10) 中村孝也『徳川家康文書の研究』中、学術振興会、一九五八年、五〇一頁。
(11) 『大日本史料』第十二編、元和元年四月四日条。

(12)「東武実録」四(内閣文庫所蔵)。
(13)同右書六。
(14)注11に同じ。
(15)『大日本史料』第十二編、元和二年六月是月条。
(16)中村、先掲書上、七六二頁。
(17)同右書、中、五〇一頁。
(18)『大日本史料』第十二編、慶長十年八月是月条。
(19)『大日本史料』第十二編、元和元年四月四日条。
(20)『雑兵物語』三七頁(岩波文庫、一九四三年)。
(21)『日本随筆大成』第三期十二巻、吉川弘文館、一九三一年、四二三頁。
(22)『百家説林』続編、七三八頁。
(23)『江戸図屏風』第二五丁(毎日新聞社、一九七二年)。
(24)『思想』七四〇号、一九八六年。
(25)「義演准后日記」二四(史料編纂所架蔵写真帳、原本は醍醐寺所蔵)。
(26)『梅津政景日記』五、九月二九日条(大日本古記録、岩波書店、一九五九年)。
(27)奥野高広・岩沢愿彦校訂『信長公記』二六頁(角川文庫、一九八四年)。
(28)『新井白石全集』六(吉川半七刊)。
(29)同右書三、九八頁。
(30)同右書三、一四〇頁。
(31)『御触書寛保集成』岩波書店、一九三四年。
(32)同右書、二五頁。なお括弧内は、先掲『国史大辞典』の各該当項目による。
(33)佐々木先掲書。藤田覚「寛永飢饉と幕政」(『歴史』五九・六〇、一九八二・三年)。
(34)「東武実録」一七。

(35)「江戸幕府日記」寛永九年冬。
(36)『徳川禁令考』前集、九二九号(創文社、一九五八年)。
(37)『伊達治家記録』四、宝文出版販売会社、一九七三年、一三〇頁。
(38)先掲『国史大辞典』の該当項目による。
(39)『御触書寛保集成』一三頁。
(40)「江戸幕府日記」寛永一二年春・夏。
(41)『御触書寛保集成』一三頁。
(42)同右書、一五頁。
(43)「江戸幕府日記」寛永一六年夏、五月一一―二〇日条。
(44)「御当家令条」二九二号(『近世法制史料叢書』創文社、一九三九年)。
(45)「かぶき者」(『人文学報』八九号、一九七二年、のち『近世史の群像』吉川弘文館、一九七七年に収録)。
(46)「西山遺聞」上(『日本偉人言行資料』五、国史研究会、一九一五年)一九八頁。
(47)『榎本弥左衛門覚書』川越史談会、一九二六年、一四頁。
(48)『寛政重修諸家譜』四、一七四頁。
(49)『徳川実紀』正保三年九月二六日条。
(50)『加賀藩史料』二、七二頁。
(51)同右書二、一一六頁。
(52)同右書二、一四二頁。
(53)「江戸幕府日記」寛永一七年春。
(54)同右書、寛永一九年夏。
(55)『徳川禁令考』前集、一六九四号。
(56)『池田光政日記』山陽図書出版、一九六七年、九二頁。
(57)『江戸藩邸物語』中公新書、一九八八年。

# 成稿一覧

| | | |
|---|---|---|
| Ⅰ | 「秀吉の平和」と武士の変質<br>——中世的自律性の解体過程—— | 『思想』七二一号、一九八四年七月号。 |
| Ⅱ | 「惣無事」令と国土の領有 | 『歴史学研究〈一九八五年度歴史学研究会大会報告別冊〉』、一九八五年十一月、「「惣無事」について」を改題。 |
| Ⅲ | 幕藩初期の国奉行制 | 『歴史学研究』四三一号、一九七六年四月号。「幕藩初期の国奉行制について」を改題。 |
| Ⅳ | 幕藩初期の身分と国役 | 『歴史学研究〈一九七六年度歴史学研究会大会報告別冊〉』、一九七六年十一月。 |
| Ⅴ | 近世の身分と兵農分離 | 『歴史評論』四四六号、一九八〇年六月号。「近世日本における身分と役——峯岸賢太郎氏の批判に答える——」を改題。 |
| Ⅵ | 「出頭」および「出頭人」 | 『栃木県史研究』第一号、一九七一年。「出頭及び出頭人の位置」を改題。 |
| Ⅶ | 出頭人本多正純の改易 | 『栃木県史研究』第八号、一九七四年。 |
| Ⅷ | 「公儀」権力の確立 | 『講座日本近世史』第一巻、幕藩制国家の成立、有斐閣、一九八一年。 |
| Ⅸ | いわゆる「身分法令」と「一季居」禁令 | 尾藤正英先生還暦記念会編『日本近世史論叢』上、吉川弘文館、一九八四年。「所謂「身分法令」と「一季居」禁令」を改題。 |
| Ⅹ | 初期藩政改革と幕府 | 『歴史評論』二五三号、一九七一年八月号。「幕藩政治史序説——土佐藩元和改革——」を改題。 |
| Ⅺ | 幕藩体制の成立と近世的軍隊 | 新稿。一九八九年。 |
| Ⅻ | 寛永期における統制と反抗<br>——寛永軍役令への一視点—— | 新稿。一九八九年。 |

## タ 行



## ナ 行



## ハ 行



## マ 行



## ラ 行



## ワ 行

# 索　引

## ア 行



## カ 行



## サ 行

■岩波オンデマンドブックス■

日本近世国家史の研究

1990年7月2日　第1刷発行
2015年6月10日　オンデマンド版発行

著　者　高木《たかぎ》昭作《しょうさく》

発行者　岡本　厚

発行所　株式会社　岩波書店
〒101-8002 東京都千代田区一ツ橋2-5-5
電話案内 03-5210-4000
http://www.iwanami.co.jp/

印刷／製本・法令印刷


ISBN 978-4-00-730203-9　　Printed in Japan